# 北洋軍閥

## 潰敗滅亡

畢澤宇 等著
蔡登山 主編

# 【導讀】北洋軍閥的倏興與倏滅

蔡登山

談到「北洋」這名詞，它和「南洋」是相對稱的。在清朝同治五年（一八六六），加兩江總督（轄今江蘇、安徽、江西，駐節南京）以五口通商事務，授為南洋通商大臣；而在同治九年（一八七〇），又加直隸總督（轄今河北，兼巡撫，駐天津，冬季封河，移駐保定）以三口通商事務，授為北洋通商大臣。這是「北洋」和「南洋」名稱的開始。

一八九五年十月袁世凱奉命於小站練兵，所用將校人員，一部分為淮軍宿將，一部分是天津武備學堂畢業生。除首領袁世凱外，當年的小站舊人幾乎囊括了後來北洋軍閥中的所有重要人物，如「北洋三傑」：王士珍、段祺瑞、馮國璋；後來擔任各省督軍或巡閱使的「李純、曹錕、吳佩孚、王占元、陳光遠、段芝貴、倪嗣沖、陸建章、張懷芝、張敬堯、田中玉、盧永祥、齊燮元、孫傳芳」等等。就連鬧復辟的張勳，也曾一度投身小站，而小兵出身的馮玉祥、還有孫岳等革命黨，當年也都是袁世凱部隊出身的。除了一干武人之外，袁世凱還在日後的升遷中籠絡了一批文臣，如徐世昌、朱家寶、周自齊、梁士詒、曹汝霖、陸宗輿、王揖唐等，這些人也隨著北洋系的勢力消長而浮沉，並在清末民初的政治舞臺上顯赫一時。民國以來的「北洋軍閥」，大抵孕育於此時。

後來袁世凱繼李鴻章之後做過直隸總督，也就是北洋大臣，而他自己又有一支當時最有力量的軍隊，因此他的這支軍隊就被稱為北洋軍。北洋時代是中國近代史上的一個重要階段，也就是指民國初年到民國十七年之間。袁世凱在世時，北洋派是完整的，也可以說就是袁世凱派，袁死後，則各自稱雄，誰也不肯服誰，於是形成了分裂，皖系、直系之名才告出現。直皖戰後，奉系又露頭角，直、奉戰後，國民軍系脫穎而出，加上所謂魯系、新直系、辮子軍等等，真是你方唱罷我登場，像走馬燈一樣，一幕接一幕。

皖系以段祺瑞為領袖，徐樹錚、曾毓雋為謀主；直系比皖系複雜，因為它分為前後兩個階段：前一階段的直系是由馮國璋為領袖，曹錕、李純、王占元、陳光遠為著名巨頭。馮國璋交卸代總統職務後，他的直系領袖身份也告結束，從此直系的正戲開場，主角是曹錕和吳佩孚。直系衰落後，還有所謂的新直系，是指的孫傳芳。奉系自始至終都以張作霖為領袖。國民軍系又稱西北軍系，也就是馮玉祥系。魯系（又稱直魯軍系）的成立，是北洋軍閥的尾聲，是指直隸督辦李景林和山東督辦張宗昌的聯合；可是國民軍系被擊敗後，這支直魯聯軍却以張宗昌為主體。

北洋時代軍人干政，軍人竊國，禍國殃民。《北洋軍閥──雄霸一方》蒐集許多北洋舊人如薛觀瀾、薛大可、李北濤等人的直接觀察，有許多不為人知的秘辛。另外江平的〈馮玉祥殺害徐樹錚的原因和經過〉一文，為此事件抽絲剝繭，逼近真相。金典戎的〈我與馮玉祥的一段淵源〉，則對馮玉祥在泰山時期又有貼身的觀察。朱家橋的〈曹錕賄選醜聞〉一文，則對於曹錕賄選總統的經過有極其詳細的描述，引用當時的電文、當時北京的報紙報導，是不可多得的史料。歷史的真相常在細節中，由於有這些細節，我們才能更看清一些真相。

北洋軍閥十七年中，表裏萬端，變化百出。馮玉祥以倒戈將軍出名，開始他以一個混成旅長駐防湖北，通電反對段祺瑞；這是第一次倒段合肥之戈。民國四年他駐防成都，反對陳宧將軍，這是第二次倒四川將軍之戈。民國十三年二次直奉戰，他受張作霖收買，回師北京，囚禁總統曹錕於延慶樓，以致直軍大敗；這是第三次倒曹、吳之戈。民國十四年他密令駐廊房旅長張之江，劫殺合肥親信徐樹錚，並在北京威脅段執政下野；這是第四次又倒合肥之戈。至於與閻錫山合作，搞起中原大戰，這算是第五次倒國民政府蔣主席之戈。不過他沒料到自己會死於黑海之中，所以機變多者，終死於機變。

大抵吳配孚之成功，皆能於險中求勝。是以哀兵憤兵，一鼓作氣而得之。幸其所遇之敵，初為皖系之驕兵，此次又為奉張之惰兵。但他於勝果，未能多加計慮而善為運用，是以徒能耀彩於一時，而不克收成於久遠。他於二次奉直戰爭喪敗之餘，力持不入租界之矢言。初則遵海而南，繼則溯江西上，猶復徘徊鄭洛，棲遲雞公山，小住黃岡，託庇岳陽，以迨漢口查家墩之復出；其輾轉奔投之經過，與堅毅硬幹之精神，實非歷來下野人物所能望其項背！

北洋政局，前後十七年間，自總統、國會、內閣、以至大軍閥之起伏，小軍閥之升沉；如戲劇之一幕一幕，如奕棋之一局一局；或由於派系戰爭之勝負，或由於依附勢力之消長，倏興倏滅，遂演成這一期間動亂之歷史。《北洋軍閥——潰敗滅亡》一書正見證這段歷史。

# 目次

# 從褚玉璞、畢庶澄說到靳雲鶚

魯柴

自清末剿平捻匪後，山東省歷任之軍政首長，都採保境安民、休養生息的政策，使此鹽鐵之邦，平安無事達三十餘年。入民國後，雖有日本假道攻青島之役，但僅膠東一隅短期內受到騷擾。這安康局面直到民國十四年（一九二五）張宗昌督魯而大變，山東以一省之財力，養二三十萬大軍，多次作戰，使魯人苦不堪言。

## 投效張宗昌得任軍長

張宗昌部下的高級將領褚玉璞、畢庶澄、程國瑞、許錕、王棟，均山東人而為禍桑梓；「慶父不除，魯難未已。」這是斯時山東人攻張之口號。關於張宗昌之趣事，散見於報章雜記者已多，茲將助桀為虐之褚玉璞、畢庶澄二人之荒唐事，概述於後。

褚玉璞（字蘊山）山東省汶上縣人，家貧，以推小車營生，一度在徐州火車站做腳伕，雖可糊口，惟贍家則不足，後與鄉人結伴赴東北，結識了張宗昌。

畢庶澄（字琴舫）山東省文登縣人，家距石島漁港（該港早即有電燈公司）不遠，戶大人眾。濱海居民，多以打漁為業，不願終身做漁夫的青年，或從軍（海軍較多），或由烟台渡渤海去關外（山東人呼東北為關外或關東，指山海關之外）謀生，畢庶澄亦渡海赴關東，但不肆力於墾殖，而加入張宗昌集團，幹其打家劫舍的勾當。

張宗昌於民初在江西被陳光遠繳械，解散其眾，張隻身逃往上海，後以刺陳其美（英士）案，不能留滬，往投吳佩孚，未被錄用，仍返東北投効張作霖。當第一次直奉戰爭，張作霖敗退關外，整軍經武，以張宗昌能收羅綠林英豪及白俄難民，委為別働隊司令。民國十三年秋，直奉第二次戰爭，吳佩孚一敗塗地，奉軍李景林、張宗昌分別由喜峯口、冷口先入長城以內，論功行賞，所以李督直，張督魯。張宗昌並乘機收編吳之殘部，得數萬人。褚玉璞、畢庶澄竟得出任軍長。

## 躊躇滿志一身兼八職

一九二五年春，張宗昌率褚、畢二部人馬護衛盧永祥（子嘉、山東濟陽人，屬皖系，江浙戰爭時下台）逐蘇督齊燮元，褚留南京，畢隨張到上海。

褚玉璞駐南京下關某大旅社樓上，秘書、副官、馬弁等駐樓下。有陳元復（伯初）君，安徽舒城人，北京大學畢業，乃筆者中學同學，原駐該旅社樓上，被驅往對門之小客棧中。一天，褚接張電，適秘書外出無法譯電，副官報告：「對門客棧有一位大學生能譯。」褚立命邀請，當陳君譯妥電文，褚因不識字，再煩告知內容並請代覆，相談甚歡，面約陳君出任軍部秘書。褚氏以後繼李景林為直隸督辦，陳君一度任秘書長，惜染鴉片嗜好，北伐成功後，褚死於烟台，陳氏潦倒，客死天津。

迨奉軍南下，姜登選督安徽，楊宇霆督江蘇，邢士廉駐淞滬，褚玉璞乃返濟南代張宗昌坐鎮。一九二五年秋，孫傳芳在蘇皖邊境舉行秋操，志在驅逐奉軍。張學良、楊宇霆突到上海挽張宗昌一同北去，奉軍放棄滬蘇皖地盤，退駐冀東，而命張宗昌返濟南，褚玉璞則率部到徐州布防，畢庶澄坐鎮青島。斯時，畢氏身兼八職：一、膠澳督辦；二、青島市長；三、渤海艦隊司令；四、第八軍軍長；五、膠濟鐵路護路司令；（六、七、八已忘記）；衣錦榮歸，躊躇滿志！

一九二六年夏，張宗昌率褚玉璞組直魯聯軍入北京，發表褚為直隸督辦。

## 駐軍上海長住溫柔鄉

到了一九二七年春，在蘇浙的孫傳芳被國民革命軍一舉擊潰，孫氏隻身逃往北京，面謁張作霖，作秦庭之哭，直魯聯軍奉令南下，褚玉璞駐南京，畢庶澄率渤海艦隊及第八軍駐上海。褚玉璞部被賀耀組、程潛部隊攻擊，未堅守南京，即撤軍北去，畢部亦奉令撤退。

畢庶澄在上海，因與長三堂子名妓富春樓老六結露水之緣，竟忘身在前線，流連香閨，不知人間何世！致大軍無主。其參謀長馮象鼎，河北省人，日本士官生，與國民革命軍中之若干高級將領，為留日同學，早有意獻身革命陣營，經取得畢氏同意，向國民革命軍代洽投誠，改編為國民革命軍第四十一軍，畢為軍長，馮為副軍長，因此畢部安心留滬，不戰亦不撤。

時共產黨人把持之總工會，見畢庶澄部勢孤，不問其已否投誠，竟向畢部發動攻擊，欲在彈藥武器方面，發一筆橫財。但以烏合之眾，當然不能消滅畢部，乃向駐於淞滬之二十二師乞援，薛師長受共產黨之愚，發兵援助，畢部潰敗，終被繳械。畢庶澄夜闌得訊，萬般無奈，只得硬起心腸，捨棄美人窩，連夜逃上渤海艦艇駛返青島。

## 赴濟南被捕立即槍決

張宗昌在徐州聞畢庶澄返青島，懼他引導革命軍由青島入魯，立與由南京撤退之褚玉璞會商，由褚遣返濟南，假張宗昌名義召集軍事會議。畢奉電令，考慮至再，認為陸軍雖失而艦隊完整，雖受處罰，諒無死罪，並商諸膠濟鐵路警務處長馬龍標（與張褚等均綠林出身）偕同赴濟南，褚玉璞到車站歡迎，偕赴西關何宗蓮將軍寓（何係兗州鎮守使何豐鈺之父，淞滬護軍使何豐林之叔），歡讌後，畢、馬兩人均下榻何公館。深夜，忽報張督辦電話請畢氏接聽，畢在朦朧中一躍而起，趨鄰室接聽電話。剛入室，身後有人以槍抵心，飭勿動，立加手銬，牽至戶外荒地立即處死。同來之馬龍標亦照樣成擒被處死。

## 褚玉璞與畢同一命運

一九二八年秋，筆者到北京，奉派至公安局工作，一九二九年陰曆元旦後，偕好友王德鈞（子美）赴天津訪王揖唐。某夜，王及夫人邀約我們同往天津中原商場看京劇，在座尚有周秀文（國會議員、張宗昌督魯時之東海關監督）。劇未終，周君先退，夜亦未歸，第二天下午周君返言：「齊變元等直系之失意軍人，鼓動褚玉璞赴烟台游說劉珍年（河北省南宮縣人、保定九期，原任張宗昌部方永昌軍之參謀長，逐方而盤據膠東十餘縣。此時劉珍年早已接受國民革命軍第二十一師師長職，師部設於烟台東海關監督公署內）。褚玉璞到達烟台，劉氏歡讌之於師部，酒醉飯飽之餘，褚氏道明來意，勸劉接受日本人①之支援，循膠濟鐵路入濟南，舉兵反抗國民革命軍。劉不同意，當夜即將褚氏處死於師部內之後院，用麻袋裝屍拋入海中。

筆者於一九三二年春到烟台視察電燈公司，時值周秀文鄉長復任東海關監督，邀駐公署內，談及褚氏到烟台說劉經過，並指告處死地點，使我亮著百支燭光電燈，一夜不敢入睡。

張宗昌、褚玉璞、畢庶澄均魯籍軍閥，禍魯三載餘，造了無數罪孽，結果，均在魯境飲彈身亡，這也可以說是報應循環也。

## 擁戴吳佩孚屢立戰功

寫罷褚、畢兩人橫死經過，意猶未盡，下面再談直系軍閥靳雲鶚的若干趣史。

靳雲鶚字薦青，山東濟寧人，民七年秋即任北洋政府駐河南鄭州第八混成旅旅長，其所部前身，係由前北洋陸軍第三鎮第九標統帶徐占鳳所轄而改編者，向稱精銳。民八年馮玉祥率軍入開封，驅趙倜，殺寶德全。因擴張其實力，遂將第八混成旅升編為第四師，靳氏仍任長師。

---

①斯時日本福田師團佔青島、濟南及膠濟鐵路沿線各縣鎮。

靳雲鶚一向擁戴吳佩孚，屢立戰功。迨至民十五年國民革命軍北伐，一路勢如破竹，吳由湘鄂節節退守河南，與革命軍在武勝關成膠著狀態。時吳佩孚駐節鄭州，號令不行，環境極劣，張作霖乘機率其所部安國軍入豫，外藉助吳之名，實行攫奪之計。河南督軍寇英傑主張聯奉，靳則力主反奉。遂團結在豫各軍，成立河南保衛軍，推靳氏任總司令，設總部於漯河，並南聯武漢以為犄角之勢。未幾奉軍渡過黃河，靳率部北上，迭與奉軍激戰於許昌、漯河之間。不料所部將領高汝桐陣亡、劉培緒被虜。以致銳氣盡挫，不可收拾！吳佩孚見大勢已去，沿漢入川。靳氏殘部旋被馮玉祥解決，靳則東遁入皖，至艾城招集殘眾，意圖再舉。詎行至禹城，又被韓復榘繳械，遂一蹶不振。

河南居天下之中，為用武必爭之地。鄭州至武勝關一帶地區，是河南的心臟要津，靳雲鶚隊伍駐防此地達數年之久，兵精將悍，雖實力有限，亦足以稱雄爭霸。杜甫詩云：「奇兵不在眾，萬騎救中原。」可見兵在精不在多，自古已然；不然的話，在北洋軍閥中以靳雲鶚的地位來說，實無一談的價值。

## 接任鷄公山工程局長

要談靳雲鶚，就要先提筆者認識靳氏的經過；我曾親眼看到他平日生活與處事情形，擇其較有趣味者略述一二。

民初那幾年河南省長張鳳台腐化無能，督辦馮玉祥凶悍驕橫，在此一段灰暗時期，令人失望。我當時還是一個廿餘歲的青年，認為河南已無法再行留戀，遂離豫赴北京。不料所謀皆不成，逋負日增，形神俱瘁，對宦情益淡，心如槁灰，適有摯友魏君由開封來訪，談及河南鷄公山工程局某局長因忤犯靳氏已被撤職軟禁，而當時交涉署謝署長獲知北京國務院郭秘書長係我之近親，時國務院總理靳雲鵬又為靳雲鶚之胞兄，意欲邀我接任工程局長，藉以緩和情勢。我在百無聊賴中，欣然接受，應約而往，並帶舍親介紹函晉謁靳氏。靳雲鶚和我一見面，談得頗投機，話匣打開，便長篇大論地說道：「該局前任局長被人控告貪污，非撤換不可。其腐敗情形，不可勝數。如鷄公山上不添種樹木，路壞了也不檢修，路燈也不裝設，入夜滿山黑漆漆、對面不見人，只知偷工減料，拚命賺錢；必須大大整頓。你要知道，鷄公山為避暑勝地，每年炎夏中外人士來此旅居者極多，觀瞻所繫，應加注意。」

靳氏連說帶訓的說了一大套，即當面指派我繼任局長，並囑我以後只要肯盡力辦事，遇有困難他絕對做我的後盾，全力支持。我自接事後，趕擬計畫，籌措經費，雖困難重重，均能一一克服。種樹、修路、裝燈等均次第完成，因此靳氏對我印象極佳。

## 袁世凱籠絡人手段高

當時靳氏司令部秘書兼軍法處長某君適為我之舊同學，不久某君隨靳氏來鷄公山小住。靳在山上建有別墅，於是我與某君二人早餐都是靳氏座上客。他高臥烟榻之上，問這問那，無話不談。最奇者靳氏竟問及我國農曆二十四節氣每節氣定名的意義？及前清知縣起至總督止，出衙門起轎前的一對大鑼敲幾下？過橋又打幾下？出城須打幾下？雖然都是無關緊要的問題，可是要解答確是很不容易的。有時談起袁世凱，靳氏說：有一次老袁叫他辦事，去辭行時，袁問此行需款多少？就答以需要多少。袁說此數不夠不夠，所給的出差費用出乎他意料之多。老袁並說無錢不能辦事，儘管使用不要節省，可是生命重要，千萬不可冒險行事，將來國家借重你的地方多得很云云。足見袁世凱籠絡人的手腕之一斑。

## 軍閥殺人憑個人喜怒

靳氏批閱公文常在晚間鴉片癮過足之後，口含香烟，目光炯炯，踞案而坐，我的同學某君則坐在左邊，將本日應行處理之軍法案件一一遞給他看，他略為過目，不多思索，就予批示：罪重者斬決（殺頭）；其次者槍斃；情節輕微者陪綁（與執行死刑人犯同時上綁，押往刑場看行刑後仍解回司令部）。事前並不告知，雖幸不死，亦足以使你嚇得魂飛膽落。

靳氏批示公文常有錯誤或者小題大做，每由同學某君婉轉向之解釋，請他改批，如遇情緒不好，往往偏執己見，一意孤行。茲舉一事以作佐證：

有一青年冒充十四師軍人（即靳氏所轄部隊），帶人不購票乘搭平漢鐵路火車，被憲兵查出，捕獲解送司令部，靳氏以事關軍譽，非判死刑不可。但軍法處長某君認為應予從輕發落，責打後交地方官處理。惟靳意堅決。執行之日，這青年對監刑官說：「我因家貧無力奉養老母，所以做此不法勾當，身上存有百元，請轉交我母收用，則感恩不盡。」行刑後靳聞知此情，對某君說：「我辦錯了！原來此人乃是孝子，死者不能復生，我另給五百元與他老母好了。」當時軍閥多以喜怒為為刑賞，能如靳氏承認錯誤者尚不多見。

## 團長糊裡糊塗被殺頭

靳氏自稱河南保衛軍，並設司令部於漯河。此時奉軍當其前，革命軍躡於後，馮玉祥又從中搗鬼，四面楚歌，情緒愈益暴躁，以殺戮洩憤，無辜被害者不計其數。民十五年農曆正月初四日晨，我在郾城十四師司令部，見由舞陽縣來司令部的一位團長，服裝齊整，春風滿面，向我們拱手賀年。約過半小時，靳氏突升坐大堂，傳此團長審問，簡單的只問了幾句話就退堂了，洪副官長喘嘘嘘的跑到參謀處說這傢伙通敵有據，總司要令他的腦袋。不多時武衛團衛士十餘人上前，不問皂白，對此團長先打幾記耳光，接著拉開鈕扣，撕破上衣，並用粗繩五花大綁，另有兩人挾他左右臂，拳打腳踢，推的推，拉的拉，到了車站廣場，令他跪下，早有在刑場等候的執刑人手起刀落，頃刻身首異處，血如泉湧，流溢滿地。有幾個士兵把所預備的饅頭，就在血泊中亂蘸，據說此物可治噎食病，真奇事也。事後與衛士談起行刑之前，對付犯人何以要連打帶罵？據說犯人受到這種辱罵、痛楚、威脅，刺激他的腦筋，在此雜亂非常當中，昏頭昏腦的犯人就很容易被制服；倘不如是，或會發生其他的麻煩。

我有一次隨靳氏由雞公山至鄭州，路過漯河，靳氏下車查防，有一士兵不知靳氏是他的最高長官，未向靳敬禮，靳乃大怒，立召營長面斥並記大過，由營按級處罰，足見他訓練部屬之嚴。

## 肯注重文化總算難得

記得民國十二年九月某日，靳氏的副官來到鷄公山工程局，對我說：「警察局長、公益會長都已齊集將軍別墅，將軍請你即去有事面談。」我即隨之前往。靳氏正在抽鴉片，見到我欣欣然有喜色，作手勢請我坐。有頃，靳說：「此次巡防路過新鄭縣，據縣知事姚延錦報告：八月廿五日當地紳士李銳在園中鑿井灌溉，掘地三丈餘，發現古器，得大鼎一、中鼎二，正在繼續發掘，但為縣府禁止，我（靳自稱）得報即派員告知李銳，以此項先代文物，允宜歸為公有，李已遵從。我又派工兵協助開掘並監視。」

靳又對我說：「你是世家，對於古物定有研究，我帶回了五件請你鑑別。」

我見靳氏所携回者，有銅器三件，瓦器二件。記得該次發掘事一直到十月十七日才結束，其中以銅器最多，皆宗廟祭品，獸牙碎骨次之，瓦器貝貨亦有三百餘件，玉玦五件。近世發現在學術上最有貢獻者，殷墟卜文與正始石經之外，即新鄭出土之古器為最著，其貴重可知。雖經王國維考證，關伯益解釋，引經據史，中多模稜疑似之語，尚難採信。靳氏雖為武夫，曾自著《新鄭古器圖誌》一書，只詳其款識尺度，不作考證，非常得體。靳為一軍閥，竟能如是注重我國文化，總算難得！

## 戒除烟癮經營鐵工廠

靳氏好蒔花種竹，他別墅內滿園花木，美不勝收。他居樓上，樓下是衛士住所。靳氏如準備下樓，隨從副官即按電鈴，樓下衛士們立刻排隊等待，靳氏至何處，均跟隨左右。有一日，靳約我同去賞菊，前呼後擁，警衛森嚴。他說鷄公山風景絕佳，古人所說：「採菊東籬下，悠然見南山。」這兩句詩就是為我們現在的意景寫照了。可惜跟著許多人，實在有點煞風景。靳氏的案頭及辦公室裡一本書都沒有，可是說起話來倒還儒雅。

某次因逢湖北督軍蕭耀南生日，河南督軍張福來上山與靳氏同往武昌拜壽，警察局長歐陽君遞了一本摺略（報告），將鷄公山上情形寫得詳詳細細，事前不讓我們知道，等到大家謁見張督軍福來時，歐陽局長先將摺子面遞與張，張是行伍出身，不識字，接著摺子，面作苦笑，口說我眼睛不好，隨即大呼一聲：「來啊！把我眼鏡拿來。」隨從副官便立正答一聲「喳！」張又說：「你摺子寫得太長，讓我帶回去詳細看吧。」官場中怪現象往往弄巧成拙，此之謂也。

自民國元年至十一年，各省兵變及內亂戰役，據統計：達一百七十九次之多。我生不辰，遭此亂世。九一八後，有一日在北京西山飯店邂逅靳氏，他告訴我：鴉片癮已戒除了，現在山東經營鐵工廠。並約我到魯一遊，當年的富貴患難，已告烟銷雲散，回首前塵，不禁有隔世之感。

# 韓復榘與馮玉祥

王念康

## 永平秋操實彈革命

韓復榘少年時期在家鄉闖了禍，連夜逃離家鄉，千里迢迢跑到關外去從了軍，在清軍第二十鎮當上了一名二等兵。

當年二十鎮（師）的統制官是張紹曾，參謀長劉子清，第四十協（旅）協統潘承楹、第八十標（團）標統范國璋，第三營管帶，便是韓復榘的老長官，「倒戈將軍」馮玉祥。

從軍後，韓復榘和張紹棠便被送到關外新民府，二十鎮的駐防之區，方才抵達，便開始了十分嚴格的訓練。因為宣統三年辛亥（一九一一）八月，二十鎮就要參加永平秋操了。永平秋操係在直隸永平府舉行，永平府包括河北盧龍、遷安、撫寧、昌黎、樂亭、臨榆六個縣，和一個灤州，恰好在山海關以內，府治設在盧龍，民國以後即告廢去。①以光緒皇帝的胞弟，貝勒載濤為大元帥。東軍總統官馮國璋，副總統官第六鎮統制吳祿貞，第二十鎮統制張紹曾。西軍總統官舒鴻阿，副總統官哈漢章和田獻章。最妙的是，清廷舉辦這一次大演習，連雙方勝負誰屬，進退日程，全都在事前安排好了。由於西軍統帥

---

①按照清廷的預定計畫，永平秋操分為東西二軍。

是滿人，東軍統帥是漢人，所以清廷硬性規定：八月十九日東、西二軍開操，十九日滿人的西軍先敗，退守石佚寺莊。二十一日西軍再受挫，退保占治。二十三日滿人的西軍便轉敗為勝，漢人的東軍直退垞子頭、栢樹莊。二十四、五、六日議和，二十七、八兩日閱兵，二十九日宴會、罷操。

清廷規定西軍勝而東軍敗，用意在於顯示滿人強而漢人弱，藉以耀武揚威，鎮壓革命幹嘛。可是，漢人的東軍之中卻有許多激進的革命分子。他們正在醞釀一項祕密計畫。那便是在秋操時全軍官兵一律裝上實彈。不但不理清廷的預定勝敗計畫，而且他們要痛殲清軍，實施武裝革命，一鼓作氣打進北京皇城去！

韓復榘窮途末路去投軍，算是給他趕上了一場大熱鬧啦。

利用秋操武裝革命的祕密計畫，係由二十鎮的革命同志，和第六鎮統制，同盟會會員吳祿貞，和另一位同盟會員第二混成協（混成旅）協統藍天蔚所共同籌商決定。很可惜的，由於事機不密，終被清廷所發覺。於是立即採取緊急措施，用釜底抽薪之計，決定不使吳祿貞的第六鎮官兵參加。二十鎮呢，則以第七十八、七十九兩個標的官兵為主體，並且選拔標（團）級以上軍官，參與其中，合編為一個混成協。換言之，便是由一個師的人馬，縮減為兩個團。

然而，湊巧之至，第七十八、七十九兩標官兵之中，偏偏革命分子最多。連二等兵韓復榘、張紹棠都受了感染，成為革命分子，他們的頂頭上司：八十標第三營管帶馮玉祥，卻更是革命分子的中堅人物，身為軍中祕密革命團體：武學研究會的幕後主持人。還有七十九標第一營營副王金銘，第二營營長施從雲這兩位更是往後不久灤州起義失敗，被清吏逮捕斬首的辛亥年革命先烈，韓復榘和張紹棠，也就成為了武學會中的會員。

乍出關，到新民府，受過一個短時期嚴酷的訓練，二等兵韓復榘又要隨同二十鎮八十標三營開拔，從新民府坐火車到灤州，參加永平秋操。然而，臨到火車升火待發之時，時在宣統三年陰曆八月十九日，西曆一九一一年十月十日，驀的消息傳來，辛亥革命、武昌起義。清廷登時嚇慌了手腳，下令續發部隊立刻停止行進。馮玉祥和他的那一營官兵又下火車，被截留了下來。第七十九標王金銘、施從雲、和張建功的三個營，卻由於是先頭部隊，已經到達灤州了。

馮玉祥在瀋陽參加過了東三省總督趙爾巽所召開的緊急會議，被巡防營五路統領張作霖，用毛巾包了一顆偽炸彈，把在場力主獨立易幟的革命分子全給唬住了。趙爾巽有張作霖保駕，悍然決定「保境安民」，使東三省獨立化為泡影。

此時，清廷竭盡全力，分化並且消滅北方革命黨的力量。第六鎮統制官吳祿貞在石家莊遇刺身亡。二十鎮統制官張紹曾調任有名無實的長江巡閱使。第六鎮歸於反革命派掌握，第二十鎮官兵則被東調西遣，整得四分五散。韓復榘所屬的第八十標被調到山海關內的海陽鎮，防範革命軍登陸。八十標的第一營王石清部居右，第二營鄭金聲部在左，第三營馮玉祥部派在中央後方，充作預備隊，韓復榘乃是其中的一名小兵。

## 王懷慶狡計脫重圍

馮玉祥一到海陽鎮，王金銘便自灤州夤夜來訪，商訂了灤州和海陽鎮在烟台民軍登陸秦皇島時一致響應，佔領山海關，分向奉天（瀋陽）和北京進擊的革命方針大計。可是，當王金銘回到灤州準備積極布署。革命同志白雅雨卻先已自天津趕到，他因為南北和議行將破裂，革命軍情勢危殆萬分。亟於發動華北起義，遙為南方革命軍聲援，同時有以震懾安居北京的清廷。所以他一到灤州便虛張聲勢，大肆宣傳。王金銘、羅玉祥他們的行動猶待保密。白雅雨和灤州同志們卻在灤州街巷遍貼起義文告，公開聲討清廷。因而使乍回灤州的王金銘大驚失色，手足無措。終以形勢無可挽回，乃有灤州師範學堂召開緊急會議，會中一致主張破釜沉舟，立即起義。

於是，十一月十二日，灤州宣布成立北洋軍政府，宣布獨立，以王金銘為大都督，施從雲為總司令，白雅雨為參謀長。當晚聯名發出通電，全體主張共和。

檄文發布後，清廷為之大震。那時候袁世凱已經由清廷開復起用，到了北京。他知道通永鎮守使王懷慶和王金銘的哥哥王金鏡，施從雲的哥哥施從濱，拜過把子，是義兄弟。就派他到灤州去疏導撫慰，企圖利用私人感情，使王施二人打消起義獨立之舉。王懷慶奉命以後，輕車簡從，直到灤州軍營。王金銘、施從雲念在舊誼，倒也親自出迎。可是王懷慶見了施王二人，劈頭一句就說：「你們做得不對，不該這麼亂來！」

王金銘卻哈哈大笑的回答他說：「王大哥，您來得正好，正好幫著咱們幹。我已經向同志們宣布過了，把我的大都督讓給您。您不幹也得幹，否則，您休想走得了。」

施王二人把王懷慶讓到辦公室裡，辦公室裡已經聚有許多革命同志。他們見到了王懷慶，立刻將他團團的圍住，爭先恐後，慷慨激昂的陳說利害，曉以大義。可是狡獪成性的王懷慶卻始終置若罔聞，緘口不語。這時候，便惱怒了一名排長張振甲，霍的拔出手槍來，頂住王懷慶的胸口，高聲說道：「你要不幹，咱就開槍！」

王懷慶的臉色頓時就變了，他扮上了笑臉，向在場的革命同志說：「既蒙列位抬愛。我也只有勉為其難，追隨各位，幹一場轟轟烈烈的事業！」

同志們信以為真，不虞有詐，聽了王懷慶的話，馬上就爆起了熱烈的歡呼：「王大都督萬歲！」「走！咱們都進城去，擁護王大都督，登台拜將，宣誓就職！」

革命同志們簇擁著王懷慶，走到軍營門口，軍官騎馬，目兵徒步，組成一個浩大的行列，直奔灤州城去。殊不知，王懷慶心懷鬼胎，一路上都在想著脫身之計。臨到灤州城北紫金山，縣城業已在望。施從雲、王金銘為鄭重起見，先行帶隊入城，預事布置宣誓就職場地，而命第三營管帶王建功負責護送。於是，王懷慶便把握時機，在馬背上和王建功竊竊私語，許以重利，要王建功倒戈反向，重新投入清軍陣營。這王建功也是見利忘義，反覆無常的小人，他居然就答應了。於是，二王巨奸立刻便串演一齣雙簧來。王懷慶一面勒緊韁繩，一面暗踢馬腹，馬匹一疼，又跑不開，便踢足長嘶，亂蹦亂跳，王建功佯問：「大都督，您的座騎怎麼啦？」

王懷慶便故意提高聲浪答道：「我這匹馬是生口，野性未馴，大家快走開些，不然會出亂子！」

眾人一聽，自然而然的勒馬後退，讓出一個大空檔來。王懷慶一見有機可乘，連忙放鬆韁繩，再猛加一鞭，便潑喇喇的往西飛奔。革命同志眼見王懷慶開溜，上了他的大當，當下就拉開嗓門大喊：「追上他，別讓他跑了！」「追不上，便斃了他罷！」

## 二等兵當上了司令

當時，施從雲、王金銘走在前頭不遠，聽到後面人聲鼎沸，情知有變。施王二將立即帶隊回奔，從斜刺裡穿出去追趕王懷慶，可是王懷慶是騎兵出身，騎的又是一匹駿馬。革命同志一時無法趕得上，王金銘立命所部的神槍手黃雲水連開數槍。只是，王懷慶早已跑出馬槍的射程以外，再也打他不到了。

跑了個王懷慶，革命同志又是懊惱，又是氣憤。大夥兒都到灤州城裡的軍政府集合，舉行緊急會議。會中群情激昂，士氣如虹，一致主張一不做二不休，先發制人，立刻組軍進襲天津，直搗北京。當場推舉了各路帶隊官，將校目兵，一律平等，都有選舉權和被選舉權。從此決定了如次的人選：

| | |
|---|---|
| 中路司令 | 石敬亭 |
| 右路司令 | 鹿鍾麟 |
| 左路司令 | 韓復榘 |
| 騎兵司令 | 張之江 |
| 騎兵副司令 | 張樹聲 |
| 後援軍右翼司令 | 鄭金聲 |
| 左翼司令 | 王石清 |
| 軍法處長 | 陳濤 |
| 警務處長 | 張注東 |
| 交際處長 | 歐陽藩 |
| 軍務處長 | 凌鉞 |
| 敢死隊長 | 熊朝霖 |
| 諜報隊長 | 李子峯 |

這其間值得注意的是：七位正副司令，和四位處長兩位隊長，除了韓復榘是一位列兵以外，其餘的全是軍官。由此一點也可以想見：韓復榘韓老二在二十鎮裡一定很得人緣，而且奔走革命，想必幹得也很起勁。還有一層，革命軍的陣容，表面上看誠然聲勢浩大，可是實際上能夠拉得動的隊伍，只有施從雲和王金銘的兩個營。

領軍將校選出，革命軍正待誓師出發。然而，王懷慶實在是太狡詐，他一逃到開平，便打電報到秦皇島，要秦皇島上的清軍軍官，拍了一個假電報給灤州的施從雲和王金銘等，在電文中說：「南軍政府派來兵輪三艘，載革命軍北伐。請灤軍暫待，俟南軍由秦皇島開到後，增厚兵力，共取天津。」

這一封假電報果然把施王二將騙到了，二營革命軍立刻中止進發，專等秦皇島方面的「南方革命軍」開到，兩軍合在一處，直薄津京。他們全然不知業已中了王懷慶的緩兵之計，王懷慶在發過偽電報以後，迅即將他所部之淮軍馬隊第四、第五兩個營，部署在北寧鐵路兩側，預作防堵。然後即致電北京，報告袁世凱，指陳灤州革命軍終將出諸一戰。袁世凱正在狹清廷以抗民軍，倚民軍而脅清廷，企圖利用鷸蚌相爭之局，漁翁得利。因此，他又謊報軍情，把灤州兩營革命軍的聲勢說得如火如荼，造成北京城裡的風聲鶴唳，草木皆兵。同時，他又在暗中調兵遣將，打算一舉盡殲革命。十一月十五日電令第三鎮統制曹錕，指派第六協協統陳文運，親率第十二標汪學謙火速馳往開平，歸王懷慶指揮痛剿。十六日下午五時，陳文運便率隊乘火車抵達。王懷慶見援軍已到，先將他自己的騎兵後撤，再叫陳文運帶的一個標（團）換防。陳文運一共帶來了足額的三個營，還有兩連砲兵。王懷慶還怕不是革命軍的對手，又下令將鐵軌拆去一大段。

當袁世凱、曹錕、王懷慶、陳文運星夜調兵，嚴密部署，業已完成了作戰準備。灤州城裡的革命同志，還在苦等「自秦皇島來援的南軍」。十一月十四日當天，除了領軍將校，又推選出如下的軍政部各部部長：計為祕書長周文海、民政部長朱佑保、軍政部長郭鳳山、外交部長孫諫聲、財政部長劉現雲、司法部長李億珍，和教育部長劉蘭圃。

## 張建功灤州叛同志

十一月十五日，華北革命同志和愛國同胞，在灤州大校場舉行規模盛大的集體就職典禮。宣布灤州獨立，正式成立北方革命軍政府。朱佑保等各部長、韓復榘等諸司令，還有各處處長，各隊隊長一體出席，宣誓就職如儀。當天灤州民眾歡欣鼓舞，額手同慶灤州光復，還我初服，又有天津各國領事，推派俄國領事的代表前來道賀，承認民軍為交戰團體。王金銘、施從雲並款以盛宴，盡歡而散。在那個時候，人人興高采烈，意氣昂揚，誰也想像不到大禍即將臨頭。

就職典禮後，由王、施領銜，各部長各司令聯名，韓復榘當然也在其內，致電袁世凱、南方革命軍外交代表伍廷芳、京津各國公使、總領事，正式宣告獨立。在那一天，王金銘和施從雲，又給他們兩人的胞兄，時在漢口前線馮國璋部下，與武昌革命軍黃興、黎元洪作戰的協統（旅長）王金鈺、標統（團長）施從濱，革命軍方面的兩個弟弟，向清軍方面的兩個哥哥勸降說：「現聞和議有決裂消息，果爾則大局不堪設想。此間業已宣布獨立，千祈聯合前敵軍隊從速反正，主持共和。兄等為大局計，亦即為兄弟計也。專此奉聞。」

這也是辛亥革命時期，一段漏聞已久，今始補出的佳話，趣聞。

王金銘、施從雲等又在十一月十六日行誓師禮，檄告全國同胞：誓言：「即日振旅京津，廓清餘孽，俾大功克定，重開黃帝之山河；非種驅鋤，盡逐白山之苗裔。洗二百年來奇辱，會看赤日之重昇，拯大千世界沉疴，快搗黃龍而痛飲。用告同胞，咸使知悉。」（殊不知，大批清軍業已雲集開平了。）

等到十一月十六日傍晚，革命同志方始獲得本軍偵探轉來消息，秦皇島拍來的電報是偽造的，開平鐵路沿線刻已密佈清軍。同志們聽後益增憤慨，一致表示憤不欲生，直攻津京的計畫絕不變更。因此，王金銘大都督下令全軍開拔，按照預定戰略：由白雅雨參謀長發號施令，派出如下的四路革命軍：

| | |
|---|---|
| 第一路 | 以淩鉞所率領的敢死隊，會同王金銘攻佔天津直隸總督衙門。 |
| 第二路 | 熊飛隨同施從雲總司令，攻佔天津南、北兩段警察署。 |
| 第三路 | 以張良坤率領義軍一連，攻佔重要據點北洋造幣廠。 |
| 第四路 | 以參謀長白雅雨率領義軍一部，攻佔天津新車站後，加以固守。 |

臨出發前調兵遣將時，最值得注意的是，先前選出的各路司令、副司令，如像韓復榘、石敬亭、鹿鍾麟、張之江、張樹聲、鄭金聲、王石清等等一概都不見了。原來，這很可能是馮玉祥的生

平第一次倒戈，他眼見袁世凱、王懷慶有備，灤州革命軍必敗。在臨出發進攻時抽了後腿，臨時縮進了脖子，韓復榘等都是馮玉祥的部下，他把他們都召了回去，不再參加革命了。

馮玉祥臨陣抽後腿，張建功又被王懷慶所收買，灤州革命軍的命運就很慘了。出發之前，眾人正在軍政府內議事，驀的槍聲一響，接下來便是眾槍齊發，急如驟雨。原來是張建功所部叛軍，環立在灤州城牆上，居高臨下，集中火力向軍政府轟擊。打得軍政府裡的革命同志全無還手之力，唯有尋覓死角，或蹲或臥，避免給槍彈射中。這一僵持，居然便是兩個多鐘頭。等到槍聲漸漸稀落，革命同志們方自樓梯扶手逐一滑到樓下走廊，依同志們義憤填膺所發表的意見，就該衝出去，先解決張建功所部。可是王大都督卻說：「大敵當前，像這樣的自相殘殺，我實在是於心不忍。我們還是趕快到車站去，按照預定計畫，攻永平，拿下天津來。」

計議既定，可是軍政府陷於四面受圍，怎樣衝得出去呢？王大都督雍容鎮靜，指揮若定，他派出一批射擊高手，衝到門外。以精確的射術，壓制叛軍的火力。然後一面開鎗，一面奮力突圍而出。城牆上的叛軍當下便彈如雨下，併力邀擊，使得突圍的革命軍頗有傷亡。不過絕大多數都安全通過火網，一口氣衝到灤州車站，登上火車，鼓輪疾駛。

## 馮玉祥海陽被扣押

當時，王大都督身先士卒，他和敢死隊隊員同在火車前列，其餘革命同志都在後頭車廂，全軍共約七百餘人，還有一部分革命同志先已在灤州城裡壯烈犧牲了。午夜十二時許，壯志凌霄的革命軍列車從灤州車站，方只行駛十五華里，轟然一聲巨響，列車出軌。王大都督連忙下令同志們躍出車廂，伸手不見五指之中，槍聲四起，革命軍立即伏地還擊，原來是革命軍和清軍探訪隊譚慶林部遭遇上了。探訪隊是清軍斥堠，人數不多，當然不是七百餘名出柙猛虎革命軍的對手。於是漸呈不支，譚慶林便躺在地上吹起停戰號來。詎料這一陣號音引起了革命軍的誤會，以為清軍是要投降，因而也就喝令停火，居然又讓譚慶林誤認係革命軍歸降罷戰。正好在這時候，清軍協統陳文運等聞訊帶隊趕到戰地。

這真是一次極其不幸的天大誤會，革命軍歡聲雷動，王金銘、施從雲昂首挺胸，直赴清軍陣地，接受「投降」。他和陳文運等劈面相逢，展開了一場唇槍舌劍的辯論，陳文運臉上驟然變色。

「把這兩個『叛賊』綁起來，就地槍決！」

王施二將這才曉得他們是自投羅網了，兩位革命志士意態自若，從容就戮。槍聲響後，革命軍的七百餘健兒情知不妙，紛紛奪路而逃。驚天地泣鬼神的灤州起義，就此以悲劇終場。

灤州起義歸於失敗，出賣同志，按兵不動的馮玉祥，也並未能保全自己。由於清廷早已偵知馮是主謀之一，在灤州革命軍出動的同時，先就派人繳下馮的槍械，把他關了起來，還兩天兩夜不讓他進飲食。王懷慶還拍電報來命將馮玉祥處死。不過馮玉祥在部隊裡人緣還好，所以有許多人代他向標統范國璋求情，范國璋怕犯眾怒，不想在海陽鎮殺他。便派一名跟馮玉祥蠻要好的執事官梁喜奎，帶幾名弁目，把馮玉祥押解到保定交給保定知府處置。

梁喜奎把馮玉祥押到北京城，也是馮玉祥命不該絕。湊巧他的老上司、姻丈陸建章（馮玉祥的元配劉氏是陸建章夫人的遠房姪女），正自廣東潮州鎮守使轉任京防營務處，梁喜奎特地去求見陸建章，陸是袁世凱跟前的紅人，擔得起這副重擔，他當下就跟梁喜奎說：「梁執事官，你是我的部下，馮玉祥也是我的部下，不但如此，你們二十鎮的長官：潘統制、蕭協統、范標統，也沒有一位不是我的舊部。你現在把馮玉祥交給我，我自會讓你繳差。」

就這麼幾句話，馮玉祥算是從鬼門關口逃了回來，他就此留在陸建章的身邊。

馮玉祥被扣押，被遞解，他那一個四十協八十標第三營，所部官兵幾乎有一半以上都是革命同志。連馮玉祥都險遭殺身之禍，樹倒猢猻散，韓復榘等一幫人也就拔腳開溜，各奔前程，韓老二才當了一年多的兵，拿到手的薪餉隨手而光，他又開始流浪，困窘之狀不難想像。不過喜在這一次流浪的時間並不久長，從辛亥年底到民國元年壬子四月，他正在窮途末路中，便欣然打聽到老長官馮玉祥的消息了。

原來，馮玉祥在陸建章那兒孵了幾個月的豆芽，宣統遜位，國父讓「賢」，袁世凱漁翁得利，如願以償，當上了中華民國臨時大總統。民國元年正月，經過一次北京兵變，使袁世凱痛下決心，重新編練備補軍。分為前後左右中五路，派他的心腹愛將陸建章為左路統領，下轄前後左右中五個營。他自兼中營營長，其餘的四個營長則為後營大兒子陸承武、左營老幹部董士祿、右營為親信龔廣翼，前營便是遠房內姪女婿馮玉祥。

馮玉祥復任營長，便奉派帶了中營前哨哨長（排長）宋哲元等，到河北景縣一帶去招兵。在景縣躭了七天，一營新兵全部招齊。往後的馮家名將曹福林、佟麟閣、劉汝明、石友三、過之綱等等，都是那一次招兵招來的。當年劉汝明將軍只有十七歲，就因為他唸過些時私塾，能夠讀書識字，便派二哨哨官（連長）劉子賓，擢升為文案（司書）。由此可見當年新兵程度之一斑。

## 結束流浪二度投軍

二十鎮逃亡在外的革命同志，聽說馮玉祥又在當營長了，開始絡繹的投奔於他。第一個趕到的是李鳴鐘，馮玉祥派他為中哨哨長（排長）。到了元年四月間，韓復榘也聽到了馮玉祥東山再起的消息，他邀集了幾位老同志：谷良民、谷良友、張維璽一道去投奔，馮玉祥先命他為後哨文案，不久改任什長（班長）。

一當上什長，韓復榘就能一個月拿六兩銀子的餉，他揣摩得透馮玉祥的脾氣。在北苑受訓、北京值勤時期，也很賣勁努力，因此他在備補軍中升遷相當的快。二年八月陸建章奉袁世凱之命成立警衛第一、第二兩個團，他仍舊援用陸家子弟兵的作風，發第一團團長馮玉祥，第二團團長陸承武。馮玉祥便從老二營裡挑出一批老幹部，跟著他自己水漲船高，各升一級。因此韓復榘又從班長升級為排長。

跟隨馮玉祥，跑到河南商水周家口去招齊了第一團的新兵，再押運新兵回北苑訓練。方才操演了兩個月，便被派到河南新鄉去剿一股轉戰五省，席捲萬里的巨匪（白狼）。韓復榘跟馮玉祥從新鄉轉戰四方，到了三年二月二十二日，陸建章升任第七師師長，將原有的警衛一團、二團擴編為十三、十四兩個旅。第十三旅長是後來做過財政總長、國務總理的賈德耀。十四旅旅長便由馮玉祥坐升，韓復榘便也同樣的一年一晉級，他當上連長了。

北洋第七師奉袁世凱之命，由潼關西上西安，限令搶在白狼竄抵以前到達，佈陣堵擊。實則是袁世凱另有陰謀，他一俟陸建章的第七師全部開進陝西，便發表陸為陝西督軍，取陝西革命元勳張鳳翽而代之，陸建章算是又為老袁奪了一省的地盤。

韓復榘自此隨同第七師在陝西駐防，二年癸丑二次革命失敗，北洋軍勢力籠罩全國，袁世凱趁此機會大舉擴軍。陝西方面，他將先已入陝的張敬堯第三混成旅擴編為第七師。原第七師的兩個旅，改為第十五混成旅賈德耀，十六混成旅馮玉祥。至於陸建章的長公子陸承武，卻反倒落了後，他權充督軍署衛隊團長。

馮玉祥一當上混成旅旅長，風光可就大不相同了。當時軍制，旅轄於師，混成旅卻和師同樣的直隸陸軍部，明明的高了一級。更何況，一旅只轄六營步兵，一混成旅就轄有十營之多。

當年在馮玉祥的部隊之中，明眼人很容易的可以看得出來。馮玉祥對他營級以上的幹部，大都不滿。除了他的參謀長宋子揚，是日本士官砲科畢業，學有專長，少校參謀蔣鴻遇，保定軍官協和第一期生，曾是蔡松坡部下的騎兵營長，還有速成軍官學校出身的上尉參謀劉郁芬，一團二營營長杜占鰲，二團一營營長陳正義以外，幾乎沒有一個團營長是他所滿意的。其原因正在於營級以上的幹部任用他做不了主，一個個都有後台，有來歷，而是一介旅長馮玉祥所動不了的。

升任混成旅長後，馮玉祥一朝權在手，便把令來行。他為了積極從事培養幹部，相繼設立了三個訓練機構：隨營幹部學堂、軍官教導團和高級軍事訓練班，分別訓練低中高級幹部人員。中級幹部訓練出來，再派到次一級的訓練機構，訓練次一級的幹部，以次類推。所以，但凡馮玉祥所賞識的，往往都在這些訓練機構裡進進出出，受訓訓人，忙碌不已。韓復榘很受馮玉祥器重，自也是其中之一。

若說馮玉祥生性狡獪，反覆無常。那麼，在馮玉祥所有的幹部之中，學他學得最像，甚且「青出於藍而勝於藍」的，可能只有韓復榘和石友三了。在馮玉祥的部將裡面，韓復榘是和宋哲元、孫良誠、孫連仲、石友三，並稱五虎上將的。這五虎上將，也只有韓復榘，表面上最服從，私底下最刁鑽，他真能把老長官馮玉祥，耍得團團轉，整得非常慘。

## 一心升遷百計巴結

由於從連長升營長的這一個階段，一來馮玉祥始終是十六混成旅旅長，部隊無從擴編，人事只好凍結。二則也因為韓復榘始終在受人訓練與訓練別人之間打圈圈，韓復榘熬得相當之久，也就透著很不耐煩，亟亟的巴望往上竄。因此，當他某一次在教導團擔任學兵，接受訓練。碰到馮玉祥前來檢閱，他奉派擔任接送奏樂的司號，韓復榘便時時跟在馮玉祥的後頭，一個勁兒的猛吹喇叭。用意只在於希望馮玉祥回過頭來看他一眼，記起他韓復榘這個人來，別讓他在訓練機構裡窮磨菇了。

可是，馮玉祥這一回卻比韓復榘更詭，他明明曉得韓復榘的「苦心」，卻寧願不時的讓韓復榘猛一吹喇叭，嚇他一跳，偏就不肯回頭望望。然而，正當韓復榘懊惱萬分，自怨自哀。驀地從上頭輕輕的飄下來一紙手令：「派韓復榘為學兵連排長」，這才叫韓復榘喜出望外，打從心眼裡感激這位老長官。這也是馮玉祥的馭將法之一，總而言之，要胡是手腕，用的是權術。不誠的長官，終究培養出不忠的幹部。

民國三年六七月間，巨匪白狼有流竄甘肅的模樣，第十六混成旅奉命開到蘭州施予堵擊。韓復榘他們正在整裝待發，進抵甘肅，忽又接獲陝督陸建章的急電，他說風聞白狼又將回竄西安，電令馮部星夜回師。馮玉祥趕忙徵調大車，運載官兵，兩夜一天間奔馳三百餘里，方抵咸陽，而白狼大股卻已自子午鎮遶行向東，折返河南，終於在河南被北洋軍剿滅。

白狼方除，袁世凱已無後顧之憂，他便全心全力的，籌劃進行洪憲帝制。下令全國各地的北洋軍，儘量擴充兵力，佔據地盤。於是，在西安整訓的第十六混成旅，又被調往漢中，深入陝南。到了民國四年二月，袁世凱勢力侵入四川，派他的親信心腹陳宧為四川督軍，陳宧當時並沒有帶兵，他便指派曾為二十鎮老部下的馮玉祥，和第四混成旅的伍祥禎部，同他一齊到四川去。

十六混成旅先在川北剿匪，後來帝制戰爭爆發，蔡松坡（鍔）率護國軍入川，討伐袁世凱。駐敘永的川軍第二師長劉存厚宣布參加護國軍。

川南告急文電，如雪片般飛向北京。袁世凱遂派第三師曹錕、第七師張敬堯率部入川迎拒。與此同時，復由陳宧飛調馮玉祥部馳赴納溪，迎戰劉存厚。那時節韓復榘還在當他的學兵連排長，當然也得隨軍作戰。

十六混成旅方抵納溪，猶未布防，忽又接獲陳宧的急電：

> 蔡松坡的護國一軍攻陷川南重鎮敘府（宜賓），守敘府的伍祥禎混成旅全部潰敗，陳宧限令馮玉祥尅期拿回敘府來。於是十六混成旅官兵馬不停蹄，再自納溪開向敘府。沿途中，散散落落，三五成群，盡是伍祥賴第四混成旅的潰兵。先前在清軍第二十鎮的革命同志，鹿鍾

麟、張之江，還有韓復榘的老把兄，說書先生張紹棠等等，相率的投向十六混成旅，向馮玉祥痛陳第四混成旅旅長伍祥禎的昏庸腐敗，表示再也不願意在第四混成旅混了。馮玉祥很高興的接納了他們，派鹿鍾麟為少校參謀，張之江為上尉參謀。張紹棠則急於跟他的老把弟韓復榘聚晤，他自己要求上學兵連受訓，整天和韓復榘同在一起。灤州起義失敗，張紹棠、韓復榘哥兒倆勞燕分飛，睽違四載，誰想到竟會在西南邊陲見了面。

韓復榘喜不自勝他，和老把兄日夕盤桓，寸步不離。

馮玉祥又奉命兼而指擇伍祥禎的第四混成旅，他一鼓作氣，攻佔敘府。然而堂堂的護國軍豈是弱者？蔡松坡迅即派部隊增援反攻。當馮玉祥所部一支深入產鉛的雷波以西二百里處龍頭山，恰與自雲南開來的護國軍增援部隊，迎面撞個正著。雙方竟在龍頭山一帶展開了主力遭遇戰。韓復榘和張紹棠都在這支部隊之中，因而也捲入了戰團。

## 臨陣脫逃忽生妙計

當敘府城裡的馮玉祥，獲悉龍頭山方面戰況激烈，馮軍漸呈不支，傷亡尤夥，正在節節敗退。他心中一急，便從就近拉起一支隊伍，十萬火急的趕到龍頭山去增援。這時候的馮玉祥心憂如焚，急於解救他那一支深入的孤軍。所以他匹馬單槍，身先士卒，在他馬後，只有一名馬弁王秉發緊緊相隨。

馮玉祥的那一支援軍還沒趕到，龍頭山麓的第十六混成旅官兵先已潰敗，爭先恐後的奔向江邊，搶奪船隻，渡江而逃。在槍林彈雨，亂軍之中，韓復榘驚慌失措，一時間不知如何是好？這時節，便有他的老把兄張紹棠，在大聲的提醒他說：「三十六計，走為上策！咱們再不趕緊逃跑，眼看著護國軍就要殺上來了！」

然而，當時的韓復榘卻正在魂飛魄散，三十六隻牙齒捉對兒抖戰，他在畏畏縮縮的說：「大哥，你說的倒是輕易簡單。只怕您還不曉得哩？咱們旅長前些時下過命令，戰場之上，不論是誰，退後一步者斬！」

張紹棠當下就反唇相譏的說：「你是怕旅長殺你的頭呀？我告訴你，你用不著駭怕。等不到旅長來殺你的頭，你再不走，你的這顆腦袋就丟定了。」

韓復榘果然為之心動了，他怯怯的問：「可是，大哥，這兒左邊是山，右面是江，咱們怎麼走呢？」

張紹棠伸手一指，江畔有一艘的溜溜在打轉的小小木船，他說：「咱們跳上船去，那才是唯一的生路！」

槍林彈雨，形勢緊迫，生與死間不容髮。韓復榘一咬牙，伸出右手拉住他的把兄張紹棠，兩人齊齊的一縱，縱到了那艘空船上。

方待乘勢划槳，順流直下，脫離這一處刀兵接仗的生死鏖戰場，從左岸渡向右岸。說來也是再巧不過，韓復榘偶然一抬眼，正好瞧見身材魁偉的馮玉祥，騎一匹高頭大馬，馬後只有一騎緊緊相隨，正在追風逐電的直奔過來。當下韓復榘便臉色大變，緊張萬分的說：「糟了，大哥，這下可完蛋啦！」

張紹棠不知究竟是怎麼一回事，他茫茫然的在問：「怎麼啦，又出了什麼事啦？」韓復榘面色蒼白如紙，混身哆嗦的說：「旅長來了，他要是瞧見咱們臨陣脫逃。那咱們這兩條命，還想保得住呀？」

張紹棠抬起臉來一看，眼見馮玉祥來得既快又急，透著倉皇驚慌模樣。當下眼珠一轉，計上心來，便跟韓復榘交頭接耳的說：「兄弟，別怕，這是你升官發財的機會來啦。咱們趕緊使力，把船划到岸邊去！」

怎奈韓復榘駭怕，混身都使不上勁了。他望著張紹棠，急得淚水直流的說：「哎呀我的哥，咱們迎上去，旅長準會在河沿兒上就把咱們斃了！」

事態緊急，千鈞一髮，張紹棠便附在韓復榘的耳畔，嘰嘰喳喳，授以錦囊妙計。韓復榘一聽，真箇喜出望外，眉開眼笑，他眉梢一揚，便和張紹棠合力划槳，將一艘小船，如飛的划向左岸，找根樹樁繫住了船。方弄妥當，馬蹄聲近，馮玉祥和他的馬弁王秉發，已經來到江邊了。

馮玉祥先瞧見江水滾滾東流，擋住了逃生之路。心中正在著慌。及至江邊，又見韓復榘和張紹棠乘了條小船，候在那兒，當下便心頭一喜，眼睛一亮。可是他仍不想讓他部下看出他的慌張，依然端起了架子問道：「你們在這兒幹嘛？」

當下，韓復榘不慌不忙，按照張紹棠所授的計，忙迎上去，諂笑的道：「旅長、王大哥，您兩位快下船吧。隊伍早就走在前頭了。」

馮玉祥心中著實感動，但他還是沉住氣，沉著張臉兒說：「那你們為什麼不走？」

韓復榘胸有成竹，裝模作樣的答道：「我們得控制住這條船呀！旅長親自在殿後，船都被隊伍搶光了，我們不控制住這條船，旅長來的時候怎麼辦？」

十營隊伍，五六千官兵，在龍頭山慘敗後人人只顧逃生，不惜把渡船搶了個精光，贉下馮玉祥在上天無路，入地無門。眼見不是中槍，便是被俘，只有一個「熱血肝腸，忠心保主」的韓復榘，冒著生命危險，守住一條船在等他。張紹棠這一條錦囊妙計果然奏了十分之效，馮玉祥從此對韓復榘另眼相看，大力提拔了。當時，他嘉勉了韓復榘幾句，和王秉發牽馬上船，平平穩穩的渡向右岸。

龍頭山一戰，十六混成旅傷亡甚夥。馮玉祥兵敗之餘，馬上就改弦易轍，再度倒袁世凱的戈，利用蔣鴻遇和蔡松坡的友好關係，派他和張之江為代表，向護國軍輸誠通款曲。於是，雙方息爭罷戰，暗中往還，馮玉祥讓出敘府，蔡松坡兵不血刃克重鎮。十六混成旅和護國軍隔江而守，互不侵犯，而且還相當的友好，馮玉祥的部下常進敘府城，敵對雙方，把臂相歡，徜徉街市，就彷彿是自家人一般。

當馮玉祥一舉攻克敘府，給北洋軍打了一次漂亮的勝仗。北京城裡，設統率辦事處親自指揮川南作戰的袁世凱，高興得什麼似的。一個勁兒催著馮玉祥進兵，巴望他一舉擊退護國軍。馮玉祥推說兵力不足，陳宧立刻便將十六混成旅留在漢中的一個團，飛調敘府，改以十五混成旅賈德耀部戍守漢中，又特准馮玉祥派宋哲元到河南去召募兩團新兵。

馮玉祥獲封世襲三等男爵，更放出空氣，將以第四混成旅和第十六混成旅合併為北洋第四師，即將任命馮玉祥為第四師師長。那時節的馮玉祥，只要再打一次勝仗，準可以成為老袁跟前最走紅的北洋將領。

然而事有不巧，龍頭山一敗，十六混成旅官兵都洩了氣。馮玉祥見風轉舵，蕲求自保，私通護國軍，紙包不住火，消息終於外洩。北京城裡的袁世凱可火大了，蔡松坡暢曉戎機，馮玉祥詭計多端，護國滇軍威名天下揚，馮玉祥的十六混成旅訓練有素，打起仗來也不含糊。兵力雖然不充，但也素稱北洋勁旅。馮玉祥果然投向蔡松坡，那袁世凱的麻煩可就多了。

因此，袁世凱下令川中各軍，嚴密監視馮玉祥，必要時可以使用武力加以解決。

民國四五年之交，袁世凱的川中各軍統由曹錕坐鎮重慶，指揮作戰。除了曹錕的第三師、張敬堯的第七師、伍祥禎的第四混成旅、周駿的川軍第一師外，還開來了第八師李長泰。這麼些北洋部隊要解決馮玉祥，確是很容易的。

老袁下令監視馮玉祥，身在敘府城外和護國軍隔江相望的馮玉祥起先並未知情。

於是，又給了韓復榘一次大好機會，讓他建立殊勳，出人頭地。

## 周駿上韓復榘的當

韓老二控制渡船救了馮玉祥，果然不出張紹棠所料，馮玉祥是在存心讓他升官發財了。首先，馮玉祥把韓復榘調離學兵連，直升他為砲兵團營長，韓老二就此一步登天，抖了起來，成為馮玉祥基本幹部中升遷最速的一個。接著，馮玉祥再挑他一個好差使，派他和王秉發二人，帶一大筆錢，護送五十餘名傷兵，到後方去設立一所傷兵醫院。殊不知袁世凱下令各部嚴密監視馮玉祥的機密，便因此而被馮玉祥察覺。

韓復榘、王秉發帶著五十餘名傷兵，乘一艘大木船，揚帆東航，順流而下。途中經過川軍第一師長周駿的防區，槍聲急響，岸上川軍一湧而出，一齣慘絕人寰的悲劇迅即發生。川軍軍官問明白了船上載的是十六混成旅的傷兵，立刻喝令將護送者韓復榘、王秉發都綁起來。再當著他倆的面，將一個個哀呼慘叫，掙扎哭號的傷兵推到長江裡去。轉眼之間，五十餘名傷兵就葬身魚腹了。

然後，再把綑了個結實的韓復榘和王秉發，押到川軍第一師司令部，兩個人綁在一處。不一會兒，有一名副官出來問話：「你們這兩個逆賊，誰的階級高些？」

這是韓復榘和王秉發頭一回共事，他深知王秉發雖然只是一名馬弁，但卻是馮玉祥的心腹體己之人。反正這回是死定了，何不在王秉發跟前講講義氣，逞逞英雄呢？因此他便抗聲答道：「我叫韓復榘，是十六混成旅砲兵團的營長。」再一指王秉發道：「他是我抓來的伕子，看他老實，叫他跟我當勤務兵的。」

他這麼一詐唬，還真生了效。川軍第一師的那名副官揮揮手，吩咐衛兵把王秉發綁到外頭去，然後他親自押著韓復榘，到司令部大廳，因為周師長要親自問他的話。

虛與委蛇，欲擒故縱。韓復榘是確已將馮玉祥這套本領學到了家的。於是明明周駿在追詰他，十六混成旅何以「態度不明」，是否已經投向護國軍？當雙方一問一答，韓復榘用盡心機從周駿的口中套話，反倒變成他在套取北洋軍的最高機密了。川中各軍業已奉令嚴密監視馮玉祥所部，命令由誰所發？有否採取實際行動？命令中的要點，以及馮玉祥到何種程度時，北洋軍將以什麼樣的行動相對付？韓復榘出乎意外的，獲得了很多極珍貴的情報。

其實，周駿敢於在韓復榘跟前洩漏機密，無所不至。那是因為他早已作了決定，一旦盤詰出十六混成旅叛袁的情事，馬上就把韓復榘拖出去槍斃。焉知韓復榘竟會鴻運當頭，大難不死哩。

韓復榘也自份必死，他只是在儘量的拖延時間。周駿問他的話，從下午盤問到晚上，袁世凱的密令盡洩，韓復榘還在那兒支支吾吾，欲語又止，反而逗得周駿非問下去不可。

這時候，王秉發被綁在大院子裡的一棵樹上，有兩名川軍衛兵在看守著他，只等著韓復榘「吐實」以後一道槍斃。

那王秉發深受馮玉祥的薰陶，也是一肚皮的壞水。他焉肯束手就死呢？他始終都在暗中使勁，鬆開雙手的綁。花了好幾個鐘頭，繩子漸漸的鬆開了。王秉發便向兩名衛兵求道：「大哥，行個好，給我端杯水來喝吧！我實在是渴得受不了啦！」

衛兵不疑有他，便尤其中之一去給王秉發取開水。等到那人一走，王秉發又輕聲的向另一名衛兵道聲謝，說是：「大哥，我右下口袋裡還有包香煙。請你拿出來，大家抽嚜。」

剩下的衛兵一聽有香煙，馬上就低下頭去拿。這時候，王秉發已在暗中解開繩索，鬆脫了雙手。他乘那衛兵不備，猛伸手奪過他拿在左手中的步槍，一刺刀便將那名衛兵戳死在地。

當王秉發刺斃衛兵，拔足沒命奔跳，取水的那名衛兵已經回來了。他眼見王秉發逃跑，舉槍便射。可是，黑暗之中，視野有限。王秉發又機伶的在跑之字形，衛兵一連開了幾槍，王秉發幸而未曾中彈，於是，他一鼓作氣的狂奔九十多里，氣喘咻咻的跑到了十六混成旅旅部。

## 蔚然而成五虎上將

王秉發貪夜喊醒了馮玉祥，向他詳細一一報告。馮玉祥乍聽之下，氣湧如山，怒不可遏。他立刻下令發一封電報到成都，叫十六混成旅駐在成都的辦事人員，不惜採取任何手段，把住在成都城裡的周駿老父，加以綁架。然後，他再打個電報給周駿，限他即刻釋回韓復榘，如若不然，他便再打個電報到成都去，殺了周駿的父親，給韓復榘抵命。

為了一員營長韓復榘，馮玉祥竟會這麼大動干戈，甚至於叫他的留守人員幹上綁架勒贖的勾當。十六混成旅的官兵，這才曉得韓復榘在馮玉祥的心目之中，份量是何等的重？另一方面，周駿也給馮玉祥這棘手的一招唬倒了，他一接到馮玉祥的電報，便乖乖的釋放韓復榘，尚且指派妥人，把韓復榘安然無恙的送到了馮玉祥的跟前。

韓復榘回到旅部，馮玉祥馬上就召他入室密談。他將他和周駿所談的種種，一一據實報告。周駿煞費手腳，還害他老父飽受一場虛驚，逮著了韓復榘，不但沒能套出韓復榘的話，反倒被韓復榘套到了馮玉祥迫切需要的機密情報。這一項情報對於當時的馮玉祥來說：委實太重要。幸虧韓復榘遭了這一劫，方使馮玉祥提高警覺，加強防備。趕忙派張之江、李鳴鐘前赴成都，游說川督陳宧，從此反對袁世凱稱帝，宣告四川獨立，陳宧一時雖不敢從，卻是也並沒有拒絕。

就因為陳宧的態度模稜兩可，而他又是老袁的心腹肱股，乃使川中北洋各軍，遲疑徘徊，舉棋不定。非但川南之戰陷於僵滯，北洋軍和護國軍都在休兵狀態，心存觀望。而且馮玉祥的第十六混成旅，也安然渡過被十倍之北洋軍圍而殲之的一關。韓復榘因禍得福，他這一次所建立的功勞實在是太大了，難怪他就此深獲馮玉祥的寵信，成為了他的親信愛將，浸假而為馮系「五虎上將」之一，漸漸的成了氣候，也有了他自己的場面了。

# 韓復榘脫離馮玉祥的前因後果

江平

民國十六、七年間，韓復榘（向方）在馮玉祥（煥章）第二集團軍中，參加北伐戰役，曾在豫東、豫北各戰場上，立過很多卓越戰功；尤以民國十六年一次冬季攻勢，他在柳河車站和商邱城內，前後五天之間，俘獲張宗昌的直魯聯軍達兩萬餘眾，及裝甲火車五列和其他輕重武器等，於是凱旋之日，竟使一向視屬下將領如嬰兒的馮玉祥，為之破例迎出軍帳以外（當時馮駐於鄭州操場的帳棚以內），握手為禮，並對韓部官兵說：「你們的韓總指揮，等於我袖中一隻老虎，非遇必要時決不輕易放出，只要放出去，就必定攫獲一些猛獸回來。」由此可見馮對他的重視，非其他將領所能比擬；而他也因此被列為馮部五虎上將（韓復榘、宋哲元、孫良誠、石友三、孫連仲是也）之首。但到民國十八年四月，他突然離馮而投歸中央，並影響了石友三、馬鴻逵兩部同時脫離馮玉祥，遂使堅如鐵桶的西北軍，在實力與士氣上，受到無比的打擊；因而十九年的一次大戰，馮乃一蹶不振。不過韓之離馮，並非事出偶然，中間卻有一向不為外界所知的因素，筆者對這些因素，皆經身歷眼見，爰本「不以人廢言」的態度，據實敘出，以饗讀者。

## 閻錫山有意拉攏

自民國十五年五月起，韓復榘以軍長身分，率軍圍攻山西北部的大同府，中間石友三部下旅長張自忠於進攻恆山時，被晉軍所俘，未幾閻（錫山）部下旅長豐玉璽則在大同城外為韓所俘，韓以張自忠猶在晉軍手中，恐殺之於張不利，乃優禮釋放，故閻甚感之。

至八月十四以後，國民軍自南口敗退，沿平綏路西撤，韓奉張之江命，仍留大同任掩護撤退之責，及全軍撤退完畢，韓軍才得撤圍西退。但以為時已遲，石友三一軍駐在包頭，阻住西去之路，而包頭以西又缺乏糧草，故韓軍撤到歸綏（綏遠省城）即無法西行。正在進退維谷之際，適商震（啟宇）奉閻命接任綏遠都統，經與韓數度商洽，即獲得閻的同意，將韓部收編為山西陸軍第一師，雙方約定：「在馮未返國前（時馮在俄國），韓部糧餉，均由山西十足供應；俟馮歸國後，韓之去留，聽由自便。」這一如關羽在屯土山與曹操相約的優惠投降條件，韓焉得不衷心感激！

是年九月，馮自俄國返抵五原（綏遠西部縣名）召韓，閻知韓將去，又特贈一筆足夠的開拔費用，十二月韓即率軍西去。這是閻、韓之間一段淵源。

## 抗亂命拒襲太原

民國十七年五月，北伐軍事接近尾聲階段，奉軍傾其全力以博取最後生存之機，革命軍亦抱必勝決心，以爭取最後勝利，故各線戰況，均異常激烈。此時韓復榘正以第三方面軍總指揮率軍與奉軍韓麟春部戰於漳河沿岸，一日之間，韓部下三名師長（張汝奎、曹福林、孫桐萱）同時負傷，終於五月二十八日將奉軍擊退。接著就揮師北進，六月一日抵達河北省的石家庄（後改石門市）。

斯時山西方面因得地利之便，已於先一日由商震率軍，出娘子關，越石家庄，向北退的奉軍跟踪追擊，於追過望都時，被敵軍後衛所阻，相持於保定迤南二十里之方順橋附近，成膠著狀態。故韓軍抵達石家庄時，因前面既有晉軍，只得暫時停止，以待後命。過了一夜，至二日下午，始應商軍之邀，向保定以東挺進，繞擊敵軍側背，當晚黃昏時分，即追至石家庄以東五十里之藁城宿營。

當軍士們正在埋鍋造飯之際，韓忽接馮玉祥自鄭州發來「韓總指揮親譯」密電一道，文云：「希該總指揮即刻回師石家庄將石庄以北鐵道破壞，阻斷晉軍後退之路，然後親率主力部隊，疾趨太原而佔領之。此間當另派大軍，分由風陵渡、茅津渡、孟津等地北渡，為該軍支援。」韓閱罷來電，不勝驚異，認為如此一來，固可垂手而得太原，但當此同仇敵愾之時，遽操同室之戈，實非公論所能容；況三年以前，自己厄於歸綏時，曾受過閻的一段恩遇，揆之公誼私情，皆不容乘危相逼，但馮的命令，卻又不能公然違抗。反覆思維，無以為計，經與其參謀長李樹春（蔭軒）商討多時，才研究出個「既不公然違抗馮的命令，亦不背德進攻太原」的兩全之道——乃一面下令回軍石家庄，一面令秘書長李起元（清拔貢生曾任北京順天時報編輯）給馮覆電說：「襲取太原，誠屬千載良機，本擬星夜奔命，成此偉業。惟據報娘子關要隘，有晉軍勁旅守禦；太原方面，則由閻親自率兵坐鎮，均非旦夕所能攻下。萬一屯兵堅城之下，曠日持久，一旦大局發生劇變，則名實兩損，誠非鈞座之福也。復榘粳短汲深，實難勝此重任；如必欲為之，敢祈另簡賢能，來主其事，職願退居偏裨，力襄其成。現已率軍返回石庄，只候鈞裁。」韓認為只有這樣說法，或能取得馮的諒解，不料馮一見此電，氣得暴跳如雷，直欲殺之而後甘心；終以韓軍遠在千里以外，如操之過急，恐怕激出意外變故，而陣前易將，亦犯兵家大忌，況韓是否真肯交出兵權？也大成問題。他究竟是個老謀深算的一世梟雄，終於忍下滿腔怒火，給韓回了個安撫性的電報說：「出西有備，勢難急圖，如非吾弟顧慮周詳，吾幾失之。希仍按原定計畫，協同商軍北進，共殲殘敵。」

「所請庖代一節，應勿庸議」。韓接到此電，雖暫時鬆了一口氣，終以馮城府太深，時懷惴惴之念。馮對此事，當然也不會就此忘懷。這是馮、韓發生裂痕的開端。

〔按〕：韓自藁城回師石庄時，筆者與一般同仁，莫不惶惑萬分。認為此中只有兩項可能：一是濟南五卅慘案，事態擴大，爆發了中、日戰爭，以致須立即回師應敵；二是五巨頭會議（今總統蔣公、馮玉祥、閻錫山、李宗仁、李濟琛等五總司令在徐州會議）發生破裂，導致了鬩墻之爭。此外再也想不出任何回師理由。直至後來隊伍到了北平，才從韓的秘書長李起元口中獲得上項祕密。假如當時沒有韓從中作梗，使馮的計畫得以實現，則北伐戰史，勢非改寫不可矣。

## 名利兩失空歡喜

韓復榘接到馮的安撫電令後，即於當日（六月三日）中午復由石家庄出發，經過藁城、安國、博野、新城、固安等縣，一路且戰且進，於六月六日，抵達北平。

北平乃是華北的政治文化中心，在民十前後幾次內戰中，除民國六年段祺瑞討伐張勳復辟時，曾在天壇附近放過幾槍外，其他歷次戰爭，不論攻守兩方，都好像守著一項不成文法的約束：敗者固不退入城內，勝者亦不追入城內。故這次自平漢敗退的奉軍，於到達長辛店時，即繞過北平，轉經豐台，向東撤走。當時北平士紳，甚怕在奉軍退走南軍未到以前，萬一潰兵散卒闖進城內，商民遭到騷擾，特商奉軍殿後指揮官請求，將一個鮑旅暫時留下，以維治安。並負責保證鮑旅安全，俟南軍到來，鮑旅再行撤退。

及韓復榘部抵達南苑時，北平紳商代表，均高舉「歡迎飛將軍」的旗幟，迎至南郊。與韓見面後，首先提出鮑旅安全問題，韓毫不考慮，滿口應允說：「絕對信證使鮑旅完整撤出北平。」紳商信以為真，即轉告於鮑，誰知韓即於是夜，命其第一師連夜趕到北平東面的通州埋伏，翌日鮑旅一到，即被包圍繳械。事後紳商向韓質問：「為何食言？」韓卻輕鬆的答道：「我何嘗食言？現在鮑旅不是已竟安全退出北平了嗎？」紳商們說：「鮑旅雖得平安離開北平，但卻在通州被貴部繳械了呀！」韓說：「現在奉軍與北伐軍尚在交戰狀態中，我只能保證他在北平的安全，一離開北平，就非我權力所及。如諸君必欲要我保證鮑旅在北平以外的安全，那就只好請諸位向革命軍總司令請求去罷！」紳商們無詞以答，只好唯唯而退。這也是韓的機變之處。

韓軍在北平駐到第三天，山西的軍隊才由商震、楚溪春（閻的參謀長，到北平後即被任為北平警備司令）率領，抵達北平。時韓所收繳鮑旅的武器猶裝載在火車上，停置在前門外的東站，等待南運。商、楚二人，是奉命清理北平軍事善後的，於獲知鮑旅的武器猶未運走，即派隊前往攫取。韓的守衛拒之，曾在東車站發生過小型衝突，及韓派去大部隊伍，晉軍始知難而退。但北平居民，卻為此飽受一場虛驚。

韓在平駐至一週後，即奉革命軍總司令今總統蔣公電令，任他為追擊總指揮，兼轄平漢、津浦兩路軍隊向山海關方面追擊。他奉令後，即率部進駐平、津中間的楊村，從事部署。緊接著又奉總司令部電撥軍費一百萬元交由北平市長何其鞏（原為馮的秘書長）轉發。及韓派人向何索取這筆軍費時，何答說：「已奉馮總司令電示，該項軍費應繳由總部統抽分發。」因此韓空歡喜一場，分文未得。未幾，馮又替他把「追擊總指揮」職務辭掉，交由白崇禧將軍接替，而命他開回保定以南的望都整訓。這是馮、韓失歡的第二階段。

## 奪兵權笑裡藏刀

韓復榘在望都駐約兩月餘，於是年九月初旬，又奉馮玉祥命開回河南西部的伊陽、洛寧等地剿匪清鄉。韓一向對待軍民都很寬厚，惟對於擾民的盜匪，則恨之刺骨。而豫西一帶，向稱多匪之區，尤以民國十五年春，岳維峻、憨玉琨等敗退時，其所部近三十萬眾之武器，全被當地莠民截留，更增加匪徒的勢力。故韓軍在剿捕之初，每天經常要槍斃數十人不等。其中最多的一次，是在洛寧縣境一道山谷中，集體捕獲匪眾三百餘人，他因這次與匪搏鬥中，傷亡官兵達六、七十人，頗為震怒，即將這批悍匪，集合在洛河沿岸，挨名審視，見有面貌善良而年齡較輕者，剔出站於一旁，共得百餘人，每人發給路費兩元，釋令回家安分度日；其餘二百多人，則令官兵找來一些蔴包，將他們分別裝入蔴包之內，實以石塊，說：「這些慣匪，留之則為害地方，槍斃則浪費國家彈藥，將他們抛下河中餵魚好了。」於是這二百多名悍匪，齊被推下河內，葬之魚腹。韓就因這次剿匪，前後殺了千人以上，乃蒙上一個「殺人魔王」的稱號。

當韓復榘剿匪任務完成之後，馮在表面上對他大為嘉獎，對眾說：「這回韓總指揮費了兩個月工夫，把豫西二十年來未能肅清的土匪，全部剿滅，為河南百姓造福太大了。因此各地老百姓都向我表示，希望派韓總指揮當他們的省主席，我已經答允他們的請求；惟以地方行政，千頭萬緒，必須專心致志，方可辦好。我預備另派人接替他的帶兵職務，使他能專心替河南百姓服務。」馮這番話講過以後，未出五天，即發表韓為河南省政府主席，其第三方面總指揮，則另派人接替之。照當時一般情形說來，一個手握重兵的高級將領，多半是喜歡兼領地方行政首長的；但如二者不可得兼，則是寧捨行政首長而取兵權。這次韓被奪去兵權，而專任主席，是猶予之魚而奪其熊掌，自非其所願也；況他與馮之間，尚存有「拒襲太原」與「截留軍費」兩重嫌隙，他更會懷疑馮是藉詞報復。故他於接任主席之後，就懷著忐忑的心情，終日為前途安危擔憂。

正在此時，他原來率領的三方面軍，被編併了。原來有三個師及兩砲兵團、三個獨立營的一個軍，縮編成一個第二十師，凡多餘的官兵，概被遣散。這些百戰餘生的官兵，被遣散後，既無路費，亦無衣著，如同失群的哀鴻一般，所幸上層的主持人，總還算有一點惻隱之心，准許他們穿著各人的破爛軍服，並每人發給幾個乾饅頭作為一路食用，送上專為他們預備火車，東至徐州，南至信陽州，准許沿路隨便下車。這些官兵們，原希望這次戰事結束，得能榮歸故里，炫耀鄉里，做夢也沒想到會落得如此凄慘，其心情的懊惱和憤怒，是可想像而知的。筆者參加西北軍多年，一向不曾聽到軍中有人叫馮的名字，無論在任何場所，都是稱呼他的最高官階；惟有這次編遣期間，卻出現了例外。有一天我輪值送一批被淘汰官兵，從洛陽西宮去往金谷園上火車，於路過飛機場時，親耳聽到他們高聲叫著馮的名字——馮玉祥！跳腳大罵。我是負責帶隊的人，當然有責任，也有權力加以制止；但卻不敢。因為他們每個人都是冤氣滿腹，怒火冲天，這時連馮玉祥都不怕了，那還把我這小小上校（那時我任上校大隊長）放在眼裡。如果我真的自不知趣，出而制止，他們不拿石頭把我砸死才怪哩！就這樣一批一批的淘汰了個月有餘，才告結束。究竟這些被遣走的官兵，是否都回返故鄉，安份度日呢？我知道絕對不是的，他們之中，有少數是改投別的部隊去了，而大多數則是到開封投奔他的老長官——韓復榘——去了。試想這些人，與韓見面時，會有什麼好話訴說？韓見到這些生死與共老部下們的慘狀，焉得不動憐憫之心？於是特派幾名官兵，專門負責招待由二十師來投的官兵，供給其衣食住宿。在這些官兵訴苦聲中，當然也給韓增加了對馮的離心。這是馮、韓破裂的第三階段。

民國十八年三月，寧（南京）漢（漢口）分裂，中央為收夾擊之效，特徵得馮玉祥的同意，任韓復榘為「討逆軍第三路總指揮」（韓之第三路軍即自此始），使率軍由信陽南下，以威脅武漢側背。但此時馮已為裁軍問題，與中央發生裂痕，故陽為應命出軍，實欲趁機觀變，坐收漁人之利。且慮韓一旦重握重兵，將會發生他變，乃把幾個與韓情感不佳的部隊，編入「三路軍」的序列，以便親自控制，只令韓帶一個空殼指揮部，進駐信陽，待機而動。詎料武漢叛軍猶如曇花一現，不到一個月工夫，即被中央敉平。馮見大勢已定，乃不再作非非之想，即下令放棄魯、豫兩省地盤，將所有部隊，一律撤到潼關以西，準備待機而動。韓乃以光桿主席身分，帶一個空殼總指揮部和一個衛隊營，撤到豫西的陝州。

## 再違命拒絕封糧

陝州地近伊（伊陽）洛（洛陽），東接敖倉（今汜水境），為自古兵家必爭的米穀之鄉，而關西一帶，則連年荒旱，民不聊生。馮玉祥既存心集兵備戰，自不能不預籌軍食，以作持久之計。故於韓復榘到達陝州之日，即電令「以河南主席名義，將鄭洛以西，沿途所有商民存糧，一律查封，裝車西運」。韓自認當了三個多月的主席，未給百姓留下半點福澤，怎忍於臨去之際，強奪民食，重貽民困？乃給馮覆電說：「現值青黃不接之季（四月中旬），中產以下之家，俱已仰屋興嘆，無糧可封；中產以上者，雖略有餘糧，而以之濟貧救急，尚嫌不足。今若遽予查封，是無異驅民於溝壑也。敢祈俯體民困，收回成命，不勝感盼待命之至。」馮睹電大怒，當在電話中責之曰：「你只顧向老百姓討好，不顧團體將來如何生存。你究竟打著什主意？限你即刻帶你的參謀長同來潼關，我把封糧辦法，當面告訴你們！」未等韓分辯，即砰的一聲將電話掛斷。韓只得偕同參謀長李樹春趕往潼關（時馮駐在潼關）。見到馮面，未說數語，馮即將李罰跪在地，責其「襄贊無方」；然後責韓以違抗軍令，不顧團體利益等罪名。最後命回到陝州，限旬日以內，將查封糧食數量報核，如有違誤，定依軍法從事。韓、李二人，見馮盛氣勃勃，那敢抗辯，即忍氣吞聲，唯唯而退。懷著滿腹委屈，登上汽車，離開潼關。

李樹春見韓復榘面色凝重，默不一語，乃向他說了些查封糧食的計畫，請他決定。他楞了半天，忽然答非所問的說：「你看今天馮先生的情形，即使我把河南的民糧都送到西安，馮先生是否還能容許我存在下去？」李答道：「以主席與馮先生的歷史關係，是不應該有意外的；不過……」李說到此處，遲疑多時，無法續講下去。韓乃慘然強笑說：「你不要再說了，我自知這一年來，我已成了馮先生的眼中針，早晚是會被拔除的。現在就請你替我想個自全之道吧。」李也因在潼關受馮一場折辱，心有未甘，即乘機說道：「我是不應該離間主席與馮先生的感情，但時勢所逼，不得不說。譬如當年韓信肯聽蒯徹之言，則未央宮之禍，是絕不會發生的。我言盡於此，請主席自作決定罷！」韓聽罷，瞿然作色說：「我雖也姓韓，但決不作韓信第二！不過我手無一兵，應該怎麼辦呢？」李見韓言詞激昂，知他意志已決，乃向前座的司機努了努嘴，壓低聲音說：「二十師的隊伍，都在陝州，此乃天假之便，怎說手無一兵呢？」韓面現躊躕之容說：「我已離開這個部隊四月有餘，現在又換李興中擔任師長，誰還肯聽我的命令？」李說：師旅長雖已換人，而團長以下的帶兵官，仍都是主席的舊部，只要主席登高一呼，誰不樂於相從？」韓默思良久，始決然道：「好罷！就決定如此辦，等回到陝州時，你先找一份二十師官長名冊，我們再仔細研究一番！」於是兩人默不一語，各自計算著未來的命運。

## 奪師印率部東下

當天（四月十七）晚飯前，汽車開到陝州，韓、李二人相繼下車，李忽忽忙忙返回自己辦公室去，韓則滿面憂鬱，獨自在門前走來走去，若有重憂。待約五分鐘後，李從自己屋裡抱著幾本名冊，匆匆忙忙走來，於經過韓面前時說：「二十師官佐名冊，我已找來，請主席到屋內看吧！」韓乃同他一路進入室內，翻閱著名冊，把營長以上的帶兵主官，從頭研究一番，認為大致已無問題，乃又派人把二十師副師長孫桐萱找來，作了次最後決定。接著就給二十師新任師長李興中打電話，說：「總司令要我查封各縣存糧，由於時間迫促，需要你的部隊協助，才能如期交差。請你於明早八時，帶著全師傅連長以上各級主官，到我的總部（韓此時尚兼第三路軍總指揮）集合，我向他們說一說有關封糧應採的方法，免得和老百姓發生誤會。」原來李興中對馮查封食糧一事，早有所知，故對韓這一說法，絲毫不疑，當即唯唯應諾。

翌（四月十八）早七時三十分，即帶著兩名新換的旅長（李文田、黃維綱）先到了車站附近英美烟草公司韓的總指揮部，韓即將他三人邀入室內閒談，接著一些連、營、團長，以及另一個旅長徐桂林都先後到達，由參謀處長李又宸在外招呼站隊。徐旅長也想進入韓的辦公室，卻被李又宸攔住說：「少時總指揮就會出來，你進去幹什麼？」徐見李神色有異，乃止步不進。未幾，集合場人員到齊，韓乃吩咐左右將李興中等三人，帶往另一間靜室軟禁起來，然後身上講台，面對三百多名軍官先說了幾句久別相思的話，然後進入正題說：「我和大家都是馮先生的部下，馮先生一向對我們很好，所以他無論走到什麼地方，我也不忍離關他。惟有此次的行動，使我感到意外，不知他是聽信那一個狗頭軍師的餿主意？把山東、河南兩省土地人民，全部放棄，而將全部數十萬大軍，撤到潼關以西荒涼之區，使軍民兩方，同時陷於困窘之境。我對這一行動，突感莫名其妙。現在我決心要回轉開封去，所以特來向你們辭行。你們都是我多年的患難袍澤，我自不忍拋棄不管，若有人願隨我東去者，我一概不拒。」他話剛說完，台下三百多名軍官齊聲歡呼說：「我們願隨主席東去！」韓又問：「願隨李師長西去的舉手。」停了許久，並無一人應聲。韓見眾志咸歸，乃道：「大家既願隨我東行，車站我備有火車，現在請各自回去集合隊伍，即到車站上車！」於是眾皆歡呼而去。不到一個小時，即有整營整連的隊伍，陸續趕到車站。接著就是一列跟一列的火車，開離陝州，迤邐東去，脫離了馮的掌握。李興中師長和黃、李兩名旅長都被軟禁在車上，一路東去。在軍車經過觀音堂、澠池、新安等站時，曾數度遇到孫良誠部隊西行兵車，可能因陝州附近電話線被韓派人截斷，致馮無法下達攔截命令，故雙方兵車交錯而過，並未發生任何衝突。

## 來歸順棄暗投明

韓的兵車抵達洛陽時，天色已交黃昏，因偃師縣境的黑石關附近駐有龐炳勳的部隊，而韓、龐二人因民國十六年冬攻克商邱時，曾因收繳袁家驥部隊武器，發生過一次誤會，從那時種下嫌隙，迄未消除，韓怕龐藉機報復，並因自己新撫的部隊，軍心未固，未便冒然使用，乃將部隊暫駐洛陽，一面派人向龐商洽假道。不料龐已得到韓叛馮東去的消息，堅拒不允，韓聞報大怒，意欲全軍與龐一拚，幸李樹春苦諫乃止，僅派六十旅旅長萬國楨率領該旅三個團，於十九日拂曉，向龐軍試行佯攻，藉以窺測龐的真正意向。詎料萬旅一到黑石關，龐軍據險固守，堅不放行，萬旅幾次猛攻，均不得利，且傷了兩名團長（黃芳俊、趙心德）。萬料知龐軍兵力雄厚，決難倉猝得手，乃轉向孟津渡口，乘舟北渡，沿黃河北岸，向東疾進。於二十日，復自汜水口渡河而南，即在汜水車站攔截一列裝甲火車及數十輛空車皮，乘之而東。當日下午即進據鄭州。萬知道開封、中牟兩地尚有席液池一個騎兵軍，是絕對効忠於馮的；新鄭以南的馬鴻逵，態度亦甚曖昧。這兩人中，只要有一人向鄭州進迫，不但鄭州難保，連韓的整個計畫，亦將全盤瓦解。於是連夜命人以韓的名義，寫了數十份安民布告，並蓋上臨時偽造的「討逆軍第三路軍總指揮」關防，張貼出去。沒想到這份布告，卻發生了意料不到的効果。席、馬二人得到密報，誤認韓本人已到了鄭州，首先是馬鴻逵將駐在新鄭的部隊，連夜撤往許昌以南，以避韓之鋒；席液池也隨著改變其行軍路線，繞道淮陽經漯河以南向西遁去。同時駐在南陽附近的石友三，亦發出通電，表示與韓取一致行動。此外還有駐在商邱的韓多峯一個民團軍，亦以進退失據，向韓致電輸誠願聽驅策。從此平漢路以東，已無馮的軍事力量，大局乃得急轉直下。而馮預期與中央兵戎相見的時期，亦因整個形勢的改變，不得不延緩到十九年的暮春。就是這一段時間內，卻使中央有一個從容布置的大好機會。

當四月十九日下午，韓復榘在洛陽接到萬旅進攻黑石關不利消息時，心中頗感焦急，他怕萬一龐軍自偃師來攻，則軍心未固的第二十師，勢非望風披靡不可。故於四月二十日清早，即實行放棄洛陽，率所部經由嵩縣、登封、密縣之線，直趨鄭州。他預料到鄭州的得失，對他的成敗關係重大，故於通過登封後，他即離開隊伍，策馬先行，於二十一日黃昏即趕到鄭州。此時各方面的威脅，俱已解除，乃一面向中央電陳經過，一面報告萬國楨的功績。是月二十六日，中央即派國府參軍長賀耀祖率領由各部會組成的慰勞團，蒞鄭慰問。當時的國府主席蔣公（即今總統），除對韓專函慰問外，並以軍委會委員長名義加萬國楨以中將銜，並予以記名師長任用。

由於韓這次的行動，直接影響了馮的兩名驍將（石友三、馬鴻逵）同時率隊離去，削減了馮部十萬勁旅，使民國十九年的中原大戰，預伏下勝負之機。

## 信邪說走火入魔

韓復榘於受任山東省主席後，不想竟受到鄉村自治派首腦人物梁漱溟的蠱惑，於魯東劃定鄒平縣，供梁作為鄉村自治實驗之用。這時，全國統一，舉國上下，一致擁護貫徹三民主義，此種異端混雜其間，實非國家之福。但屢經中央向韓示意，希望他勿為邪說所惑，但韓倔強成性，一意孤行，始終就不肯接受。

及民國二十六年蘆溝橋變起，梁漱溟見大勢已非，舉國上下齊心一德以禦外侮。乃偃旗息鼓，作歸去計。但他對韓的依托，並不死心，於行經濟南時，還作最後的煽惑，對韓進言曰：「此次中日之戰，若從兩方的國家立場觀看，固是一場生死存亡的大決鬥；但僅就中國一方來看，則只是武人勢力的一次總淘汰。故在交戰初期，必須在戰場上表現一些優越成績，以爭取民眾的向心力，方能取得兵員的源源補充；但此後就應改取富有彈性的戰鬥方式，與敵人作長期周旋，以爭取最後勝利。以閣下所處的地利與人和加以分析，第一期當然應在山東境內，打幾次有聲有色的硬仗，以博取民眾的擁戴，同時將物資輜重，控制於南陽以西至漢中一帶，以為長久之計，然後以平漢路中段（漯河至武勝關之線）作為前方，與敵作長期纏鬥，待機會一到，即長驅北進，那時黃河以北的軍政大權，非閣下莫屬矣。」梁的這篇說詞，的確打動了在那時搖擺不定的韓復榘。同時山東省政府有一個張參議（遺其名，曾在滿清政府的欽天監任過職務），及另一跛足江湖術士——當時以「天步女士」在濟南掛牌為人相命，這兩人知韓此時頗為迷信，即趁便向韓進言曰：「主席五十之年（民國二十六年）可能有一段厄運，如能平安渡過，則此後十年風雲，無人與競矣。」韓對二人的說法，亦頗信之，使他一向以勇敢善戰著稱的性格，忽然變作畏葸不前的懦夫。

自從日軍進入魯境，韓復榘在禹城、濟陽兩次遇險後，即每天躲到千佛山麓的防空洞內，暗中作著安全撤退計畫。及上海棄守後，中央曾命他「於必要時，可將部隊撤至魯南的鐵路以東，繼續與敵保接觸」，但他卻依然獨行其是，仍照梁漱溟的建議，將所有的輜重物資，先期運往河南西南的南陽附近，作為西入漢中的準備；並將曾在魯北一帶與敵軍搏鬥受有損失的如曹福林的二十九師、李漢章的七十四師、展書堂的八十一師及手槍旅等，先後撤往魯、西南曹州的鉅野一帶整頓。韓這一連串的安排和調動，自與中央的整個抗日戰略，大相違背，於是軍事最高當局乃在開封檢討會上，以其「違抗命令，擅自行動」，而將之扣押。

韓於被押解到武昌後，經中央軍法會審，判決他的死刑。當時他的老長官馮玉祥，正擔任軍事委員會副委員長職務，最高當局曾邀約馮與鹿鍾麟（鹿馮二人均住漢口）過江，共商對韓量刑問題。當二人同車向江邊開行之際，馮忽捧腹呻吟，作痛楚狀，鹿問之，馮答謂：「一時感覺腹內疼痛難忍。」未幾車抵江邊，馮又道：「我腹內疼得厲害，不能過江，蔣先生若有所詢，你替我代答好了。」鹿問：「若蔣先生詢及韓向方的量刑問題，應如何作答？」馮陰森地說：「這很簡單，蔣先生問及此事，你就回答說：韓向方以前雖曾是馮某人的部下，但現在已經是國家的將領，而犯的又是國家的法，在國法之前，任何人也不能用私人感情，予以庇護。」鹿、韓之間，早在同任師、旅長期間，就已互存芥蒂，此時鹿聽了馮的一段言語，當然深知意之所在，樂為轉達。故鹿過江見到最高當局，即將馮的這番表面上極為冠冕堂皇的言語，據實轉陳。隔了一天，軍事法庭即宣告「韓復榘違抗軍令，擅自撤退」等九大罪狀，予以明正典刑。

韓復榘死後，遺體尤其生前好友，原濟南市市長聞承烈代為棺殮，運到豫鄂交界處鷄公山下，予以掩埋。韓復榘觸犯國法，一死自屬罪有應得，惟馮藉著抗戰二字的正大題目，洩了個人十年積恨，其內心快慰，當屬意中之事。

# 馮玉祥抽後腿・吳佩孚摔得慘

老隨員

民國十三年（一九二四）秋間爆發的第二次直奉戰爭，發生了一件驚天動地的事，就是馮玉祥倒戈，使直軍不清不楚地遭到慘敗，吳佩孚宣告垮台，浮海逃亡，竟無容身之地。

這一幕史實，距離現在不過半個世紀，本文為依據詳確史料，作出一篇有系統的記敘，必為讀者所樂聞。

## 瞧不起曹總統

第一次直奉戰爭，直勝奉敗，馮玉祥曾有不少的貢獻，因為他率軍從陝西向河南急進，有助於解決豫局，論功行賞，他坐上了河南督軍的寶座；然而他一入河南省城開封，就將原駐開封的一個師長寶德全幹掉了。寶德全早已暗中接受吳佩孚的命令，維持開封城的治安，吳令寶德全幫辦河南軍務，馮玉祥當然不歡喜這樣一個實力派，他心狠手辣，進入開封時，寶在車站歡迎他，他就把寶幹掉。吳佩孚聽到寶被殺的消息，極為震怒，對馮的這種作風大感不滿，因此撤了馮的河南督軍職務。馮此時惟有託人向曹錕說情，曹乃打電報給吳著馮玉祥赴北京。馮入京後，曹遂發表馮為陸軍檢閱使，仍兼十一師師長，馮雖失去了河南督軍，卻換來一個檢閱使，總算不錯了。

曹錕賄選前，要先迫黎元洪總統下台，擁曹派中積極分子遂由馮玉祥打頭陣，向黎元洪索討軍餉，陸軍軍官天天包圍總統府，包圍國務院，當時黎元洪的出走，主要就是受不了軍隊逼宮，而軍隊的主使者就是馮玉祥。

曹錕就任總統後，馮以功高漸露不遜的態度；當時國務總理尚未產生，國務院秘書長張廷鍔擔任府院之間的連繫。農曆年後還沒有過元宵節，一天馮玉祥找到張廷鍔說：「張大哥，請陪我去見總統。」張廷鍔以為他是禮貌上的晉謁，就陪了去見曹錕，怎知馮見到曹後，竟鄭而重之的說：「初一這天，總統府的衛隊把士兵打了，總統知不知道？如果總統知而不辦，是總統護短；如果總統不知道，是被人矇蔽。」

馮這話一說，張廷鍔吃了一驚，這豈是一個軍人對總統發話的態度，曹錕雖是布販出身，究竟幹了好久的重要職務，見過的世面不為不廣，何況現在已是一國總統。他在馮報告時態度本是和藹可親，待馮的話說完，他眼睛一睜，端正而坐向馮說：「煥章，初一總統府的衛隊把士兵打了，你們身為高級長官，為何不澈底追究？懲辦肇事的不良分子？我是總統，這種小事情還要我來處理嗎？我幾時對你們說情？維護過總統府的衛隊？」

馮碰了一個大釘子，為之啞口無言，張廷鍔只好打圓場說：「總統的指示我們立刻去辦，煥章是總統的部下，對總統就像對父親一樣，言語可能過激，請總統原恕。」由此可見馮的眼中根本瞧不起曹錕這個總統！

## 搭上了張作霖

民十三年（一九二四）秋間，直奉兩系決定要再大打一場。直系統帥吳佩孚在北京四照堂點將後，馮玉祥便別具用心，他要求先發餉後才能將部隊開拔，吳聽了大為震怒，吳說：「兵臨城下，難道不發餉就不能打仗？」馮既要不到餉，乃另提要求，要多撥車輛，吳允撥四十輛。馮玉祥則採用步步為營的策略，自北京至前線拉成一條塔形長線，前方只有疏疏落落的幾個斥堠兵，愈到後方兵力愈厚，馮的司馬昭之心已大白了。

事實上，馮玉祥已暗中和奉系首領張作霖有了祕密勾結，奉軍因為已暗中搭上馮玉祥，因此在軍事上並不如何積極。奉軍入關後，至是年九月十五日始向朝陽方面進迫，守朝陽這一方面的直軍是王懷慶部，還有毅軍的米振標部為輔，奉軍攻入朝陽後亦未疾進。

至於直軍方面，第一路出山海關的，為直軍主力，彭壽莘、董政國、王維城都是吳佩孚手下的大將。第二路王懷慶部是最弱的一環，第三路出古北口，便是由馮玉祥部的張之江、李鳴鐘、鹿鍾麟等擔任，孫岳則代理京畿警備總司令。曹鋭為軍需總監。

第二次直奉戰爭，雖然直奉雙方各出動廿餘萬大軍，可是戰場上的戰鬥並不激烈；因為張作霖已和馮玉祥暗通聲氣，而馮玉祥則拖延軍機，坐待時間。當吳佩孚在北京坐鎮時，馮玉祥自然不敢動手，只派劉汝明等暗中調查吳軍開赴前線的確實數字，靜待吳軍全部調往前線。

自朝陽失陷後，吳佩孚把第二路軍前敵總指揮劉富有和副總指揮龔演治撤換，派陶經武為前敵總指揮，張林為副總指揮，劉富有的獨立旅長亦撤職，改以崔維藩繼任。

此時奉軍開始採取攻勢，不斷派飛機向山海關投炸彈，直軍則奉令採守勢。吳佩孚的錦囊妙計是暗調渤海艦隊集中秦皇島，用海軍進攻葫蘆島，另以奇兵繞海道、由營口登陸直搗瀋陽。所以他安坐北京城內，在四照堂從容不迫，飲酒賦詩。

## 吳佩孚上前線

然而前方軍情並不利於直軍，加以曹錕左右的一些嬖倖，對於吳佩孚留在北京，有芒刺在背之感，所以慫恿曹錕催促吳上前線指揮軍事。曹的左右說：「如果在北京城內做總司令，誰也會做啊！」

事實上，逼使吳佩孚離開北京上前線，當然不是曹錕下面的反吳派，而是前線戰況的不利，加上海軍突襲的計畫受了阻礙。吳所料不到的是渤海艦隊司令溫樹德並不太為吳賣力。於是，吳派討逆軍副總司令王承斌於是年十月三日率後路援軍馳抵古北口，代行總司令職權，以對抗來攻的奉軍李景林部。然而這一著吳又錯了，因為王承斌亦早和馮玉祥暗中勾結，他已參加倒吳派，自然不會在前線替吳打硬仗了。

首先倒戈的直軍是把守九門口的第十三混成旅旅長馮玉榮，他率部不戰而退。吳佩孚這才於十月十一日晚九時，乘坐討逆軍總司令專車，由北京正陽門出發，直馳山海關，討逆軍總部人員隨行，還有外國觀戰武官和新聞記者等一百餘人隨車前往，聲勢之浩大，在中國內戰場面中，是絕無僅有的一次。

當吳佩孚上前線之日，也正是北京城內謠言滿天飛之時，前方戰報多不利於直軍，有傳第一軍司令彭壽莘陣亡，有傳某某軍譁變，可是這都是不可靠的消息。

十月十二日清晨四時半，吳佩孚的專車抵達山海關，停靠於長城牆旁，吳佩孚即率幕僚和衛兵急馳前線，登長城視察戰況。這時直奉兩軍激烈鏖戰，隆隆大砲震動天地，硝烟冉冉上升。

吳佩孚上前線的消息，遍傳直軍，對軍心士氣有極大的鼓舞；而首先不戰而退的馮玉榮，聽說吳大帥已親臨前線，畏罪自殺而死。吳遂直接調遣第十三混成旅，另築陣地穩住了陣腳。

## 馮玉祥決倒戈

討逆軍總部在吳親赴前線後，遂設於吳的專車上。吳總部的直屬部隊則張營帳於車站內，吳每天早起偕同參謀長以下僚屬四出視察，有時則乘坐渤海艦隊司令官溫樹德所率領之旗艦遊弋海上，指揮海軍砲擊葫蘆島，只是因為海軍不夠配合，所以不能收奇襲之效；於是改變作戰計畫，傾其全力對付奉軍右翼，令後援軍總司令張福來率重兵恢復狹隘的九門口。張福來軍經過激烈搏戰，曾使榆關的戰況漸對直軍有利。

奉軍在秦皇島上空展開空襲，奉方飛機四架與七架的編隊，不斷盤旋轟炸，但損害並不嚴重。奉軍之所以向秦皇島空襲，因為秦皇島是直系的海軍集中地，當時在秦皇島海面停泊了不少艦艇，計有直軍的渤海艦隊六艘及運送海陸軍的運輸船廿餘艘；此外還有外國軍艦廿餘艘，舷舵相望，桅檣林立。岸上則大軍雲集，往來緊張。

吳佩孚在前線督戰時，對於馮玉祥的行動頗為注意，馮本人在懷柔縣按兵不動，有坐觀成敗之勢。吳命參謀長張方嚴電催各軍急赴前線，張參座拍給馮玉祥一電，為了加強語氣，所以在電文後特別加了一句：「大局轉危為安賴斯一舉。」這本來是普通的加強語氣句子，可是在微妙的時機，這句話就有了問題。馮玉祥雖然已和奉張暗通款曲，但他確有坐觀成敗之意，他要看直軍有了敗兆才敢動手，吳上前線後，馮是更感猶豫，他怕吳在前線打了勝仗，他一發動，吳率師回北京平亂，他就完了，所以他仍在待機而動。當時馮所得情報，來自直軍總部的，是勝利在望；來自日方的，則謂直軍不利，前線危急。當他收到吳的參謀長來電促進兵時，他認為直軍失敗的可能性增大了，因此他乃下了決心「倒戈」。移後方作前方向北京回師，在吳佩孚後方放了一把火。

十月廿三日的傍晚，馮玉祥率軍退出陣線，回師北京，直奉戰場形勢，因而大為改變。

廿四日晨，吳佩孚尚不知後方有突變，他好整以暇的率僚屬赴九門口督戰，直軍前線士氣轉旺，奉軍攻勢曾受阻遏，戰局頗有轉機。中午時分，吳佩孚的日籍顧問岡野增次郎先後接到來自北京和天津打來的最緊急電報，內容大同小異均謂「討逆軍第三軍司令馮玉祥等於廿三日下午六時退出戰場，未經槍戰即回師攻入北京，發動政變，曹錕總統已失去自由，北京情況不明，醞釀巨變」。電報中所列參加政變人士，竟均係直系巨頭，包括馮玉祥、王承斌、王懷慶、胡景翼、孫岳等。

## 早對馮不放心

岡野增次郎接到這些電報，立即往見總部政務處長白堅武（為吳佩孚的最親信人物），把電報給白看。當時情報非常混亂，謠言亂飛，所以白堅武見到這幾份電報，頗為懷疑，他認為馮玉祥叛變是可能的，但是叛變的陣容如此龐大，而且這些人各有各的背景和打算，似乎不可能結合在一起，因此判斷這些情報靠不住。白堅武的政治警覺性實在不夠高，岡野見白氏堅持己見，所以也不和白爭辯。

吳佩孚從戰線上回到秦皇島總部，岡野乃把這些電報呈請吳氏核閱，同時註明某電是日本公使館所發，某電是北京日本守備隊所發，某電是日本天津駐屯軍司令部的公報，因此可靠性非常確實。

當時，北洋軍閥多有日籍顧問，即以直奉二系而論，張作霖有日本顧問，吳佩孚也有日本顧問。而直奉兩軍雖然作戰，顧問與顧問間有聯繫，顧問與日本公使館和軍方有聯繫，而日本公使館又與各地的使館有聯繫。這一來，日本人對中國各地以及各大軍閥動態，均瞭若指掌。他們押注不在一方，敵對雙方均有連絡。其實張作霖也好，吳佩孚也好，民族觀念均極強，不完全受日人挾持；可是日本人為了他們的既得利益，必需和中國實力派有所勾結。

當吳佩孚看到岡野的電報，他立刻相信有這種可能，因為他對馮玉祥並不信任。據說，他當時對岡野和他的幕僚說：

「這件事也可以說是在我意料之中，因為這次出兵之前，馮玉祥曾向我要求，待平定奉系後，要派他為東三省巡閱使以繼張作霖之缺，我告訴他：東北和日本有特殊關係，我們對日外交很微妙，所以東三省巡閱使的任命，不能漠視日本的動向，你一向被認為是親美派，最招日人之忌，因此到東北去很不相宜，不過對酬答足下的戰功，國家有的是名位，我一定會考慮其他職務的，而且必令你滿意。我這番話也是腑肺之言，可能馮因未達目的，遂暗通敵人。其實他向我索軍餉，我已發了十萬元，後來又增至十五萬元，他才勉強奉命，率兵開赴古北口。很多人向我建議，免除馮的第三路軍司令以除後患，但總統始終居中替馮說情，免馮職的計畫遂沒有進行。當馮到古北口前線，又藉口敵人優勢，要求增撥小槍彈百萬發，我對馮更不放心，所以不發給他。近數日我在總部中，晚晚不能入睡，輾轉反側，念及馮玉祥之可能背叛，現在不幸而料中了！」

吳慼喟的把岡野的三通電報扔在公案上，他當時還很鎮靜，要求大家對這個事變保守祕密，以免前線軍心大為搖動。

## 連夜馳返天津

這時吳的處境是「屋漏更逢連夜雨」，先一天日本天津駐屯軍司令官吉岡顯作曾發通告，不許直軍總退卻時使用秦皇島碼頭，這個通告也在同時到達吳的手中。這是吳軍退卻唯一可用的碼頭，日本人則落井下石。

同一時間，奉軍張宗昌所率黑龍江騎兵大隊已南下灤河流域，切斷了直軍後路。吳軍腹背受敵，走海路又不能使用唯一的秦皇島碼頭，情勢危急萬分。

廿五日晨，吳佩孚率領高級參謀人員赴九門口前線督戰，過了中午回到總部，立即召集緊急軍事會議於總司令室，各高級將領均出席。吳以沉痛的態度，宣布北京兵變及總部退卻計畫。

當天下午六時，先運兵三千南下，總司令部列車則於下午八時離開秦皇島。前線軍事全部分為三大防禦線：秦皇島一線，由張福來負責；昌黎一線由彭壽莘負責；灤州一線由靳雲鶚負責。吳佩孚自己則乘總部專車帶了一團衛隊，星夜疾馳南返。拖著沉重的心情和疲累的身體，一夜未眠。十月二十六日上午十一時，列車到達天津。

直軍在前線防禦工事做得還不壞，有掩蓋鋼板為大砲不能攻毀之堅固戰壕五道，可以堅守，至少可以擋住奉軍一個時間；可是奉軍把握機會，發動心理戰，派遣大批飛機在直軍陣地空投傳單，傳單上寫的是北京政變的消息，包括馮玉祥、孫岳、胡景翼的通電，要求停戰和懲辦戰爭禍首。另一部分則是奉軍勸降的消息，強調直軍歸路已斷，主帥已逃，唯有投降才有生路。

直軍戰壕中遍處都是奉方的傳單，直軍半信半疑，軍心大為搖動。

吳佩孚素所瞧不起的張宗昌，這時成為戰場上的「驕兒」，他所率領的部隊如果在今天，就可稱之為「外籍兵團」，其中包括有已改入中國籍的白俄軍、以及日本、朝鮮、法國軍人。據說這些「洋兵」均曾參與歐戰，精嫻新式戰術，善戰而無軍紀。張作霖把張宗昌放在最前線，本來是讓他充砲灰，想不到卻成全了他。他率領這支雜游軍共一萬六千人突破直軍防線，廿六日吳佩孚率軍回師後，宗昌即擊破直軍董政國所率的第九第廿兩師，攻入冷口。廿七日張宗昌部入建昌營，和倒戈的直軍胡景翼部聯絡，追擊董政國於灤州。十月廿七日張宗昌、胡景翼部佔領灤州，把直軍截成兩段，一面分兵南下，和榆關奉軍圍迫秦皇島及山海關的直軍，並進攻唐山，遮斷榆關、天津間交通。張福來敗退。

## 外國軍官看法

與此同時，奉軍吳光新部佔據海陽，砲轟秦皇島；張學良部又從長城低處衝入；加上張宗昌部由灤州南下；直軍已陷在奉軍四面砲火包圍中。

十月卅日奉軍三路攻佔秦皇島、山海關。直軍一部乘輪退回塘沽，二萬餘人被繳械，關外直軍紛紛逃離戰線，麕集車站；這時火車已不能開動，散兵逃向秦皇島，秦皇島已失陷，軍械糧食遍地堆集，奉軍一方面繳直軍軍械，一方面檢收戰利品，收穫極為豐碩。

十月卅一日，自山海關至唐山一帶的直軍已全失抵抗能力，奉軍各路連接，長驅入關。以吳光新的騎兵為先鋒，自古治而蘆台，向塘沽疾進，和在北京方面的馮玉祥、胡景翼軍相呼應。直軍幾乎全部陷於奉軍和馮、胡兩軍的大包圍中。

十一月四日奉軍佔領塘沽，吳佩孚已於先一天率殘部乘艦駛離塘沽，這時直軍抵抗已全部中止。十一月五日張宗昌、吳光新兩部先進入天津，奉軍大隊亦紛紛抵達，在天津的直軍殘餘部隊全被繳械。第二次直奉戰爭至此遂告結束。

第二次直奉戰爭，由醞釀到接戰、至結束，前後約計兩個月，直軍敗得太慘，這是吳佩孚做夢也想不到的。

第二次直奉戰爭，直軍澈底垮台，當然致命的因素是由於馮玉祥、胡景翼和孫岳倒戈回師，吳軍在前線不及回師，腹背受敵；可是直軍也有許多不及奉軍的地方，據當時參觀山海關戰線的外國軍官的綜合意見，認為：

一、奉張作戰，純採新式，吳佩孚則仍用舊式戰法。

二、後勤方面，奉軍早有準備，糧草無缺，裝備齊全；直軍則臨時採購，軍費又極費周章。

三、奉軍迫擊砲極多，用高弧線的瞄準法，成三角形而直入直軍戰壕。

四、奉軍所用飛機翱翔空中，均為新式，機槍和大砲均係新從俄、德兩國購買而來；直軍的武器則多係中國漢陽兵工廠所製造。

五、當直軍敗退時，吳佩孚所招募之少年軍，竟在陣後掘小戰壕，用砲轟擊退卻之直軍，故直軍傷亡極大。

六、奉軍人人耐寒，棉衣被囊一應齊全，直軍裝備欠缺，且不能忍凍。

這些當然是從軍事觀點分析；不過吳佩孚本身也有招敗之處：

第一、吳雖然對政治有興趣，但他並不懂政治，對外一味樹敵，促成奉、皖、馮與西南的大聯合；其實以他當時的聲望、好譽和力量，他可以和各方携手，同時也可以分化其他勢力，為什麼要驅迫這些力量集合在一塊。在直系內部，他雖然代表正直的一面，可是太盛氣凌人，促成高級幹部離心離德。他嘗自比關羽，在缺乏政治手腕這方面他倒確是很像關羽。

第二、這次對奉用兵，在戰略上他也有錯誤。吳的特長是閃電戰，後防空虛，勝則追奔逐北，敗則退無所據。當時曹錕打限即刻到的電報命吳回師靖難時，吳因為前方戰火正緊，勝敗決於俄頃，不忍功虧一簣。他認為馮玉祥雖然倒戈，其他的人不致和馮一致，還想讓孫岳等部先去擋一仗，同時急電山東督軍鄭士琦派兵應援；那知鄭早與皖系通款，山東方面只有混成旅長潘鴻鈞自動赴援，潘是吳的同鄉，所以義不容辭。可是這點力量毫無幫助，結果被馮部包圍繳械。

## 婉謝日人調停

當時有倒吳不倒曹的口號，吳也微有所聞，他想曹錕是個老好先生，大概別人不會向曹下毒手。所以當曹一日數電，聲嘶力竭的召喚他時，他還以為曹錕可以下令制止馮軍異動；但當他證實馮與胡景翼、孫岳、王承斌等已聯為一氣，才倉皇回軍，火車一夜疾馳七百里，趕返天津。留下前方軍事交給有勇無謀的張福來。然而，這一切既太遲，又無壯士斷腕的決心。

直軍崩潰的時候，京津方面許多軍政元老均紛紛奔走和談，希望地方不至於糜爛，如前國務總理張紹曾就是一個。他於馮玉祥有恩，又是吳佩孚的親家，他出面可以兩全，可是他的奔走毫無結果。北洋派元老王士珍和直隸道尹吳履觀主張外交調停，於十月三十一日往訪日本駐天津總領事吉田茂，轉請日本政府向奉天交涉停戰，吉田茂認為：「目前戰局甚緊，馮、胡軍隊南下在即，未知吳佩孚將軍對此危機有無防禦之策，這是本人所最關心的。至於調停兩方戰事，時間因素有問題，因為用電報連絡，先要打電報到北京，由公使館轉東京，東京同意了再回電，往來費時不下三、四日，緩不濟急，恐無補大局。我昨天曾和安福系領袖王揖唐商量，王主張吳佩孚能擁戴段祺瑞出山，以實力支持，解救目前局勢。」

王士珍、吳履觀對吉田茂的意見認為可以考慮，遂約定第二天中午在天津日本租界敷島亭再見。吉田茂表示分電北京、奉天及東京，進行調處停戰，並約定十一月二日下午五時拜訪吳佩孚於天津站列車上之吳氏總部。兩人問答如下：

吉田茂說：今日時局之重大迫切，有間不容髮之勢。調停直奉之道，莫便於請段祺瑞之援助。中國之事，應由中國人自己處理，不可妄使外國勢力參入。余基於此信念，今朝偕王揖唐親訪段氏，以段與君合作為今日收拾時局最穩當有利之方法說之。余想段氏與吳將軍本有師生之誼，吳將軍為國家前途計，應一掃從來隔閡之感情，投入段氏之懷抱，以發見彼此之妥協點，請將軍慎思之。

吳佩孚答：貴總領事之言，真出於拯救中國時艱之至情，余深為感激。惟各國之歷史與國民性各異，故關於國家觀念，亦彼此不同，歐美各國之建設，大抵不逾二百年之歲月，其能達千年之久者殊鮮；獨我中國有四千餘年歷史之舊邦，且有千古不磨之成文憲章，即孝悌忠信禮義廉恥之八德是也。八德張則國憲立而國運盛，苟壞其一，則無收拾人心之準繩，猶如貴國以萬世一系之天皇為中心而團結國民者然。斯道不亡而國存；斯道喪則國亡。此不易之理也。余若從貴總領事之言，為一時之權宜計，結段以背曹，大義名分之謂何！且臣節由此而壞，何得任國家之重寄乎？世人往往見中國共和政體之成立而以為君臣之義已滅；然以余所見，則有異於是。如保持此八德，猶可正彝倫而不誤。用長幼之序以代君臣之義，有何不可？再進一步而言，若段氏今起而當收拾時局之任，在不知中國情形之外人，或不予責難，殊不知正污蔑段氏十年之苦節也。彼之為人也，品性高潔，思想正大，出入儒佛之學，又能體悟八德；若一朝受馮玉祥之推戴，投入政界之漩渦中，非所以忠於國家也。蓋中國之興微，繫於大道之消長；我面臨國家興亡之邊緣，獨欲紹述斯道而無反顧。至關於個人之成敗，本不在念中。此為我不能擅背曹而結段之原因，故寧為玉碎而不望瓦全也。

## 決不托庇租界

當吳佩孚在天津車站這幾天，直軍情況更陷悲慘境地。至十一月二日止，胡景翼部的先頭部隊已進入楊村，直軍不戰而退。灤州方面直軍在撤退中潰散，唐山一帶更是悲慘，日本方面消息謂：張宗昌一心一意想活捉吳佩孚，取其頭顱。吳的日籍顧問岡野增次郎獲得吉田茂的通知，日本政府願協助援救吳的性命，所以吉田茂主張吳立即遷至日本租界。可是吳佩孚在這一點上非常堅持，決不在兵敗後托庇於外國租界。

十一月二日楊村不守，馮軍由北倉逼近天津，吳在列車上假寐片刻，吳的左右不由分說，把火車開回老站，吳醒後大怒，連聲說：「誰要我上租界，我便要誰的腦袋。」

吳同時向岡野增次郎說：「戰敗逃入租界苟全性命，是我所最不恥的，也是一個國家大員最丟國家顏面的行為，我決不做這種我生平最反對的事；設若不幸，我寧玉碎於此，也不願托庇租界以謀瓦全。日本政府對我的好意和足下奔走的熱忱，我是永矢不忘的。」

吳的左右見吳這麼堅決，只好面面相覷，偷偷耳語，大家都了解局勢萬分嚴重，不上租界就是死路一條，可是吳佩孚卻處之泰然。大家不由疑竇叢生：「孔明先生兵敗時還有一套空城計，咱們大帥是打的什麼主意呢？」

吳好像看透了左右的心事，他慷慨激昂的說：「我留在天津，看煥章（馮玉祥號）把我怎樣。」

馮玉祥會怎樣？答案很簡單，他既然敢倒戈，什麼事情做不出來呢！吳要留在天津就得做俘虜，不做俘虜只有自殺。吳的幕僚個個急得如熱鍋上的螞蟻，又不忍心丟下吳氏自尋生路。

在吳身邊，有海軍部軍需司長劉永謙（字六階），他鼓著勇氣對吳：「我替大帥已經準備了一條軍艦，不如我們把車開到塘沽，乘車登船。」這是死裡逃生的唯一之路。原來渤海艦隊司令溫樹德早與奉系勾結，把艦隊帶走，劉永謙則和「華甲運輸艦」艦長為知己交，他在局勢惡化時就安排了這條船，以待最後關頭載吳脫險，他確知馮軍和胡軍都已距天津十里，千鈞一髮，所以硬著頭皮勸吳「乘桴浮海」。

吳這時真是英雄落魄，窮途末路，不禁流下了眼淚，黯然說：「我今天是敗軍之將，雖屬運窮命蹇，自念尚不是可死之時，只有收拾殘兵，浮海南下，先至青島體察形勢，再定行止。」

馮玉祥倒戈，直軍潰敗，吳佩孚走投無路，又堅拒托庇租界，困處天津車站車廂中，束手無策，部下個個急如熱鍋上螞蟻。眼看情勢危急，幸得海軍部軍需司長劉永謙預先安排一艘「華甲」號艦，停在塘沽，以備局勢惡化時逃生之用，此時乃建議吳氏，將列車駛往塘沽，乘艦出海，再定行止。

十一月三日晚，吳佩孚接受劉永謙的意見，決定由塘沽登艦。他命令在身邊的參謀長張佐民，作各種撤走的準備。

## 揮淚浮海南下

十一月二日晚，吳佩孚自知不能在天津車站再硬頂下去，既決定由塘沽登艦，參謀長張佐民所作的撤走準備，亦立即宣告就緒。

晚上十時許，接到胡景翼先頭部隊已迫近天津的消息，事迫燃眉，因此火車頭遂升火待發。這時候，停留天津總站的總司令部列車有頭等車廂卅餘輛，和兩週前討逆軍總部出發北京正陽門赴山海關時一樣，可是吳總部已大半數潰散逃亡，僅少數忠義之士和若干衛兵隨吳共患難。當晚十一時左右，吳下令開車，火車駛出天津總站，向塘沽行進。十一月三日五時，車抵塘沽，幸好塘沽尚無敵軍蹤跡，不過直軍敗兵卻有不少麕集在塘沽車站和碼頭上。

「華甲鑑」有五千餘噸，原是德國軍艦，因為太大，不能靠岸，所以要乘小輪轉赴「華甲」。吳氏等一行到大沽港已是上午九時，登上華甲艦，在艦上已有敗兵無數，聚集大廳中，吳和左右只好轉入船尾餐廳。

吳在艦上立即召集文武幕僚廿餘人，商議今後步驟。兵敗之餘，窮無所歸，與會人士面面相覷，真有不知從何說起之概。座中有吳所器重的張其鍠，執筆草擬了五條意見：

一、取消武力統一中國之政策。

二、改變御下態度，寬容政客要人，苟有主張之士，雖政敵亦應敬重之，尤不可加以斥罵。

三、放棄洛陽根據地，另行選擇據點。

四、親賢遠佞，起用新人才。

五、籌款三百萬元為經費。

吳氏表示除第三條外，均可接受。這五點意見，做為吳的一個幕僚來說，是很突出而大膽的，但也是必需的。在吳幕僚中，吳對張其鍠最刮目相看。張是廣西桂林人，字中武，中年自號「無竟居士」，幼年家貧苦讀，光緒卅年中進士，由縣長轉任湖南巡防隊統領。民元譚延闓都督湖南，張與譚友善，所部改為南武軍，張任統帥，後任湖南軍事廳長。民國十一年春，黎元洪總統任張為廣西省長，加陸軍上將銜。張和吳訂交在吳首次南征時，張守永捍，以手書致吳陳利害，吳為之折服，遂結為異姓兄弟；吳對部下從不假辭色，獨對張最親敬，尊稱省長而不名。

張博通經史，尤精於奇門遁甲，當時傳說張能呼風喚雨，知過去未來，這當然過於誇大；可是張是一位傳奇人物則是事實。他和吳佩孚相得益彰，水乳相融。

## 張季直送慰函

十一月六日下午七時，吳佩孚率領敗軍乘華甲艦駛離大沽口，他在大沽口華甲艦上留了三天，想聽聽有沒有意外的好消息，同時收容殘兵。

在這個時候當然不會有好消息，吳聽到的都是一連串極壞的消息，才下決心浮海而南。可是時移勢易，世態炎涼，這時山東的鄭士琦已宣布中立，拆毀滄州、馬廠間軌道以阻潰兵，同時嚴令山東沿海口岸，拒絕吳氏登陸，吳艦過青島時，溫樹德只派人送了食物，卻不歡迎靠岸，十一月十二日吳艦由吳淞折入長江，十四日過南京，齊燮元曾登艦與吳氏一晤。南通名士張謇則派專人送上一封慰問信，內容是：

子玉將軍麾下：將軍為國家而戰，為主義而戰，戰不足為將軍罪。將軍之敗，敗於內奸與外謀，敗不足為將軍辱。下走平日雅重將軍，今以將軍之敗，愈增敬愛。時難方殷，願將軍為國珍重，少飲酒勿任氣，將軍幸甚！國家幸甚！

信末還附一詩云：

壯語招時忌，斯人實可嗟。
一舟成敵國，四海欲無家。
治易劉中壘，能軍李左車。
盈謙有消息，尺蠖即龍蛇。

吳讀了此函及詩，流下了幾滴英雄淚，低沉的說：「季老真是我窮途知己。」

## 離武漢返洛陽

吳佩孚一行於十一月十七日抵達漢口，這時齊燮元等已於一月十三日宣布對北京獨立，所以吳佩孚一抵漢口就發表筱電組織護憲軍政府。湖北督軍蕭耀南是吳所提拔的，他以為蕭氏當然完全聽他的指揮，因此他想聯合長江各省對抗北方。護憲軍政府所揭櫫者為「……合法之國會政府不能行使職權，憲法完全失效……亟應聯合建設護憲軍政府，以為對內對外之機關……自馮軍入京之日始，北京……之令，一概無效，所有征討大計，惟護憲軍政府是屬。」至於所擬定之護憲軍政府組織大綱十條，大要為：

一、護憲軍政府因……合法之國會政府不能行使職權，憲法完全失效，聯合各省同志組織之。

二、護憲軍政府設於武昌。

三、護憲軍政府代表中華民國，執行對內對外一切政務。

四、護憲軍政府根據法律元帥為海陸軍大元帥之義，於大元帥之下設置元帥，凡各省區之巡閱使、督軍、督理、督辦、都統、海陸軍總司令皆為元帥。

五、元帥採合議制，設元帥會議行之，元帥會議設正副主席各一人，由各元帥互選之。

六、元帥不能出席會議時，得派代表一人代行其職權。

七、護憲軍政府於元帥會議之下，設內務、外交、軍政、財政、交通五部，每部設部長次長各一人，其組織及職務另定之。

八、護憲軍政府至憲法效力回復、護憲目的完全達到之日，應即撤銷。
九、本大綱有未盡事宜，由元帥會議隨時修改之。
十、本大綱自宣布之日施行。

列名「篠電」的計有齊燮元、孫傳芳、蕭耀南、劉鎮華、吳佩孚、杜錫珪、馬聯甲、蔡成勳、周蔭人、薩鎮冰、張福來、李濟臣、劉存厚、劉湘、楊森、鄧錫侯、袁祖銘、黃毓成、金演鼎、林虎、洪兆麟等二十一人，包括蘇、浙、鄂、陝、皖、贛、閩、豫、川、粵十省和海軍，可是代表粵軍的林虎和洪兆麟立即由上海的粵軍代表通電否認。齊燮元雖是領銜的，亦對護憲軍政府不表同意。蕭耀南也有暗示，不歡迎吳佩孚留在武漢。十一月十九日吳佩孚黯然離開了武漢，乘京漢火車經鄭州逕返洛陽。

洛陽是吳佩孚的根據地，吳既然回到洛陽，反吳的人認為這是縱虎入山，非常不安。吳在河南，召集他的舊部，積極布防，並在鄭州設立護憲軍前敵總司令部。十一月廿三日河南紳民張鈁等在鄭州組織弭兵會，反對河南變成戰場。這時候胡景翼南下的部隊已在京漢鐵路和吳軍開火。

## 段祺瑞玩手段

段祺瑞入京就任臨時執政後，十一月廿四日吳佩孚致電段氏，表示贊成其應付時局的方針，勸段不要受張作霖和馮玉祥的愚弄。段祺瑞也有意在吳患難時拉一把，用來對付張、馮，可是又怕吳真的借尸還魂後不聽差遣。所以陽示對吳拉攏，電稱可以阻止胡景翼軍前進，卻暗中電令西北方面的閻錫山、劉鎮華、陸洪濤、吳新田全力圍攻吳佩孚。

十二月一日吳佩孚、胡景翼的代表正在開封。召開和平會議，停戰議和，突然陝軍第二師長張治公、第卅五師長憨玉琨聯合山西軍隊發動偷襲洛陽，向吳提出哀的美敦書，限其即日離境。吳素高傲，對憨部的變動本不重視，下令備戰。不料吳的命令竟不能下達，部下亦不接受命令。這時憨的第二次哀的美敦書又來了，吳乃倉促離開洛陽，先到鄭州。怎知在鄭州還未落腳，又接確報胡景翼部自北方開來。吳只好匆匆南下信陽，寄寓信陽的道尹衙門，二日晨吳偕數十人乘火車離開信陽。這時又收到蕭耀南的通電，拒絕吳率部入鄂，並勸吳下野。吳只好在新店下車。吳部寇英傑守彰德，為了表示對胡景翼讓步，曾後撤五十里。

四日吳電段祺瑞，表示擬入鷄公山養病，不問世事。蕭耀南電吳，願意送路費，請吳出洋。吳閱電大怒，立予拒絕。

## 被迫上鷄公山

吳軍南撤，憨玉琨軍尾追，十二月五日憨軍佔開封、鄭州，胡景翼部渡河南下，被憨軍拒阻。

十二月六日，吳佩孚上鷄公山。

鷄公山是很著名的，它位於河南湖北兩省接壤之地，蜿蜒數十里，峯巒相接，形狀奇特。山的頂端有如報曉的雄鷄，故名鷄公山。豫鄂人爭傳鷄公山可呼風喚雨；實則鷄公山屹立中原，介於南北之間，登山可窮千里之目，山上夏天很涼快，冬天很暖和，可以避暑避寒，外國傳教士在山上蓋了教堂，而有些人則修築別墅，有錢的人多來自武漢。山上還有一條小街，也有醫院、學校、運動場、郵政局、警察局等等。

十二月的天氣，山上一片冬景，霜滿山徑，雪蓋遠峯。吳登山後借寓河南第十四師師長靳雲鶚的別墅。

吳佩孚上雞公出後，雞公山又變成全國注目的一個地方，而他不只是生了病，同時頭髮也白了，形勢影響於人之大，於此可見。在吳佩孚來說，他過於自傲，對左右不假詞色，崖岸自高，不同流俗，這些都可以說是他的長處，但也有他的短處；無論如何，在當時北洋軍人中，吳不愧是個奇男子，曹錕賄選他不贊成，曹家在北京胡作非為，他也不同意，然而直系悲劇的苦果，卻是要他一個人吞下。

吳當時氣不能平的，是他如果在戰場上戰敗，還想得過；他這次失敗，主要當然是馮玉祥倒戈，同時曹家兄弟不爭氣也是基本原因。第一次直奉戰爭，奉系戰敗後還可以退到關外，閉關自守，發憤圖強；這次直系失敗，幾乎和皖系一樣，一敗就不可收拾。而直系的大將都自顧自己，寧願讓人各個擊破，吳佩孚怎不痛心疾首呢。

段祺瑞對吳佩孚也有深惡痛絕之感，因為段前此垮台，幾乎完全垮在吳的手中。吳從駐防衡陽時代，以一個小小的師長，竟向段挑戰，從此聲望一天比一天高，力量一天比一天大，最後發動直皖戰爭，一舉擊潰皖系，段只好在天津息隱，如果不是這次直系垮台，段怎麼能重上北京的政壇。

然而政治上沒有絕對的恩怨，政治形勢可以把昨天的敵人變為今天的友人。段祺瑞這次是在奉系和新起的國民軍兩大勢力支持下出山，自己無拳無勇，也就無足輕重；處於兩大之間，段的臨時執政日子並不好過。段氏總想建立自己的力量，可是皖系軍隊已是烟消雲散，安福系又是臭名揚溢，既無可用之將，又無可用之兵。

有人向段氏建議，重用吳佩孚。在吳窮無所歸時，拉吳一把，使吳能為段所用，只有吳還可以對張作霖，尤其對馮玉祥有抵消作用，段也為之動心，不過對吳亦不敢相信。在吳佩孚來說，他自況關羽，義不帝曹，所以他可能演出過五關斬六將掛印封金、千里送嫂的故事，以標榜自己。在這種情形下，段、吳合作的可能性就太小了。

十二月十九日下午七時，湖北軍第一師長寇英傑上鷄公山謁見吳，吳本打算以寇英傑率軍警備鷄公山四週，並以信陽為中立區，緩和胡景翼軍南下，讓自己能在鷄公山喘息。

然而胡景翼認為河南已是自己的轄區，怎肯在臥榻之旁容一隻老虎？他於十二月十一日在鄭州正式就豫督之職，逐走了憨玉琨，佔領了信陽，又把吳佩孚的殘部四萬多人繳械。同時通知吳佩孚，請他離開鷄公山。

十二月廿八日吳佩孚帶病下鷄公山，向湖北進發，可是湖北人也拒吳入境，破壞了鐵路路軌，阻吳的火車，吳被迫在廣水下車。

## 趙恆惕表歡迎

吳佩孚入洛陽出洛陽，上鷄公山下鷄公山，走遍了半個中國，茫茫大地，竟無容身之所；昔日他被人歌頌，被人擁護，如今則被人驅逐，被人擋駕。

在患難中才看得到知己，當他窮無所歸時，湖南趙恆惕伸出了友誼之手，敦請他前往湖南。而四川的楊森也派人來迎迓他。

吳佩孚和趙恆惕，因對敵而惺惺相惜，由此訂交；吳叱咤風雲時代，趙在湖南和吳並不步調一致。吳一心要用武力統一中國，趙在湖南則主張聯省自治。趙的聯省自治是吳所反對的，然而吳、趙的私人交情卻絲毫不受影響。現在趙氏果然請吳假道湖北前往湖南。

湖北的蕭耀南是吳所提拔的，現在蕭卻有禮貌的拒吳，甚至吳想假道湖北去湖南都很困難。當吳氏在廣水因鐵軌遭破壞，火車被阻前進時，川督楊森的軍務代表劉泗英來謁，自告奮勇願意先到武漢去遊說蕭「緩段全吳」。吳欣然同意。劉灑英到了武昌，逕赴督署，蕭對來客表示自己不會做馮玉祥第二，不會賣主以求榮，不過為了保全武漢，請吳不要留在湖北。同時決定三個要點：

一、請吳不要駐岳州，改駐黃州；

二、吳的衛隊以兩營為限；

三、所乘兵艦「決川號」和「濬蜀號」的武裝解除，僅供作為交通工具和自衛。

民十四年（一九二五）一月一日，吳佩孚率領衛隊抵達漢口大智門車站，宣言不入租界，留住火車中。這時候湖北公團向蕭提出請願，要蕭勸吳離開湖北。二日蕭耀南撤回駐防岳州的湖北第廿五師部隊，以岳州還湖南。趙恆惕即派鄒序彬為岳陽鎮守使，率部前往接防。四日晨吳佩孚至湛家磯，改乘「決川」「濬蜀」兩艦，東下黃岡，泊赤壁下，不登岸。川、湘、黔各省代表均在船上，大家合拍了一張照片，密訂川湘聯防條約。五日，抵黃州，即在黃州住了下來。立春日吳偕僚屬遊靈泉寺、陶侃讀書處及其他名勝，均有吟咏，好整以暇。現在抄吳當時的幾首詩如下：

〈初至黃州，走筆示楊雲史〉

為謀統一十餘秋，嘆息時人不轉頭。

贏得扁舟堪泛宅，飄然擊檝下黃州。

〈赤壁春望書示楊雲史〉

戎馬生涯付水流，卻將恩義反為仇。

與君釣雪黃州岸，不管人間且自由。

〈黃州早春登城〉

兩字功名百戰哀，江山無改此登台。

舉杯獨酌看周易，樊口江魚下酒來。

黃州距離武漢只有一百廿里，當時變成了冠蓋雲集之地。段祺瑞也奈何吳氏不得。蕭耀南看到吳的潛力不可侮，段的勢力不覺畏，對吳的態度也緩和多了。然而吳已飽嚐世態炎涼的滋味，湖北各團體對吳的稱呼就變了三次，開始是「大帥」，後來是「玉帥」，最後直呼「子玉」。更且發起「拒吳保鄂」。

## 軟不來就硬來

蕭耀南也有他的苦衷，第一怕胡景翼以捕吳為借口而開入湖北；第二段祺瑞派了代表坐守督署，天天迫著蕭要把吳押解入京。同時蕭也怕吳的部屬在湖北活動，所以曾貼出一張皇皇的布告：「吳上將軍表示下野，倘有假上將軍名義號召黨徒者，惟有執法以繩。」他也發出通電：「倘有野心家侵犯鄂境，定即率我師旅，相與周旋。」這是對付胡景翼的。

吳到黃州後，蕭也有微電通告各方：「吳前使來鄂，奉執政電諭，勿任或往他處，以靖人心等因。吳使鑒於各界環請之誠，即於江日乘輪離漢，不問世事。我執政保全將才及吳前使遵守和平之旨，俱可昭示於天下，垂美無窮。耀南奉命周旋，公誼私交幸獲俱盡。」這篇文章真算「好手筆」。

吳佩孚在段祺瑞和張作霖眼中，是一個仇人；可是形勢變了，馮玉祥的崛起和倒戈，讓段和張同具戒心，他們都有用吳制馮的動機，所以張作霖曾對報界談話說：「過去懸賞緝吳，純為軍事行動，現在軍事行動終了，對待敵人的行動當然也中止，對吳如何處置，作霖概不過問。」

段很想把吳請回北京，如用他，不讓他離得太遠；如不用他，在北京更可放心。王揖唐討了這個差使，王覺得段的手下能和吳打交道的，除了自己沒有別人，過去王任南北議和北方總代表時，吳反對最烈，可是現在王已榮任了皖督，自己覺得身分不同了。

是年二月廿五日，王揖唐到了黃州為段做說客，勸吳自動入京，有話當面談，前罪一筆勾消。

吳待王以貴賓，從黃鶴樓談到赤壁，天一句地一句，始終不正面談政治問題，一連幾天，越談離題越遠，王揖唐看看無可再談了，乘興而來，敗興而去。

王揖唐之行沒有結果，段祺瑞認為既然軟來不行，就只好硬來了，密令海軍司令許建廷率領長江艦隊八艘前往黃州，希望能一舉擒吳，同時對蕭耀南也有興師問罪之意，段派在湖北監視蕭的，是曾任第三師第五旅旅長張學顏，張的現職是蕭的參謀長，他和吳氏有過一段不愉快的往事，才脫離了直系而投奔皖系的。

## 離黃州到岳陽

湖南的趙恆惕繼續向吳勸駕，正當吳有離黃州之意時，趙來了一個電報，情意殷切，內稱「湘為舊遊之地，盍興乎來，願掃榻以待」。

吳在窮無所歸時，得到趙的電報，深為感動，喟然曰：「炎午真夠朋友。」

吳和湖南之間，是敵是友，論主張是敵人，因為湖南是獨立省份，直系稱霸時代，湖南是不聽命令的；可是吳和趙之間，從吳在衡陽駐軍起，兩人訂交，深相契結。最妙的是，湘人堅拒北軍駐境，現在卻自動把吳從湖北接來，假使當年吳在湖南時逼湘人太甚，今天就不會有這個結果了。

吳決定赴岳陽，在吳心中，岳陽是他的發祥地，第一次入湘時，他脫穎而出，成為北洋軍中一顆彗星；第二次入湘時，他扶搖直上，成北洋軍中一枝獨秀；第三次入湘時，則逼湘軍簽定城下之盟。他那時兵力本可完全佔領湖南，可是因為他敬重趙恆惕，所以只簽盟退軍；現在是他第四次入湘了，他卻窮途無依，托庇於湘。

段派海軍偷襲吳的計畫，前海軍司令杜錫珪獲知後急電吳氏，這是該年三月一日午夜的事，吳接電立即採取緊急行動，率領隨從人員登上「決川」、「濬蜀」兩艦，大風雨中啟碇向湖南進發。吳的坐艦啟程兩小時後，許建廷所率的八艘軍艦才掩至，已被吳兔脫了。段獲知吳已離黃州，急令蕭耀南加以堵截，吳當然想像到一切可能，所以過武漢的時候，兩艦燈光一齊熄滅，潛過武漢，蕭亦假裝不知，讓他鼓輪西行，抵黃金口，第十五師長陳嘉謨密置大砲於兩岸，掩護吳的座艦，同時宣言如海軍軍艦再上駛，岸上的大砲就採取攻擊，許建廷的八艦到了黃金口遂不敢再前進。

吳佩孚於是年三月四日安抵岳州，岳陽鎮守使鄒序彬代表趙恆惕歡迎吳自己留居艦上，眷屬則迎住岳紳葛豪家，衛隊分駐天后宮一帶。

趙恆惕發表陽電迎吳：「國內互爭，皆緣政見偶異，並無恩怨可言，子玉果已解除兵柄，不妨隨地優游，何必迫之僑寓租界？既非國家愛護將才之至意，尤乖政黨尊重人格之美德。」

趙恆惕迎吳佩孚到湖南，真是一種雪中送炭，患難知交的表現，趙本想請吳到他家鄉衡山去小住，然而吳卻願在岳州，因為他不是真的放棄一切，他雖然願意寄人籬下，卻不能真的與世隔絕。

吳在岳陽不肯登岸，趙請他棄舟而陸，他亦不願。吳自浮海南下後，他的亡命生涯是在海上、山地、湖上、舟上、車上，處處有驚無險。而他不僅不願托庇租界，連陸地都有點懶於一住。

## 點京劇過昭關

吳在黃州時，雖各方代表往來如織，但黃州是蕭耀南的轄境，蕭在名義上又是段的屬吏，在段、蕭的監視下，吳不能暢所欲為，現在到了岳州，岳州是趙恆惕的轄地，湖南又是獨立省份，不受北京政府的命令，吳受趙的歡迎而來，他除了對招待他的地主還有顧忌外，對北京政府可以完全不理了。

就在吳浮海南下的時候，北方情況有了很大的變化，段祺瑞召開了全國善後會議，然而國民黨拒絕參加，中山先生北上後病逝北京，南方纔離與北京政府對抗。中山先生去世後，廣東政府宣布由胡漢民代理大元帥。

北方的奉系和新崛起的國民軍系並不合作，雙方甚至怒目相向。張作霖的入京出京就是對國民軍系不合作的表示，馮玉祥在西京養「病」，一再請辭職，也是有心病的。

奉系不只要在北方布置自己的力量，同時亟亟於把他的勢力向南方擴展。

北京政府內部兩大勢力不合作，加上南方也對北京政府不合作，這一切都是給吳佩孚一個「東山再起」的機會！

民十四年（一九二五）三月廿一日（農曆三月七日）是吳佩孚五十二歲的誕辰，這與他五十歲在洛陽時代如日中天的氣象完全兩樣，可是仍然有八方風雨會中州的氣概。各方均派代表來祝壽，張作霖也派了代表。

趙恆惕送吳的壽聯是：

生平憂樂關天下；
此日神仙醉洛陽。

這對壽聯如其人如其事，吳不覺撚鬚而笑，亡命途中得到這樣的知己，也可安慰了。

七月三日（農曆六月初三）是吳的夫人張氏四十整壽，吳的朋友和部下也在岳陽大事慶祝，並且舉行堂會，演唱京劇祝賀，京劇上演前請吳點戲，吳拿起筆寫「過昭關」一劇。吳的部屬用湘繡給吳送了一塊匾，上寫「東山再起」。果然，吳很快就東山再起了。

# 吳佩孚憑通電成霸業經過

中州散人

民國二年因袁世凱遣人刺殺宋教仁所引起的第二次革命失敗後，老袁為削除民黨勢力，並圖進一步摧毀民黨根據地的兩廣，首以海軍中將湯薌銘督湘，並派曹錕以長江上游總司令名義率第三師駐岳州以為聲援。吳佩孚便隨曹錕首次入湘。這是吳氏個人與湖南發生淵源之始。誰知此後，湖南便成了他飛黃騰達的發祥地。

吳佩孚首次入湘，並不得意，官階不過上校，而且明升暗降，由團長左遷為師部副官長。但因曹錕很賞識他，過了一段時期，便晉升為第六旅旅長了。

吳氏升任旅長後，某次因岳州某紳士一席話的啟示，使他此後得以很好地建立他與湖南人之間的深厚友誼，因而也得以奠定他此後能夠問鼎中原的霸業基礎。這一席話的主要內容，就是告訴吳佩孚：湖南人向來是輕生死而重義氣，並且都有些吃輭不服硬的騾子脾氣；如果北方人要想在湖南站住腳，只宜出以懷柔，萬不可以征服者的姿態臨之，尤宜誠納三湘豪傑之士，則其得道多助也必矣。

這一席話由一位地方紳士向他直說，不僅印象深刻，也影響至大。所以在他第二次率軍入湘時，真的就因人因勢而制宜，將這個具有奇效的「對策」，不折不扣地付諸實施了。

## 吳軍入湘・秋毫無犯

民六年七月，由於段祺瑞之馬廠誓師，敉平了張勳復辟那一幕鬧劇。黎元洪去職，馮國璋代理大總統，段祺瑞又回任了國務總理。段氏因鑒於「黎段之爭」的餘痛，為了要鉗制馮國璋，組織一個以皖系為中心的類似政黨的所謂安福系，改組成為新國會。舊國會的議員當然反對，以北廷毀法，召開非常會議於廣州，選舉孫中山先生為陸海軍大元帥，就廣州設軍政府，聯合西南各省宣言護法。並出兵湖南。民國七年一月二十七日，護法軍方面的湘軍將領趙恆惕已下岳州，劉建藩復平江。北洋政府派曹錕為兩湖宣撫使，吳佩孚以第三師代師長率軍第二次由鄂入湘。他率領的部隊，除本部董政國的第五旅、張福來的第六旅之外，尚有王承斌、閻相文和蕭耀南的三個混成旅，編成攻湘的第一路主力。部隊一入湘境，他便下了一道極嚴厲的命令：全軍不許動民間一草一木，違則處死。吳部入湘，三月十七日至十八日，兩日之內便克岳州、下長沙、入湘鄉，且親率先頭部隊騎兵五百而間道進佔衡陽。一路軍行上所至，真是秋毫無犯，士兵們不僅不敢動民間的一草一木，連說話的語調都變得斯文得多了。這一來，真是大出一般人的意外，吳佩孚三個字一下子便被人喊成了「吾佩服」，於此可看出湖南人對他的好感。

## 頓兵衡陽・大談孔孟

吳氏於進駐衡陽之後，本可長驅南下，直趨廣東；但他卻頓兵未進。就在那個時期，曹錕節制下的第二路司令張懷芝所部，在醴陵、攸縣兩地卻為趙恆惕所敗，醴、攸兩地得而復失，使在衡陽城內的吳佩孚部，一變而成為深入南方腹地的孤軍，隨時有被截斷後路的危險。此一形勢，一般來說是非退不可的；但吳佩孚卻自有他的打算。雖然他此來是居於「虎倀」的地位，但他卻是誠意要來湖南交朋友，不惟不作撤退的部署；相反地，但見他每日置酒高會，與當地紳士大拉交情。

衡陽是個文風很盛的地方，而吳佩孚又是由東登州府的秀才。聊起天來，總是大談孔孟之道，或者春秋大義。並且為了表示深慕當地先賢彭剛直公（玉麟）的高風，還不時展謁其廬墓，對彭之後裔，亦愛護有加，並從這時起，竟仿效彭玉麟畫梅花，不惜虔心臨摹。由於他的誠摯與謙和，很快便與當地人發生了情誼，而當地人之視吳，也迅即有了更深一層的改變，始則視之為敵軍司令；繼而則視之為書生；結果，簡直就把他當做了衡陽人，已不復認其為北洋「軍閥」了。

## 與趙恆惕・互拉交情

吳佩孚最成功的一手，還是對他的對手湘軍師長趙恆惕之陣前爭取。趙氏字炎午，亦衡州人，在衡陽城內的族人親友既多，各處所佈的耳目尤眾，對於吳的一言一行，近在攸、醴的趙氏，莫不瞭如指掌，首先便有了好感，加之吳對趙氏逢人讚譽，在好感之上不禁便神交起來。於是，這兩位尚未謀面的生死對頭，一個逢人讚「吳子玉」，一個到處揚「趙炎午」，親熱得有如難兄難弟，再經衡陽士紳中之熱心國事者的從旁促合，雙方不久便遣使者通款曲，結成了事實上的「南北一家」。駐節武漢的兩湖宣撫使曹錕倒很清楚而且也未曾表示反對，一時被矇蔽著的只是在北京的那位段祺瑞而已。

至是年四月上旬，在雙方協調之下，吳便正式與湘省都督譚延闓和湘軍司令趙恆惕的代表呂蘧生與趙蓀塘會於耒陽之公平墟，祕密進行釋嫌修好、解兵息爭的商談，為未來有名的「衡陽撤兵」作了原則性的初步決定。並於五月二十五日經雙方同意正式停戰。在會談中，吳向對方的代表表示得十分明白：他之所以主張和平，是為了國難日亟，共謀對外要緊；若南北長此相持，勢將同歸於盡，成為千古之罪人。他對於「翰林公」譚延闓之學識既推崇備至，而於趙炎午之沉勇強韌，也大加讚揚。當時並發出豪語：「炎午我雖尚未得謀一面，不過，我早就知道他很夠朋友，如果有我二人南北合力練兵，同禦外侮，國家事必能大有可為！」

這一席話在趙恆惕固然特別受用，即任何一個湖南人聽來也會感到舒服的。這次會談當然很成功的結束了，結論是他以撤兵回師來寧息南北的紛爭。

吳在北洋軍系統，因平日木訥寡言，不長於交際，而素有「吳傻子」之稱，想不到時來運轉，獨當一面時，便能在軍事與外交的相互運用上，發揮如許驚人的天才。當然，這個與他平日之潛究易學，善悟道德經裡面那些生化之妙，大有關係。

## 徐樹錚來・拉攏吳氏

在另一方面，吳於克岳州、下長沙、進佔衡陽之後，論功行賞，湘督一席，順理成章，一般人都以為是非吳莫屬。誰知段祺瑞卻發表了屬於皖系的第七師師長張敬堯督湘。張部軍紀蕩然，尤以其義子張繼忠即所謂「少帥」所招撫的那一批魯豫之間的散兵馬賊，開到富庶的湖南後，竟是燒殺搶擄無所不為。湖南人由於怨恨張，於是也就特別同情吳，因而發起了一項驅張易督的運動。張敬堯自然明白民心所向，為了害怕吳搶他已經到了手的「督軍」，必欲去之而後安。乃將吳與譚、趙之間往來的一切經過，添葉增枝地呈報給段祺瑞。段以心懷內疚，雖起疑忌，倒也有幾分諒解。為表示對吳的器重和安撫，五月下旬段特派他的心腹徐樹錚親自到衡陽來看吳，想要保舉吳繼任攻粵的第一路或第二路司令。

因為那個期間的曹錕，在與吳磋商好一些「極機密」步驟後，即稱「病」不待請命已回到天津去了。徐樹錚此來，錦囊裡所帶的本就是「釜底抽薪」的妙計，為了不影響既定的對南方軍事，只要取得吳的同意與合作，曹病不病倒是無關重要。因此徐就鼓其如簧之舌，拼命拉攏；而吳的反應只是一味點頭，而不作可否。一味點頭的結果，真有不可思議的妙用，徐回到北京後對段說：「無用躭心，子玉無問題！」

於是，段對吳便益為器重起來。

## 進攻兩廣・條件優厚

經過幾番直接通電，六月二日乃實授吳第三師長職，並錫以孚威將軍名號，那年代的甚麼將軍名義，就等於候補督軍的地位。這一來，段祺瑞算是放了心，以為北軍中最能打硬仗的角色，終於被他栓住了。早在四月二十日，曹錕就已被任為川、粵、湘、贛四省經略使，仍直接指揮第三師；張懷芝為援（實係攻）粵總司令，吳為副總司令。段祺瑞是個火性子的人，現在既認為掌握了這位新任命的孚威將軍，便迫不及待地以急電來飭其進攻兩廣了。其條件是非常優厚的，只要吳拿下廣東，即以廣東督軍為酬。電報是端午節前夕到的，吳只在上面批了一個「閱」字，隨即歸檔。第二天並邀全軍團長以上官長和湘軍將領的代表，興高彩烈地大飲其雄黃酒，來一齣《南北和》。

也就是在這個緊要的關頭，曹錕忽然由天津跑到北京去坐索欠餉，理由很正大——無錢怎能打仗。欠餉索到一點之後，段內閣所接到的卻是前敵直軍全體將士給他的一份電報：

> 湘省水患滔天，瘟疫遍地，兵疲將憊，不堪再戰。

這份電報雖屬全體將士署名，卻無主將吳佩孚的名字。緊接著，吳下面的五個旅長也補上一個聯合請假電，也沒有師長吳佩孚的大名。如此熱鬧的場面中，他倒儼然成為一個世外的「散人」

了。這是前方的反應，而後方呢？曹錕北歸後，原已答應出兵的張作霖也變了卦，此時口稱：「奉防吃緊。」已不願出兵南下。

## 一夜之間．舉足輕重

不久，曹錕、張懷芝、王占元、趙倜、李純、陳光遠等六督也向段氏來上個聯名電：「民生凋蔽，不堪再戰，已飭前敵停止待命。」

段氏處此，可謂前後都受到打擊。直到八月七日吳佩孚致蘇督李純堅決表示北方軍人反對進行以外力為背景之內戰的通電發表在報紙上，段祺瑞這才深感到所謂的「切膚之痛」。這通電在民初南北混戰史上頗有價值，電文裡說：

兵連禍結，大戰經年，耗資數千萬，糜爛十數省，有用之軍隊破碎無餘，精良之器械損失殆盡；至若同種殘殺，尤足痛心。……此次奉命南來，明知鬩牆之爭非國之福，然為維持中央威信起見，勢不得不借武力促進和平。……詎中央誤聽宵小奸謀，堅持武力；得隴望蜀，援粵攻川。直視西南為敵國，竟以和議為逆謀。……國亡於外敵，固軍人之罪；國亡於內亂，亦軍人之羞。此次中央平川援粵，實亡國之政策也。軍人雖以服從為天職，然對內亦應權其輕重而適從，非抗命也，為延國脈耳。……我國對德奧宣戰，竟以兵力從事內爭，重輕倒置，貽笑外人。日本乘我多難，要求出兵，而喪權協定已成，內爭不息，外患將不可圖。內爭年餘，軍費全由向外抵借。以借款殺同胞，何異飲酖止渴。……以上各理由，我軍師旅團俱皆同意。近測南軍心理，均不願戰。用特電達，請會同鄂贛兩督，通電南北，提倡和平，使雙方前敵各將士同聲相應，大局轉圜，當易生效力，曹氣略使夙主和平，必贊成斯議也。

吳在發出這通電報的同日，並通電全國，希望「文官不貪污賣國，武官不爭地盤」，同時表明自己的態度，以「今生不做督軍，不住租界，不結外人，不借外債」自律。這樣一來，這位無籍籍名的「區區師長」，於一夜之間，便成了內戰中的「和平使者」，也一變而成為南北之間舉足重輕的人物了。

## 西南將領．紛主罷戰

到了同月的二十一日，吳又率部領銜發表請總統馮國璋下令主和的馬電，同樣不乏精彩之句，電文云：

大總統媾和宣戰之權為約法所允許，對外尚然，而對內主和尤不得謂為非法，懇請我大總統仍根據約法之精神，須布全國一致罷戰之明令，俾南北軍隊留有餘力一致對外，慎勿以攝職期滿，輕思息肩；尤望我經略使與長江三督帥仰體元首苦衷，俯念生靈塗炭，群出贊助，協謀寧息。

最主要的是要「我經略使與長江三督帥仰體元首苦衷」一句；因為元首（指馮國璋）是他們直系的精神領袖，經略使曹錕與他是一體，而長江三督卻是同出直系一脈，名是吳佩孚一人領銜出面請求，實則無異傾直系一派與段祺瑞的皖系相抗，作法上不可謂不高明。事實上，此舉也確已種下未來直皖之戰的伏線。

到二十七日，吳又再率在湘前線將士通電主和並請求換防，這算是和北京政府攤牌了。這通電文的意思就是對北京的段祺瑞明白表示：這個戰，不「罷」也得「罷」，再不「罷」我吳佩孚就要自動撤兵換防了。這通電一發表，西南方面的將領譚浩明、譚延闓首先響應。三十日，廣東軍政府的主席之一岑春煊亦來電，贊成吳促進和平的主張，繼之者有長江三督率全體將士響應，乃至其他西南諸省將領、及全國各地人民團體都紛紛通電附和，一致表示對吳的擁護，終於憑這「區區師長」一人率先倡導之力，在內戰期中出現了一個事實上罷戰的新局面。雖然段祺瑞仍不肯下停戰令，然而，這個「戰」卻是已經「罷」定了。

## 罵人電文．篇篇精彩

在以後的一些僵持的日子裡，吳佩孚充分地發揮了罵人的長才，抓到一點藉口便罵，從罵安福系的國會議長北方和議代表王揖唐開始，進一步罵內閣總理梁士詒，罵財政總長龔心湛，罵皖系的段祺瑞和徐樹錚，罵北京政府和各省著名的主戰派軍閥；幾乎是無一不罵，而且是越罵越起勁。而罵人的電文一篇比一篇精彩，一篇比一篇激烈。在一年多的時間裡，居然被他罵垮了一個內閣總理，一個財政總長，再加幾個著名的主戰派督軍。卻給他自己罵來了在政治上舉足輕重的優越地位和此後威鎮八方的赫赫霸業。

他一方面罵，一方面又請求調防；一請不准則再請，再請不准則三請，乃至無數次的請。這個難纏的人物，把個北京政府纏得困擾不堪。段祺瑞雖然已是氣冲牛斗，但卻發作不得，這情形實在是狼狽到了極點。而老實人曹錕仍然採取他一貫的老辦法，一面假惺惺地訓斥一下吳，一面把吳的憤慨又說成是由於積欠軍餉過多，而請求北京政府迅予補發。

## 左右逢源．聲威大振

對吳佩孚而言，這時真是左右逢源：內既有曹錕為之聲援；外則湘軍的立場與他又是一致的。廣東軍政府的主席岑春煊更是熱烈表示實際的支持。西南其他諸省的將領也無不遣使通好，唯吳的馬首是瞻。所以，到了民國九年的一月，吳盱衡全局，已到了非要堅決採取行動不可的時候，於是在元月十七日發出一通堅決請求撤防的電報，由曹錕轉呈北京政府，電報首先說：「于役湘省，兩載於茲。迭請撤防，未承允准。」接下去就把直軍全體將士久戍思歸和積欠軍餉的困苦情況著力地說明，因此不得不「北望叩首涕泣哀懇」；而老實人曹錕，這一次不但沒有假作過場，而且還很著力地在電尾加上「戰死者既作泉下之遊魂，生存者又為他鄉之餓莩」兩句工整的對仗句呈上去。雖然如此，北京政府仍然未敢遽予照准。不過，到了這個階段，吳既然已經決定要採取行動，北京政府形式上准與不准，已經不大相干了。三十日，廣東軍政府已決定祕密接濟吳軍開拔費六十萬大洋，先付三十萬元，其餘三十萬留待開拔時付清。吳並與軍政府相約，直軍開拔之日，便是湘軍接收防地之時。同時，他還有一個由張其煌起草的與南軍共同組織「救國同盟軍」的計畫，於推倒皖系以後召開國民大會，驅逐徐世昌，另組南北統一政府的計畫，等待次一步驟實施。這個計畫原本是好，只可惜後來在直皖戰爭中取得勝利後變了質，未曾付諸實施，否則吳佩孚在歷史上的地位，又要重予估價了。

## 撤防通電．一字一刺

到了三月，吳在正式撤兵前，不再理會北京政府，採取了果決的實際行動：第一步率旅長王承斌、閻相文、蕭耀南等、與廣東軍政府七總裁代表兼湘軍總司令譚延闓代表鍾才宏、滇軍唐繼堯代表韓鳳樓、桂軍陸榮廷代表朱兆熊等，簽訂撤兵協定於衡陽，此為吳氏以直接行動正式參與國事之始。他取代了北京政府的合法地位，對南方軍政府進行單獨的媾和。第二個步驟是撤送軍眷七百餘人北歸。但是，為了敷衍一下北京政府的面子，不太使段祺瑞難堪，以及給在天津的曹錕留一步必要時的轉圜餘地，不得已來一手花槍表演，居然若有其事地，在一切布署既定之後，正式撤兵之前，仍然正正式式電請湘督張敬堯派員到衡陽來協商接防。事實上，直軍整裝待發之際，湘軍已枕戈待旦多時，那裡輪得到張敬堯來接防。

實際的撤兵行動是從五月二十日就開始了的，吳氏那一篇有名的撤防通電在二十日以前就發出來了。略謂：

遠戍湘防，瓜期兩屆，三載換防，不可謂神速；鬩牆煮豆，何敢言功！既經罷戰言和，南北即屬一家，並非寇仇外患，何須重兵設防？……對外不能爭主權，對內寧忍設防線？……

這通名電，自然又是張其煌的精心傑作，寫得來字字鏗鏘有聲，句句感人肺腑，全國人民無分南北，莫不同聲喝采。只有段祺瑞、徐樹錚和皖系的嫡派軍閥們，深感一字一刺，把吳佩孚恨之入骨。

## 浩浩蕩蕩．正式撤兵

兩年來段祺瑞一直為吳的撤防問題苦惱著，認為：

一、吳師撤防則南軍乘虛而入，他既無可用之兵，自然會引起嚴重的後果。

二、吳師撤回北方後，對北京是一個莫大的威脅。

所以儘管吳一再請求撤防，他始則延宕，繼則避不作覆，終則命令陸軍部不准。但情勢演變至此，已知無可挽回，到二十一日，北京政府不得不承認既成事實，才電吳准其撤防。至是，吳便帶著勝利的微笑按照既定的步驟，堂而皇之的在二十三日實行他的官式撤兵。全軍官兵唱著他自撰的〈滿江紅〉軍歌，浩浩蕩蕩撤出了衡陽城。北上保定去者。

悲哀的是，那位禍湘多端，擁兵七萬的湘督張敬堯，二十一日真的派員到衡陽來協商接防，還鄭而重之地派湖南暫編第二師師長（北軍）吳新田為「主持湖南防務司令官」，與吳佩孚及湘軍代表簽條約；南北兩軍維持原有停戰界線，前訂湘直兩軍的停戰協定繼續有效。張敬堯的想法是很天真，以為吳佩孚一走，從此便無人來搶他的「帥印」；孰知二十二日吳一走，二十六日湖南境內的戰事便開始，二十七、八日湘軍便佔領了祁陽、耒陽兩縣，二十九日衡陽重又落入湘軍之手。至六月五日，吳佩孚的軍隊正由漢口繼續向洛陽進發的時候，湖南的湘鄉、衡山、寶慶等縣均已相繼被湘軍克復，北軍已退至湘潭和株州。到了六月十一日，湘軍攻入長沙，張敬堯也狼狽不堪地跟著逃到湖北境內去了。

# 吳佩孚兵敗入川記

李寰

民國十五年吳佩孚在武漢號稱十四省聯軍總司令，被國民革命軍擊敗，退走河南，十六年佩孚率敗軍離河南南陽到田營，遒遘兵變，折回新野，假道湖北老河口，擬入四川。夜渡襄河，為張聯升襲擊，幾瀕於危，取間道經保康祁歸興山入蜀。七月十三日抵巴東，楊森將軍接駐興山部隊賀國權旅長緊急電報稱：「吳公偕其少數侍從人員及衛隊約五千人已安抵馬良坪，權聞訊，曾馳赴歇馬河面謁，渠欲來川一遊，可否接待，請示辦法。」楊將軍接電，思維再四，因其本人已任國民革命軍第二十軍軍長，若以敵我態勢言，在常人將誘之成擒，以弋崇封厚賞。但以舊日袍澤關係言，則不能落井下石，因覆電國權，許吳入川。並將其兵敗退川，志在遊歷，電呈南京蔣總司令，陳明暫允遊川，純出私誼，保證息影林泉，不問政治，如有軌外行動，願負完全責任。當派第一師師長白駒，及前四川省財政廳廳長熊煜，星夜乘輪馳赴興山界嶺，代表歡迎，面達暫以奉節縣白帝城作為行館。且令賀旅沿途加強護衛，不得稍有疏虞。

七月十五日，楊森將軍偕夫人公子暨二十軍將領僚屬數十人，由防次萬縣乘兵艦直駛巫山縣界嶺，與佩孚及張夫人歡晤，共話離悰畢，艦即溯江而上。入瞿塘峽，白鹽赤甲，相映成趣。浮沉江心，砥柱中流之灎澦堆亦歸然在望。須臾停泊白帝城下，逕至永安宮行館。楊將軍以居停乘間說佩孚：「國民革命軍北伐成功，國民政府，已奠鼎金陵。公兵敗後，既不願屈居租界，寄外人籬下，又不屑憑藉國際勢力，滋長內亂，不如通電各方及川中將領，表示光明磊落之態度，告知此行純係遊歷性質，不含政治意味，以明心跡並釋群疑。」佩孚允如說當由楊森將軍具名發號電：

「特急」重慶劉總指揮甫公，賴軍長德祥兄，綏定劉督辦積公，成都劉軍長自乾兄，鄧軍長晉康弟，三臺田軍長頌堯弟，暨各軍師旅團長諸兄均鑒：

頃接吳玉老（按吳佩孚字子玉）號日由夔來電開：「萬縣楊惠弟鑒：舉世滔滔，亂靡有屆，欲資遊憩，名勝為宜。因念蜀中山水，半屬舊遊，而蜀中將領又皆舊雨，業於號日間道抵夔，暫憩此間，專事徜徉，不聞理亂。甫澄、積之、晉康、自乾、德祥、頌堯諸兄處及各師旅長等，乞弟為之道意。一俟秋涼，溯江而上，再續舊歡。特電奉達，即希注察。小兄吳佩孚號印」等語。玉老自解除兵柄後，久已厭棄時事。此次挈眷到川，純係遊歷山水，並無政治作用。森擬俟其暫駐夔門稍事憩息後，或當送往西行，諸公均屬袍澤舊誼，當不讓弟獨為東道主也。

楊森叩養印

楊將軍將佩孚之誠悃，轉呈國民政府鑒察。並轉電川中各方，於是社會益知楊之庇吳遊蜀，純限舊誼私情而已。

乘機挑撥分化，使中國自化膿血而亡，為日本對華之一貫策略。當佩孚小住白帝城時，有日本第一遣外艦隊司令荒城二郎少將，海軍駐滬特務機關長佐藤秀大佐，率將佐十五六人，由宜昌乘小型兵艦至白帝城謁吳。表示願給私人借款一百萬，贈步槍十萬支，小炮五百門，機關鎗二千挺，連同彈藥等，一併由小型艦運入川境。吳答：「過去有槍，何止十萬，有錢何止百萬尚且一敗塗地，可見成敗與款械無關。如余要借外債，引外援，何必今日，中國事中國人自了，盛意所不敢承。」堅決拒絕。自此消息傳徧中外，國人均知佩孚早已倦翮斂翼，不復有東山再起之意矣。

佩孚小住萬縣，以其地當要衝，仍苦繁囂，遂移居大竹縣。大竹據高梁山脈之巔，叢竹密箐，風景幽美。佩孚喜畫竹，今得友竹而居，夙願幸償，因成吟竹詩三十首寄懷。川人陳廷傑為之弁序，劉泗英等特為刊印，其十三首云：「邑名大竹竹巍巍，時值春從地底回：枝幹參天羅劍戟，龍蛇起陸倩風雷。七賢人謂非凡品。六逸天生不世才，我本尋芳來此土，微君誰與共徘徊。」兀傲不群，猶似當年。駐軍白師長駒，與吳有舊，禮遇惟謹。川中袍澤，亦時有冰炭之敬，雖足補助匱乏，然以在野之身，隨從衛隊，多至數千，終慮難維久遠，且恐懷璧賈禍，遂自動解除槍械，分贈相知將領。鄧錫侯部將羅澤洲，時正駐防毗鄰大竹之渠縣廣安一帶，頗憎恨贈械不及於己，竟自稱兵奪械。其時楊森又以戍區多故，自顧不遑，佩孚因不堪惡鄰之擾，遂於十七年七月，移駐劉存厚綏定戍區之檀木場玉皇山，其地距達縣城九十里。十八年十月，又由檀木場遷居距達縣城三十里之河市壩大興寺，所有一切供應，悉賴劉存厚盡其地主之禮。佩孚在此蟄居，優游歲月，賓主至為歡洽，民眾亦極尊敬。十九年春節，佩孚應劉存厚邀請，曾對川陝邊防軍全體軍官講演，痛斥蘇俄中共公妻公產邪說暴行荒謬絕倫，勉勵官兵應以關壯繆漢賊不兩立岳忠武精忠報國的精神，反共救國。慷慨陳詞，悲墳填膺，不覺聲淚俱下，聞者亦隨之感泣。

當佩孚蟄居達縣時，正值十九年汪兆銘等在北平召開擴大會議，馮玉祥陳兵豫陝抗命中央。國府主席　蔣先生，欲延請吳入京備顧問，筆者與川軍各代表余紹琴郭雲樓李元白等，均奉　蔣先生召見，蒙指示切電楊森將軍敦促吳氏早日命駕，並派杜錫珪率兵艦在宜昌迎候。不意吳氏行抵萬縣，即為劉湘部師長王陵基所阻，未能成行，吳氏乃再遊川東名勝後，轉往成都。

吳氏行抵廣安，曾暢遊紫金山沖湘寺等名勝，並至楊森將軍故里龍臺寺，欣見寺前豎立石獅子兩個，高約二丈，歎為奇觀。因謂：「子惠兄氣魄雄偉，能怒吼作驚人鳴，真是地靈人傑。」一再由廣安至渠縣，二十軍將領楊漢域夏炯楊幹才等均陪侍左右，共在金禪寺進素餐，各將領出紙墨求佩孚字以作紀念，佩孚為書〈滿江紅〉詞及〈正氣歌〉，勉以精忠報國。楊森將軍率部屬送別吳氏於渠縣八濛山，八濛山蜀漢張桓侯敗魏將張郃之處，山中巖石刻有漢將軍飛大敗張郃於八濛立馬勒銘數大字，吳氏佇觀過弔畢，即經順慶赴成都。

吳氏遊成都，行館設昭覺寺，尹昌衡曾往謁，並應宋芸子邀請，在四川國學會講周易。曾云，五經四書，莫非解易，即佛藏道藏，亦莫非解易，未幾即偕同劉泗英、陳廷傑、張伯倫等離成都取道甘肅陝西前往北平。

# 又談吳佩孚

章君穀

李寰先生在《中外》發表〈吳佩孚兵敗入川記〉，使萬千讀者對於蓬萊異人秀才將軍，又興不盡愴念之思。孚威上將軍吳佩孚貴時，開府洛陽，雄踞中州，造了一座繼光樓，款待各方佳賓，總理總長，絡繹於途，他曾親筆寫了一副楹聯：「得志當為天下雨，論交須有古人風」，口氣是何等的豪邁？當時，前廣西省長，吳氏的刎頸之交張其鍠曾贈他以詩：

漸喜神州定，應知砥柱功；蓬萊鍾淑氣，海岱想雄風。
說禮思遙集，浮罌智不窮；遠邦驚將略，近世更誰同。

然而曾幾何時，以十四省聯軍總司令之聲威，失計三湘，兵敗武漢，蹙蹐鞏洛，東逃西竄。十四省地盤土崩魚爛，失之一旦，百餘萬雄兵親離眾叛，風流雲散。落得夜渡襄河，翻越荒山，亮出吳佩孚的大紅名片，向土匪強盜討飯。要不是楊森將軍「有古人風」，鐵肩擔道義，迎他入川，那麼，以他那樣一心想當「失敗後不入租界不出洋」的好漢，其結局將不知如何的悲慘？

民國廿九年一月廿一日，蔣總統以國民黨總裁身分，致祭吳佩孚將軍，在他的祭文中曾稱：「翳維先生，遠慕關岳，砥礪廉隅，持躬慎慤……」，其實，吳佩孚的失敗，和關羽岳飛倒有一個相類似點，那便是他們都是敗於爾虞我詐，波譎詭秘的人生戰場，而非失利於一刀一槍、叱咤風雲的沙場對仗。關壯繆是敗於孟達劉封的心懷叵測，按兵不動，而糧盡援絕，遂致敗走麥城，遭了潘璋的絆馬索。岳武穆更因秦檜賣國媚金，矯旨以十二道金牌召回臨安，於是縊死風波亭，斷了宋室中興的機運。試看吳佩孚之死，他以六十六歲之年，息影北平，二十六年七月中日戰作，不及撤離，自茲即在敵偽人員的包圍之下，慫恿他出任偽職，充當漢奸。吳氏大義凜然，晚節不虧，二十九年十一月中旬，有一天吃晚飯嚼著一粒砂石，傷牙劇痛，左半邊臉全腫了，吳夫人替他請一名日本牙醫伊東來，拔去一牙，吳將軍見醫生是日本人，大發脾氣，卻是無奈。拔牙後腫仍不消，痛疼更劇，再請中國外科醫生，看了依然無效。又延一中醫師投以石膏二兩，固請服食，照舊疼痛不止。其後請一位德國醫生史蒂福斯診治，囑往東交民巷德國醫院動手術。吳佩孚認為東交民巷等於是租界，寧死不去。當他痛得即將昏迷時，猶在不放心的叮囑張夫人：「妳萬萬不可趁我昏迷，把我送到東交民巷，倘若妳敢犧牲我平時的主張，那我們就不是夫妻！」

一直痛到十二月四日，日本人川本和軍醫處長石田，揚言奉命來為吳大帥治病。三點鐘，前江蘇督軍華北大漢奸齊燮元和一個姓符的也趕了來，在會客室裡和幾個日本人竊竊私議。四點鐘川本等人衝上二樓，說是要給吳大帥動手術。吳氏家人和部屬堅決阻止，日本人不理。川本一刀下去，但聽吳大帥一聲慘呼，頓時血流如注，氣絕身亡。原來川本這一刀切破了吳大帥的喉管。

據一位吳大帥生前的知友說：大帥的軀幹豐偉，相貌堂堂，但是眉目清秀，舉止溫文，望之不像桓桓武夫，反倒有點北人南相。他的面相特殊之處，是鼻子削直，髭鬚略帶赭色，還有他的一雙手，其軟如棉，柔若無骨，和他握過手的人，無不感到驚異。至於往後有人說他像唐太宗李世民一樣，掌中有一條通天紋自掌底直達中指，因而貴顯已極。這位先生說他不曾注意，難以確定。不過如就迷信相法者言：男子的手柔軟如吳佩孚者，也該算是主貴的了。

一般人都以為吳佩孚內心極為仰慕關羽與岳飛，但是吳佩孚衷誠私淑的還是明代抗倭英雄戚繼光。這是吳佩孚富於國家民族思想的一種自然流露，同時為其往後膾炙人口的不舉外債，不入租界，不出洋「三不精神」的發皇。吳佩孚以戚繼光做榜樣，據說：其間還有一段掌故。

中日甲午之戰，吳佩孚二十一歲，正從蓬萊宿儒李丕森先生讀書，蓬萊位置渤海灣內，和大連旅順遙遙相對。當中日艦隊進行海戰，日艦無故肆虐，發砲轟擊蓬萊。吳佩孚恰在當地名勝蓬萊閣漫步，一砲飛來，擊中蓬萊閣上的匾額，將「海不揚波」四個大字，單單轟去了那一個「不」。附近的人狼奔豕突，四散逃跑，唯有吳佩孚屹立不動，他血脈僨張，怒不可遏，一方面憎恨日本人的瘋狂侵略，沛然而興報仇雪恥之志；另一方面他也有深刻的感觸，「海不揚波」變成了「海揚波」，他由而憬悟天下從此多事了。

為這一件事，他在民國九年蒿目時艱，懷念故里，曾經填了一闋〈滿江紅〉：

北望滿洲，渤海中風雲大作，想當年，吉江遼瀋，人民安樂。長白山前設藩籬，黑龍江畔列城郭，到而今倭寇任縱橫，風雲惡。

甲午役，土地削，甲辰役主權弱，江山如故，夷族錯落，何日奉命提銳旅，一戰恢復舊山河，卻歸來永作蓬山遊，念彌陀。

九年元月，吳佩孚倡呼「息內爭，攘外侮，南北團結，共赴國難」。五月廿二日不惜兵諫，自動從衡陽撤防，北上聲討親日誤國的段祺瑞。一路上，全體軍士高歌這一闕〈滿江紅〉，慷慨激昂，熱烈悲壯，各地民眾和學生無不為之動容。於是國人加他以「革命將軍」的尊號，乃使他以一名師長，揮戈直指北平，和段祺瑞的大軍鏖戰，由於全國聲援，張作霖的奉軍更出關助陣，居然一舉擊敗安福系。他主張召開國民大會，解決國是，北政府酬他以山東督軍，他不幹，甘為直魯豫巡閱副使，退回洛陽，整軍經武，埋頭練兵。在福州城南戚武毅祠中，戚繼光像的閣頂，吳佩孚曾經題了一塊匾額，那上面便振筆直書：「吾將私淑」四個大字，而兩旁的楹聯則寫的是：

雪國恥在四百年前，公不媿白武。
繼兵法於十三篇後，吾曾讀其書。

侃然道出這一段往事的時候，正值民國十六年吳氏兵敗入川，百萬雄兵，只剩下五千衛士，部分僚屬。而日暮途窮，四海無家，偏有日本第一遣外艦隊司令荒城二郎，和海軍駐滬特務機關長佐藤秀，帶了十五六名將佐，從宜昌乘小型兵艦到白帝城，專誠拜訪。表示願意借給吳氏現金一百萬元，贈送步槍十萬支，山砲五百門，機關槍兩千挺，連同所需彈藥，作為吳佩孚東山再起的資本。吳氏當時莞爾的笑著答覆：「本人過去有槍不止十萬，有錢不下百萬，可是我仍然一敗塗地，以至於今。可見得成敗利鈍，和械款無關，中國事中國人自了，盛意恕不敢承！」

送走了這批不受歡迎的儻來之客，吳佩孚一時感從中來，便與他的知友促膝長談，吐露心臆，便從二十一歲時的一腔怒火，談到五十四歲的峻拒日使，由玆可見他是立志傚法戚繼光的。像這樣一位同仇敵愾，志切禦侮的「革命軍人」，「但悲未見九州同」，竟因為宋哲元在北平撤退之先，沒有派人去通知他一聲，以致陷身魔窟，被日本人明殺暗刺而死。筆者常時在想，如果民國二十六年吳佩孚能夠撤離北平，那怕他已有六十四歲的高齡，以他對於抗戰領袖敬佩之誠，和他愛國家愛民族的忠藎，即令叫他當一名陣前小卒，他也必欣然從命。一著之差，使他錯過了「何日奉命提銳旅，一戰恢復舊山河」的機會，這真是吳佩孚一生最大的憾痛。

吳佩孚貴為直系主帥，八方矚目，如日中天，可是他招待貴客，和他那些部將的山珍海味，水陸紛陳，而且卜晝卜夜，極聲色之娛的奢靡作風迥然不同。儘管他的客人多是中外權要，公卿將相，然而他宴客只分正式與非正式兩種。正式宴客在大餐廳舉行，以昭隆重，被他正式邀宴的客人，多為外國貴賓、本國總理、總長、督軍主流人物。他那種正式宴客的方式是別具一格，聞所未聞的。貴賓高高上坐，主人則召集巡閱使署科長，和各級部隊營長以上的官員一例作陪，備有軍樂隊，和十幾名眉清目秀，聰明伶俐的士兵組成唱歌班侍候。所以一看上去，吳巡閱副使這個宴客的場面，可說是十分濶大壯觀。

盛宴開始，軍樂隊吹吹打打，奏樂娛客，但是他們演奏的歌曲，都是吳佩孚自撰的詩詞和軍歌，於是大馬關刀，威武雄壯，光只是樂隊演奏還嫌不夠，主人自吳大帥以次還要引吭高歌，由那十多名唱歌班的士兵起而相和。這一唱每每唱得與座佳賓肅然起敬，熱血沸騰，吳大帥大概就是要讓他們留下一個終生難忘的印象。

知己友好與一般賓客，則在食堂裡面予以非正式的普通招待，招待儘管說是普通，舉行起來還是相當隆重。頭一樣，座席的安排要由交際處長自己動手，以年齡大小官階高低排為次序，各人有各人的座位，不容出個差錯。第二桮是吳大帥要帶他的重要幕僚出來一同陪客。而第三桮也是最重要的一桮，那便是吳大帥總是藉著吃飯的時候，垂詢部屬，會商大計，因此一頓飯要吃一兩個鐘頭。參加這種普通招待的客人，耳聽大帥和他的僚屬，毫無保留的談論公事，心中都會感到十分親切，大有四川話「你哥子不是外人」的意味。

吳佩孚的求知慾很強，上自天文，下至地理，所以聲光電化，政治軍事，他都有探討研究的興趣，堂堂巡閱使署，當然是「談笑有鴻儒，往來無白丁」，各科各門的專家經常列為座上客。遇到這個場合，談話的時間還要長久。可能就因為巡閱使署的飯，吃起來時間太長，因此使署一天只開午晚兩餐，午餐（其實應該說是早餐）大約從上午十一點吃到十二點多，晚餐則自下午四點半開始，多半會延長到黃昏時分。

刻在臺灣，以八十六歲高齡擔任中華民國體育協進會理事長的楊森將軍對筆者說：民國十二年初，他應邀作客洛陽，吳大帥請他觀操。楊氏習於早起，天不亮便起了床，這是他在洛陽頭一次吃早餐；衛士端來的竟是一大海碗稀飯，裡面光是煮熟了的鷄蛋，便有十餘個之多。

勉強吃了一半，實在吃不下去了，然而那位山東老鄉的衛士，直在不停的勸：「您再吃點，再吃點兒！不吃回頭受不了！」

楊將軍見他如此熱心，盛意難卻，只好撐開肚皮，把一大海碗稀飯吃完。

事後卻知這位衛士實在是一片好心，楊將軍陪同吳大師閱兵，忍受日炙風砂之苦，站在檢閱臺上，從清早七點一直站到下午三時，楊將軍以為吳大帥一定會下令解散了，誰曉得還有他自己的重頭戲，吳大帥十分謙虛誠懇的，堅請楊將軍予以講評。

楊將軍一向崇尚實際，做任何事都盡心盡力，以求心之所安。吳佩孚對他相當欽重，他不願用欺人欺己的門面話敷衍了事，既然要他講評，他便坦直無隱，逐項說出他自己的觀感。直系部隊的操練過於形式化，方式也嫌陳舊，有若干動作根本不合要領，這樣訓練出來的部隊，難以發揮士兵個人的戰力，不能適應多種變化的情況，在北國平原勉強可以擺得出陣勢，要是到了山岳地區帶，部隊可能由於地形複雜不戰而自亂。

他又講了一個鐘頭，使自己能夠維持九小時而不餓不累，就歸功於早晨強摀下去的那一大海碗稀飯。

講評已畢，吳佩孚過來向他致謝。楊將軍也不管吳氏部下對於他的率直批評受不受得了，聽不聽得進？他認為唯有這麼樣直話直說，方始對得起吳佩孚和他的惺惺相惜，肝膽互照。

吳佩孚手下的第一名愛將，張福來藉由北政府撤銷河南督軍，馮玉祥改任陸軍檢閱使的過門，以「督理河南軍務善後事宜」的名義，榮任河南督辦，也就是一省之長了。他的督辦公署設在河南省會開封。張福來親自到洛陽一趟，當面邀請楊森將軍到開封去玩玩。

吳佩孚當然贊成，於是楊將軍自洛陽搭專車赴開封，抵達開封的時候正值午夜，楊將軍在熟眠之中，突然被嘈雜的聲浪驚醒，掀開窗帘一看，開封站燈火通明，照耀如同白晝，有一隊軍樂隊在金鼓雷鳴，督理河南軍務事宜張福來精神抖擻，他親率闔城文武，排好隊站在月臺上，拍手歡笑，高聲的嚷喊著「歡迎！」月臺兩頭，還有大串的砲竹，劈哩啪啦的燃放。

張福來招待楊將軍，果然又是火樹銀花，城開不夜，肉林酒池而富擬王侯。楊將軍時至今日猶然很為吳佩孚感慨，他說：「吳佩孚嚴於律己，力爭上游，即使他殫智竭慮，孤心苦詣，怎奈他的幹部腐化糜爛，無法振作。因此他能力再強，志氣再高，也是獨木難支大廈。我這話決不是事後的先見之明，我在吳佩孚牧野鷹揚，洛陽虎視的最盛時期，便已經看出了他的敗徵。回四川後，我一直在以吳大帥的幹部為例，諄諄告誡我的部屬。」

楊將軍辭離洛陽，曾經和吳大師兩度長談，吳佩孚深以川局的紊亂為憂，對於楊將軍的志業，表示衷心的贊許。當楊將軍南旋武漢，重返鄂西，吳佩孚便於二月十二日下令盧金山的一個旅，協助楊將軍準攻巫山，作為楊將軍回川主政的起點。但是盧金山旅一進四川，也就證明瞭楊將軍閱兵講評恰中肯棨，這一支隊伍不慣在叢山峻嶺中作戰，因此不久便退回鄂西，而由楊將軍憑其本身的力量，溯江而上，節節反攻。

這一次楊將軍奮力爭競，大軍推展極為順利，三月八日攻克萬縣，下川東盡入他的掌握；廿四日打下川東的戰略要地梁山，但懋辛軍退保重慶，四月六日場將軍順利進駐重慶城，但懋辛再退瀘州，楊將軍在重慶歇馬月餘，五月廿日更兵分兩路，東克安岳、遂寧，西下資州。其後四川群雄並起，爭伐不休，直到民國十三年二月九日，楊將軍進軍四川省會成都，熊克武、賴心輝、劉成勳等分向新津、資州、內江潰退，四川方始有了一個定於一的局面。這年五月廿七日，當時也是吳大帥幫的忙，曹錕裁撤四川督軍一職，派楊將軍督理四川軍務善後事宜。

楊將軍在辛亥以前，即已參加同盟會，民國二年，他曾在四川發動癸丑二次革命，民四，他又參加護國軍之役，擔任蔡松坡的參謀，他跟吳佩孚立場不同，士各有志，因此只能說有私交而無公誼。民國十五年七月國民革命軍北伐，楊將軍順理成章，早在十月廿三日即已接受國民革命軍第二十軍軍長的任命，他是四川將領中接受中央番號的第一人。當其時，正值吳佩孚的部將陳嘉謨、劉玉春雙雙被擒，蕭耀南已死，孫傳芳在東南擁兵自重，坐視革命軍消滅他的老上司吳佩孚，而吳氏大將如靳雲鶚、田維勤、魏益三、寇英傑等俱以時勢所趨，在向革命軍暗中輸誠，他們隨時都會生擒吳佩孚以作進身之階。再加上奉系張作霖落井下石，步步進逼，他催吳大帥向南反攻，吳大帥實已無兵無勇，他逼吳大帥讓出河南，事實上吳佩孚一讓河南立將無路可走。吳佩孚當時的處境，比楚霸王被困垓下，四面楚歌，也不過是五十步與百步了。

然而，吳佩孚之能以令人敬重，便在他無論環境艱險，以國家民族為前提的大節決不虧逋，民國十六年二月，奉軍自京漢、隴海兩線夾逼。在二月十五日的那一天，吳佩孚毅然決然的正告僚屬：「我一向主張討赤。赤匪苟若存在，中國將永無寧日。最近我們獲知蔣總司令正在清共，蔣總司令有這樣的真知灼見，我們就應該同情和贊助國民革命。反過來看奉軍節節南進，以援助討赤為名，其實是另有作用，你們儘可予以迎頭痛擊。」

於是，他火急調動賀國光軍、馬吉弟軍和原駐河南北部的王維城軍、秦德純、高汝桐等師，防堵中牟至鄭州之線，這一支臨時組合的部隊號稱「保豫軍」。當奉軍前線將領韓麟春、張學良等部渡過黃河，保豫軍迎頭趕上，雙方誓死力戰，高汝桐乘鐵甲車衝鋒，和奉軍的鐵甲車猝然相撞，一時血肉橫飛，屍骨無存。

至此，吳大帥的百萬雄兵，非死即降，其餘的也一走而光，五月十三日，他率同高級幕僚張其鍠、蔣雁行、張方嚴、張佐廷、畢澤宇、汪崇屏、秦懋叔等，還有他的張氏夫人等眷屬，衛隊五千餘，自河南鞏縣經嵩山，走南陽，投鄧縣，舊部于學忠避而不見。襄陽鎮守使張聯升也是吳氏部將，惟已變節，他派人來謁，商定夜渡襄河地點，結果卻設下埋伏，午夜河面，槍彈四飛，吳大帥賴衛士力戰，勉強渡越，一行人纍纍然如喪家之犬，急奔鄂西川東，跋涉於荒山絕嶺之間，途中，張其鍠被土匪擊斃，吳大帥撫屍大慟，「卻顧所來徑，蒼蒼橫翠微」，秀才將軍真正到了山窮水盡的地步。

吳佩孚兵敗如山倒，走投無路的時候，楊森將軍以道義為重，愴念舊誼，曲盡愛護之道，歡迎他到四川小住。時人論此，都稱道楊將軍的風義，謂為來日歷史上的佳話。但是楊森將軍卻很謙虛，他認為這不過是他做了一件應該做的事情，友誼之道，無非聲應氣求，患難相扶而已。倒是他對吳佩孚的識人，在全國無數軍政領袖之中，捨卻許多關係交情遠比吳、楊為深的不去投奔，獨獨翻山越嶺，千里跋涉，投靠時正偈處川東的楊將軍，煮酒談兵，詩詞唱和，渡了他一生中最悠閒快樂的辰光，楊將軍反覺得這是他的無上榮幸。楊將軍舉一個例，譬如說和他很熟的于學忠，當時正任第九軍軍長，駐守河南鄧縣一帶。吳佩孚後來很感慨的說過：于學忠是他的蓬萊同鄉，追隨吳氏垂十餘年之久，經吳氏一手提拔，由營長當到軍長，平時一向把他視為心腹愛將，那一次吳氏決意從南陽入川，原定計畫便是帶于學忠的第九軍同行，多少保存一點實力。

然而當他離南陽而走鄧縣便接到情報，指稱于學忠業已投降奉軍，經張作霖派為第二十軍軍長。接訊以後吳佩孚表示決不相信，一再的斥為胡說八道，于學忠怎麼會是這樣的人？等他抵達鄧縣，于學忠果然率領部下各師師長來見，吳佩孚非常高興，和他商定了入川的路線，因為有于學忠這一支勁旅，他們議決南下宜昌，堂堂正正的溯江西航。

臨到出發，于學忠久久不來，吳佩孚派人去催，于學忠避得影蹤不見，吳佩孚這才心知大事不好，于學忠果真變了，再多逗留，可能會被于學忠生擒了去獻功。於是他這才急急出走，而且臨時更改路線，渡襄河、出南漳、保康而入巫山，一路攀藤附葛，幾經艱危，而且還冤枉送掉張其鍠的一條性命。

原來，當吳佩孚一行迅速撤離鄧縣，才走了三十里路，派出去的偵探疾奔來告：前方又有部隊阻截，吳佩孚下令就在當地一個小村莊田營休息，一面再派人前往偵查。移時，于學忠部的楊織雲、馬廷福兩位師長跟著斥堠人員過來謁見，他們都很驚詫的說：「我們是奉于軍長的命令，在前面挖戰壕，築工事。于軍長說大帥已經過去了，往後來的任何軍隊，一概不准通過。怎麼大帥還在這兒呢？」于學忠的用心，吳佩孚業已瞭然於胸，他分明是派楊馬兩師，在這裡截擊自己，逼他回頭，投入于學忠的陷阱。幸虧楊、馬二人還有念舊之心，不忍向亡命落魄的故主開火，趁機裝傻，洩露了于學忠的計謀。吳佩孚說他當時心中很感激，同時也知道應該趕緊走，但是再往前走便是襄陽鎮守使張聯升的防地，張是吳氏的舊部，連于學忠都翻臉不認人了，他又怎能測度張聯升的態度？所以，那一夜他們便極其冒險而尷尬的，在田營宿了一夜。幸好于學忠不曾追來，他一定是曉得他部下不願跟他沆瀣一氣，作那賣主求榮的勾當。這是吳佩孚頗感痛心疾首的一頁往事，倘若不是于學忠變節，他原可堂而皇之的入川。接踵而來的襄河遇伏，死傷百餘，和張其鍠的灰店鋪遇匪，慘遭橫死，全都不至於發生。

楊將軍並且透露，他是接到所部賀國權旅長的電話，才知道吳佩孚一行，已經抵達接近他防區的馬良坪，當時他確曾煞費考慮，因為他接任國民革命軍第二十軍軍長才只九個月，若是嚴明敵我之義，他應該把吳佩孚抓了來，然後往南京一送。但是他想到民國十二年以後吳氏對他的公誼私交，都是拳拳可感的，兼以同情吳大帥的日薄崦嵫，英雄末路，這才不計一切後果，決定竭誠歡迎。「不過，」他微微而笑的說：「我還是做了一道手續，打了個電報呈報蔣總司令。蔣總司令由於體制攸關，他當然不便回電，但是他的置之不覆，正足以說明他也是默許我這樣做，所以要談風義和襟懷，當時領袖的豁達大度，才應該列為千古佳話。」

筆者想起了一個微妙的問題，向楊將軍請教：「那麼，將軍是不是在電報發出去以後，還等了一段時間的回電，再去歡迎吳先生的呢？」

楊將軍望著我，移時，他發出朗爽的笑聲，因此我也笑了。在笑聲中他說：「說老實話，我是一面吩咐秘書人員打電報，一面下令準備歡迎專輪，帶起我的太太，和全軍各師旅長，大批的眷屬，浩浩蕩蕩，歡歡喜喜的由萬縣直放巫山界嶺。我們一大群人，就在四川省界以外，站了一個多鐘頭，方才看見吳大帥夫婦的轎子抬到。當然，自馬良坪到興山這一大截路，我在電話裡面就已經下令賀國權妥善照拂，除此以外，我還立刻派了第一師白師長，和前任四川財政廳長熊煜，當夜出發，先乘一艘專輪代表我本人到興山界嶺去歡迎。」

後來到了民國十九年，馮玉祥興兵作亂，蔣總統曾有意請吳佩孚到南京共商國是，而備諮詢。楊將軍奉命後極為興奮，遍向川中將領說項，希望他們勿予攔阻，可是吳佩孚抵達萬縣，竟會受阨於王陵基。他無法東下，只好北旋，直到民國二十年秋九月，吳氏方始由甘肅、寧夏、山西而抵北平。到北平後他向僚屬下的第一道命令，便是：「任何日人概不接見！」

廿一年夏，總統軍事委員會委員長任上，派當時的實業部長孔祥熙，帶了他的親筆信去謁見吳佩孚，面致慰問，還送了他十萬塊錢。吳佩孚命他的兒子吳道時和高級幕僚到車站迎迓，其後更派代表到南京答謝。不久後蔣委員長到達北平，和吳佩孚在外交大樓會晤，一席暢談，遂成莫逆。所以吳佩孚被日本人害死時，蔣總統極為震悼，致電吳氏家屬慰唁，二十九年一月廿一日重慶各界公祭吳佩孚時且親臨致祭，三十五年十二月又派北平市長何思源代表參加公葬典禮，同時在南京舉行追悼會，總統亦曾親臨參加，贈吳氏匾文云：「正氣長存」，輓聯則曰：「三呼渡河，宗澤雄心原未已；一歌見志，文山正氣自長存。」

# 我隨吳大帥入川

畢澤宇

章君穀先生在《中外》寫〈又談吳佩孚〉，文中曾提到張其鍠、蔣雁行、張方巖、張佐廷和我隨吳佩孚先生同行自河南鞏縣經嵩山，走南陽，入四川的事。因此《中外》編者要我寫一篇吳佩孚先生入川事略，盛情難卻，特將舊時日記加以整理撰為〈我隨吳大帥入川〉以饗《中外》讀者諸君。

民國十五年，馮玉祥的西北軍退北平，吳佩孚先生電靳雲鶚會同奉軍，圍繳西北軍械，靳違命並暗為西北軍補充軍械，先生憤極，夜趨保定，解靳雲鶚職，西北軍聞訊退據南口，先生赴平，晤張作霖，共商軍事，張勸先生回鎮武漢，西北軍由奉軍負責解決，先生對馮玉祥含恨已深，必欲親自解決，張由是對先生不滿，張回奉。南口攻守戰兩月有餘，西北軍總退張家口，而湘鄂重鎮岳州被南軍占領，先生將西北軍事交張宗昌、張學良等處理，即率總部人員回漢口，此時沿粵漢路進軍至洋樓司，與南軍會戰，受挫，旅團長陸雲等傷亡數人，汀泗橋會戰又不利，退守武昌，此時孫傳芳按兵不動，先生屢電催出兵修水，以遙擊南軍後路，解岳州之圍，孫不聽，先生派參謀長蔣方震赴浙與孫面商出兵事，孫意志甚堅，欲迫先生下野，蔣遂電先生謂：「馨遠堅不出兵，大勢已去，勸先生下野，以息仔肩。」並告先生他不回去，將由上海出洋，武漢局勢至此成不可挽救之勢。

## 武漢撤退

民國十五年，九月六日清晨。先生同幕僚，在漢口查家墩總部樹林中，席地坐談，忽有砲彈數枚，自龜山方面飛來。落於院內荷花池中，大家極為驚訝！初時據報，說是自己的砲，調錯了方向，繼則說據報劉佐龍師叛變！吳急召武漢警備司令靳雲鶚計議，靳不至，並將交通完全阻塞，逼吳先生下野，先生聞訊憤甚，遂率總部各處官佐及衛隊一團，登車北上，擬退信陽，車不能通，不得已，乃下車步行，至祁家灣停止休息。此時，潰兵如潮水般退下，先生派人收容，幾乎無人聽命，所謂兵敗如山倒，愈多愈亂！

翌晚登車至信陽，未久，靳與南軍謀和未成，亦被迫退至信陽，向先生請罪，當以變亂之際，不便深究，姑容忍之。

時張作霖聞形勢驟變，乃於九月十一日，急派張學良，韓林春率勁旅進駐黃河北岸，以阻吳軍過河，先生恐後方被擾，乃調高汝桐師駐守黃河橋，以防奉軍南犯，總部亦北遷駐鄭州。

當時，奉軍野心勃起，急欲統一全國，見先生勢迫力蹙，欲使之就範。乃遣使到鄭遊說。許以軍需裝備供給先生所部，盼先生承認奉軍張作霖為海陸軍大元帥，先生置之不理，旋由秘書長張其鍠建議，不談政治，先由奉軍供給軍需彈藥。補充完備後，直軍由平漢線反攻武漢，奉軍出津浦，收復南京，軍事結束之後，先生駐軍武漢，大江以北任由奉軍處置，經過多次協商，未獲結論，而張部將領韓林春、張學良等認為先生已成強弩之末，不可使之強大，為患將來，現在南軍勢弱，不堪一擊，奉軍實力雄厚，自不難一鼓盪平，統一全局，張作霖惑其言，乃與先生絕，迫先生離平漢線，先生乃移駐鞏縣兵工廠，高汝桐師退住馬店，時先生所部尚有廿餘萬，分布南陽武勝關一帶待命，奉軍過河駐鄭許一帶，與先生部對峙。

十六年一月十七日，先生到鞏縣後，張學良不時遣使贈先生食米及日用品，先生亦以好言相答，時局動盪不安，國內各處均受影響，如山西之閻錫山、山東之張宗昌，皆感不安，各派長川代表隨先生行止，以觀風色，閻曾數邀先生移駐運城，張亦希望先生去山東，均被婉拒，一日先生與左右談及當時形勢，先生謂效坤（張宗昌號效坤）不學無術輕投去就，百川（閻錫山號百川）處境艱危，未可深信，雨亭（張作霖號雨亭）幾次進關，皆是乘火打劫，實非謀國之人，余走後群龍無首，大部軍隊，必為南軍吸收，南軍實力增強，但其內部共產黨操權弄勢，將來亦恐難以善其後。

農曆三月初七，為先生誕辰，洛陽一帶士紳，對先生素極信仰，是日大張祝壽之筵，軍樂奏〈滿江紅〉詞（北望滿洲，渤海中風潮大作……此歌係先生自作。）；回憶十三年春先生雄據洛陽，全國各界來為先生祝壽，亦曾演奏此歌，當時聞之雄壯無比，今日聞之則不勝其淒涼之感，是日午後三時，忽傳來砲聲，接二連三的急報，知奉軍又犯汜水，先生聞報乃命前方部隊速向後撤，一面令各處官佐即刻準備出發，地方賀客各自散去，先生命將所有械彈，不能攜帶者一律封閉，不准破壞，交原有駐廠官兵接管，第二天拂曉出發，計隨行高級幕僚，如張其鍠、蔣雁行、張方嚴、張佐廷、秦懋叔、汪崇屏及筆者本人等十數人而已，先生於五月十五日離鞏縣，午後宿登封，次晨繼續南進，經臨汝、寶望、魯山、南召、博望，行程七日到南陽，駐前鎮守使署舊址。沿路各城鎮居民，多遷居山寨，似有避難情形，據鎮長報告，聞奉軍將至，恐被騷擾，故暫遷避山上。但，聞先生至，則不分老幼婦孺，均下山來迎。飲食之需，餽贈不絕。

先生部第九軍軍長于學忠，率所部分駐南陽、鄧縣、新野等處共六師。本部駐鄧縣，聞先生至率領各師長來謁，並舉行會議，決定最後目的為四川，先向鄂西移動，與川軍楊森將軍取聯繫，此時楊部駐宜昌，故第一步先到宜昌，于學忠回鄧縣待命。此時平漢線戰事爆發，奉軍與靳雲鶚師高汝桐部先接觸，戰事相當激烈。

初靳雲鶚之胞兄靳雲鵬在奉軍張作霖處作謀主，又與張係兒女親家，故張頗為信賴，靳有組閣希望，令其胞弟就範，聽張指揮，意想不到，靳雲鶚早已加入反張陣線。又突然先向奉軍開砲，其兄大窘，幾乎無地自容。一場翻雲復雨的大計畫，亦頓成泡影，在此戰役中，高汝桐師長陣亡，奉軍亦因損失過重，而造成頹勢。

## 南陽入川

六月十九日，先生離南陽到鄧縣，會合于學忠，決定進川之行期及路線，乃發覺于已投降，改稱安國章第廿軍軍長，先生初聞報尚不以為真有其事，至出發之日，于避不見，始信之。唯所部師長，受于欺騙，頗有怨言。先生出鄧縣卅里，據報前方有軍隊阻截，遂在一小村莊地名「田營」暫停，派探查明，係馬廷福、楊織雲兩師在前方築戰溝，未久，馬楊兩師長皆來謁見，報告奉軍長令挖戰壕，謂大帥已過去，後來任何軍隊，都不准過，適才得悉大帥尚未出發，恐有誤會，特來報告，這很顯然是于學忠不願隨先生赴四川的詭謀，以掩飾其背主作竊之醜行！他效法靳雲鶚在漢口之故事，逼先生下野，于某與先生同里追隨十餘年，由營長提升至軍長，待之不為不厚，素日依為心腹，臨事卻不如路人，可見知人之難。

吳見形勢有變，乃告于部暫駐原防待命，不必跟隨，是日宿「田營」，襄陽鎮守使張聯升（係吳舊部），派人來連絡，並商討渡襄河問題，決定在老河口與樊城之間「太平店」渡河，船隻及掩護部隊，由張負責部署，原來由田營去太平店兩條路線，如果經太山廟是大路。遠五里，經溝陵關近五里，乃決定走大路，衛隊旅第一團先出發，第二團隨本隊行動，後因各路皆平靜，本隊遂改走溝陵關，出發時秘書長張其鍠所乘之馬，忽狂跳不肯向前，張怒連鞭之乃就道，正午到溝陵關午餐後，地方耆老持紙求書，吳不忍拒，遂一一為之書寫，時在午後二點，南崗忽傳來斷續槍聲，時張其鍠不耐久等，同秘書處人員先行出發，吳恐有失，急催部隊前進，行約三里地名灰店鋪，果然發現驚人慘劇，張其鍠已遇難身死，部隊散開，遍地搜索，不見敵人踪跡，後經地方人報告，始知係樊忠秀匪部，誤以為商旅，欲行打劫財物，未及搜檢，大隊已到，乃呼嘯而去，先生見老友慘遭橫禍，撫屍大慟，命地方士紳代為購棺木成殮，浮厝關帝廟內，是日乃在附近村莊宿營。由於行軍命令前後不一，前衛部隊與本隊脫離，乃鑄成大錯，第二天中午到達太平店，第一團已先到，正調集船隻，午後第一團先渡過襄河，在對面掩護，第二團及本隊才上船，四面槍聲大起，乃馮玉祥部葛金城旅，奉馮令截擊，即張聯升口中所謂掩護部隊也。當時河中船隻，驟形慌亂。第一團已登陸，向東岸還擊，致使自已部隊亦無法站腳。敵人隱避樹林中或高粱田裡。尤無法對抗，約經一小時之紛擾，先生及夫人與隨從人員，均已上岸，計沉三隻船，死於水者百餘人，傷者十餘人，副秘書長張佐廷腿部受傷，不能行動，著地方人畀送樊城就醫，先生渡河後，步行十餘里，即行營宿，截擊部隊，亦未尾隨。是夜南漳縣長，率地方人士卅餘人，來營地歡迎，天明即出發，是日正逢吳夫人的誕辰，南漳各界，正準備慶祝，午後三時到南漳，先生下榻商會，晚飯後地方士紳求書者頗多，先生正忙於書寫時，縣長同民團司令，倉皇來報，刻有張道旅長率隊已將城東南兩面包圍，情勢危急，請先生速出城上山，遲則恐不能出城，勢將坐困於此，先生聞報，未作任何表示，依然筆不停揮，似無其事，縣長同士紳們，皆侷促不安，為大帥著急，先生書寫完了，對縣長說：你代表我告張道，我明天六點出發，他七點進城，對他的長官就說我沒從這條路上來就得了，說完不等縣長說話，便進臥室睡覺，時已九時半，參謀長蔣雁行同一般幕僚，會議了一番，除命令一、二兩團加緊防守外，別無他法，夜間走也是危險，何況先生說不走，誰也無法請他，縣長去了一夜無消息，天亮，先生洗過臉，商會預備點心，大家隨便吃點，先生便一聲令下說走，隊伍早就準備好了，一齊出了西門登山，半小時後，人都上山了，也沒聽見一聲槍響，張旅的兵，還在南門外未動，這很顯然的是，對一個沒有罪惡的人，不肯向他開槍，又誰能像張聯升那鬼東西，投降了敵人不算，必要對多年的老長官打他幾槍，才算夠味。

斯時，楊森將軍已退巴東，宜昌之行作罷，乃轉向保康，所走路線，沿著中山與白沙河間的一條小路，路上人家很少，無處可以找到給養，由南漳所帶，只夠一、二天用的，這條路走的時間較長，還要上山攀籐附葛，衣著盡被樹枝拖破，鞋子也沒了底，因為渡襄河的時候，衣服行李沒有上船，全部丟失，即是吳夫人，也連換腳的鞋都沒有，帶出來的三歲孩子，直喊餓，沒吃的，士兵找來土豆或花生，亦是最好的了，甘草根及樹皮，有時乃成為主要的食品，有一天走到一處地方，叫黃柏坪，地面稍微寬敞，有幾家人家，一個老道廟有點麵粉和綠豆，主人就全拿出來供客，成為幾天來最豐富的一次午餐，尚未吃完，護送我們的張道旅長，又跟上來了，槍聲又響起來了，可是沒有傷亡，山上下來一匹馬，舉著一面白旗，先生端著一碗綠豆湯，手裡拿著一張餅，由廟裡走出來，邊走邊吃，問來人是幹什麼的，來人便舉著一封信送過來，是張道所寫，大意是請先生不要走了，四面都已包圍，即刻交出隊伍，隨他到南京去，他絕對負責保護，如不聽勸告，後果無人負責。先生看完了信，蔣參謀長流著淚說：「咱們總算對得起國家，即或到南京，也不會有什麼危險，如此向外衝，必有大禍。」先生聽完，當時大怒，兩隻眼睛如冒出火來一般，用手推開蔣某說：「跟我走，我不知道什麼是大禍。」說罷即先向山路前進，留一小部分隊伍在後面掩護，那個送信來的人，如木鷄一般閃在一邊，看先生走後，才回去報告，一小時之後，在山腰稍停，俟後面部隊全部到達之後，又沿山路前進，當夜宿於山上，張旅也沒有襲擊，此次突圍，行列較為紊亂，吳夫人身體魁梧，走平路已夠困難，登山之難可想而知，他的使女秋桂，十七、八歲，最為忠實，雖然兩隻腳都起了泡，仍舊扶持夫人，孩子則由副官傳抱，有時跌倒了，在半山打幾個滾也不哭，六月行軍，本是苦事，宿於山上，罡風透骨，如沒有禦寒軍氈，就無法安寢，在山下宿營，又有蚊蟲，更是不能入睡，所幸追擊的人，夜間未能來打攪，脫離張旅之後，扶定向興山進發，途經歇馬河，是一個大鎮，南面靠山，北面臨河，必須渡河，才可到達鎮上，當時鎮上已有軍隊駐守，據地方人士報告，兵力約有一團，係由宜昌方向來的，這又是一個困擾的問題，先生照例不理，吃睡一切如常，吉人自有天相，第一天的情報，前面敵人已開走了，先生在尖兵的後面，一聲不響的前進，不到半小時，先頭部隊已渡河，果然未遇阻擋，安抵鎮上，鎮上似經過一番驚擾，才煮好的飯沒有人吃，許多軍需棄置滿地，最寶貴者為軍鞋，士兵收集起來，呈由長官分發。

說起來也真有趣，先生自南漳出發時，帶來民伕不少，他們聽說前面有兵阻擋，深怕一定要作戰，夜間先偷著過河了，而被守軍捉去，追問來歷，他們便繪聲繪影，把吳大帥的威風說的很大，說有三萬人，後面追來的軍隊，均被打退，而把守軍嚇跑了。

先生向不畏艱難，尤不怕危險，好容易有了給養，便在鎮上休息下來，駐了三天，忽有消息說：由興山方面有一旅人左右向此地前進，先頭部隊昨日下午已到馬良坪，先生的部下，無論大小官佐，從軍已久，都學會鎮靜工夫，但膽量則係天賦，偽裝只在表面，內心恐懼，仍然要流露出來，蔣參謀長對大家說：不要緊，不要亂走，聲音雖大，卻有些不正常，可見其內心之不安，最後始探明，使大家如釋重負，原來是楊森將軍雖已退入四川，但無時不關心先生行止，賀國權旅，乃是奉命在尖山一帶預作保護的準備。當夜賀旅長到鎮上來謁先生，並面致楊森將軍關懷之意，此後一切均由賀旅負責，生活遂行安適，過興山界嶺到巫山，於十六年七月十三日抵巴東，楊將軍率所部各師旅長迎於巫山，與先生及隨從人員一一握手，楊夫人更誠懇的招待吳夫人，情形至為熱烈，飯後即登艦駛白帝城。

## 白帝城至綏定

白帝城，距奉節十五里，城下有巨石矗立江中，名灩澦堆，所謂中流砥柱，即此石也，先生初到時，外國艦艇司令官，每過奉節必登山拜訪，尤以日本人為甚，並獻食品美酒，以資聯絡，日本對中國一向幸災樂禍，有隙可乘，必竭盡方法，以圖助長內亂，而先生一生最惡外人干預中國內政，對日人更深惡痛絕，故日人來訪，每涉及國事，定遭嚴拒，甚至有一次日艦長要求與先生合影，亦被婉拒，當時日本第一遣外艦隊司令荒城二郎少將，海軍駐滬特務機關長佐藤秀大佐來訪，願助以步槍十萬枝，機槍二千挺，砲五百門，彈藥若干，先生竟於危難時，毅然拒絕。

奉節是四川出入門戶，形跡顯露，各方來訪之人，亦日形複雜，久駐不便，嗣與楊子惠商議，經萬縣去大竹駐，地處偏僻，往來人少，外間蜚語，自然也少了。

楊子惠將軍為人坦誠，智慮深遠，尤重道義，當先生虎踞中原時，對楊依畀較深，此番先生失勢入川，楊不畏各方責難，曲盡愛護之道，殊值敬佩。

先生需費，承楊子惠按月致送，川北之劉存厚，成都之鄧錫候、田頌堯，亦各有餽贈。先生居川五年，生活極為安適。

先生對國家無罪孽，對個人無宿怨，即其心目中最不痛快之人，如馮玉祥者，亦未聞其對之有何不滿之言表。雖然他失勢穩遯四川，但他始終是安全的。

大竹縣原有駐軍，是鄧錫侯部師長羅澤洲所屬一旅，分駐縣內各村鎮，旅長熊裕章，駐節城內，羅本人駐渠縣，距大竹八十里。

先生到大竹，羅澤洲對之招待頗周，亦時有饋贈，賓主之間，極為融洽，惟羅為人頗狡詐，在四川師長中，最不講信義，楊子惠亦曾告於先生，此人不可接近，先生既到大竹，見其頗為恭順，又知其實力無幾，不足為害，僅對之略加戒備，但終於暴露了尾巴，某日拂曉，熊旅突然將先生之公館及衛兵包圍，聲言係奉中央命令，繳大帥的械，斯時風聲鶴唳，先生所部，異常激憤，決定突圍，先生聞之嚴令制止，並傳諭官兵，顧全大體，不准妄動，以我們係屬做客，合則留，不合則去，如有難決問題，子惠絕不袖手，必有合理處置，以羅部力量，怎能解除我們武裝，正群情鼎沸之際，羅派縣長來說明，只要先生能交出部分槍枝，他即可以敷衍中央，經過研商結果，先生允以步槍一百五十枝交羅，以為數月叨擾之報酬，羅聞報甚喜，熊旅撤回原地，並派參謀處長來致歉，一場尷尬局面，總算和平了事，先生夜間離大竹轉川北綏定，係屬劉存厚防區，翌日到達趙家場，劉已親自來迎，並商定以檀煙場為駐節之地，午飯後去該地，係一大鎮，人稠密，自先生住節之後，鎮上頓形繁榮，店鋪日有增加，鎮外小山環繞，先生喜弈棋，每於午睡後，即約二三耆老，至山上對弈，至晚飯時始各自回家，渡了一段優遊歲月。

# 吳玉帥遊川

楊森

曾統貔貅百萬兵，時衰蜀道苦長征。
疏狂竟誤英雄業，患難偏增伉儷情。
楚帳悲歌騅不逝，巫雲淒咽雁孤鳴。
匈奴未滅家何在，望斷秋風白帝城。
——吳佩孚入蜀詩

章君穀、李寰、畢澤宇三先生在《中外雜誌》談吳佩孚，都寫到我，不禁引起我對吳玉帥遊川往事的回憶，茲將曩日所記吳子玉先生遊川情形整理如下，以饗中外讀者。

民國十六年七月十四日清晨八時許，我在四川萬縣李家花園二十軍軍司令部辦公，突接本軍駐興山部隊賀國權旅長緊急電報稱：吳子玉（佩孚）先生偕少數侍從衛隊，已安抵馬良坪，職曾親往歇馬河面謁，渠欲求來川一遊，可否、請示辦法等情。我接電後，思維再四，以為若以敵我之義言，則應誘之成擒，以弋崇封厚賞。在我言，則以吳玉帥與我，有舊日袍澤關係，何能於其日暮途窮之時，不許其在青天白日之下，為一含哺鼓腹之民。遂決心一面派員歡迎，一面將其狼狽窘況電呈蔣總司令，陳明作東道主純出私誼，如有軌外行動，願向中央擔負完全責任。當即遣派第一師長白駒，及前四川財政廳長熊煜，星夜乘輪馳赴興山界嶺，代表歡迎，面達暫以白帝城作為行館之意，並令賀旅長嚴密護衛，不得稍有疏忽。

七月某日，我偕內子暨本軍師旅長及眷屬多人，由萬縣乘艦直駛巫山界嶺。此地為川鄂兩省邊界接壤處，據土人云：交界處草木各面向本省而生，界劃分明，政治區畫與天然景象，能巧配合，洵自然界奇觀。我與內子等一行歡迎男女人員，佇立迎候約一時許，吳玉帥暨張夫人乘肩輿到，我趨前向玉帥握手致敬，並敘離別之情。吳面容雖略帶風塵，而神采奕奕。內子亦與張夫人相見，備道沿途辛勞及招待不周之意，並各介紹歡迎者，一一向玉帥伉儷行禮。旋即就地進餐，餐畢，同登原艦，向白帝城進發。入瞿唐峽，峰迴水湍，碧落一線，風景優美，為三峽冠。遙望四川怪傑鮑超爵帥捐修以便利行人之崎道，皆沿山半鬬築，易羊腸鳥道為康莊大路，鬼斧神工，令人歎絕。我與玉帥同坐船舷，欣賞沿途景物並為說明峽中川漢鐵路預定修築之路線所在，及何以中道停頓之原因，均各嗟歎一簣功虧之可惜，正談話間，瞥見白鹽赤甲，已在目前，而浮沉江心砥柱中流之灩澦堆，亦巋然在望。

艦過灩澦堆，直駛白帝城，即下椗於此。我與內子陪同玉帥伉儷，直趨永安宮行館，並囑副官處，妥善招待隨員侍從。蜀中廣記云，水經曰：江水又東逕永安宮南。註云：劉先生終於此，〈諸葛亮〉受遺命處也。其間平地可二十里許，江水迴瀾，入峽所無，城周十餘里，背山面江。又云：白帝城，公孫述所築也。東觀漢記云：白帝城，舊名魚復，公孫述見白龍入井，以為應己之祥，改為白帝。白帝城名稱之由來，史地上可考見，大約如此。是夕余夫婦正式設讌為玉帥伉儷及其隨員畢澤宇等洗塵，暢談諸葛武侯吞吳滅魏竟成遺憾，蓋由天意，非緣人力。陳壽《三國志》〈諸葛亮〉傳謂武侯應變將略，非其所長，係以成敗論英雄，純出一人私意，非公評也，玉帥頻頷其首。斯時國民革命軍伐成功，國府已奠鼎金陵，吳公高風亮節，既不願屈居租界，寄人離下，又不屑憑藉國際勢力，滋長內亂。況天命有歸，人心望治，勝負已成定局，盈虛宜知消長。因以此意乘間婉陳吳公，當即通電各方及川中將領，告知來川係屬遊歷性質，優游林泉，不聞理亂，以表明心跡。我更將此誠悃，轉電中央，冀抒西顧之憂。所謂：明人不做暗事，顛沛仍謹大節，吳公有焉。由外傳一切謠琢，謂我掩護吳公，含有若何用心，事實勝於雄辯，遂即煙消雲散。久之，吳公又堅拒日本第一遣外司令荒城二郎少將及海軍駐滬特務機爵長佐藤秀大佐之款械接濟，消息傳徧中外，益知吳公早已倦飛知還，不復有東山再起之意，更昭然若揭。

白帝城距四川奉節縣治十五里，雖云只是歷史名蹟，而非政治上重心，然以地居全川咽喉，舊友故吏，時來探候起居，縱係全屬私情，終恐引起誤會。兼以中原新定，各方多謠，難免無事生非。吳公為貫徹不聞理亂息影林泉之決心，再三與我切商，願遷地為良，凝先往萬縣，盤桓短時，徜徉名勝後，前赴大竹隱遯。我以吳公態度，光明磊落，的是英雄本色，極表贊同。某月某日遂以專輪，恭迎吳公至萬縣，招待於西山公園附近之李氏別墅。其地後枕太白巖，為唐詩人李白讀書之所，曾有「大醉西巖一局棋」之句。前隣流杯池，為宋詩人黃庭堅與宋萬州太守魯有開修禊流杯雅集賦詩之地，並有魯直西山留題石刻，及漢壽易實甫賦詩鐫石諸名蹟，吳公居此，晨夕散步其間，詩興大發，與我前派駐洛陽代表劉泗英，秘書長楊裕昆，前四川省檢察廳長黃綬，及縣中名流劉貞安、譚以大、熊煜等唱和，吟詠甚多，附庸風雅之士，聞風興起，來請吳公贈詩及法書者，絡繹不絕。吳大帥之盛名，反被「吳秀才」之清望所掩。歐陽修所謂彼此一時，亦各因其勢而然，豈不信歟?!萬縣市，前在臨時執政府時，根據中英馬凱條約，已闢為萬縣商埠。時余兼任萬縣商埠總辦，開闢馬路，徧於全市。並築中山大橋於苧溪之上，以溝通城區及南津街兩岸交通，使其聯成一氣。另設公立國書館，講四庫全書珍本，及古今中外圖書數萬冊，庋置其中，以便瀏覽。並有商品陳列館、通俗講演所、慈善院、工人習藝所、市立醫院、北山公園、西山公園等各項建設，以壯市容。余於天朗氣清之時，間陪吳公偕劉泗英兄遊歷市區參觀各文化慈善機構，過南津街一帶，我指英艦科克捷夫威瑾於民國十五年九月五日，為浪沉民船，曾抗議，英方用炮艦政策，礮轟萬縣市區之創痕未修復者以示吳公。吳對我不畏強寇衛國保民之精神，深表讚許。行至鷄公嶺倒扳黃桷樹下，我即指荒塚一叢告知曰：此余發現朱德運動我十四師某營叛變槍斃官兵二十三人之叢葬場也。吳公盛讚余為反赤救國之英雄。我則深以當日未將朱匪一併駢戮，錯過機會，致貽後患為可惜。

吳公小住萬縣朱久，以其地綰轂八方，非退隱之人所宜久居，為避免塵囂，專心習靜，自以入山惟恐不深為好。一日渡江遊岑公洞，壁上鐫有陸放翁詩，有「水作珠簾月作鈎」之句。另有石碑，記載岑公名道願，江陵人，避隋代大業間征遼亂來萬縣，流寓於此。吳公睹碑，欣然曰：吾亦欲作嘯傲煙霞客，以步岑公之後塵耳，遂囑余為擇適當修養之所以居。細思本軍戍區濱江各縣，輪運頻繁，頗涉繁囂，隱非所宜。惟白駒師長所駐之大竹縣，地介川東川北交界，山水清嘉，林木蓊翳；堪供遊憩。兼白師長為余前派赴界嶺歡迎吳公之代表，與吳較為熟諳融洽，便於招待。於是遂囑白迎護吳公暫住大竹修養，本人供應招待費用外，並由吳公舊日友好之川軍將領，隨時饋贈冰炭敬禮，生活費用，尚不感缺乏。惜以當此前後二三年間，我的戍區，曾經過三次重大事件。一為國共破裂我奉蔣總司令命，率所部馳援武漢清黨，有仙桃鎮之役。一為本軍郭汝棟、吳行光諸部倒戈背叛，幾搖根本，幸獲危而復安。三為劉湘聯合有關各軍，壓迫下川東，囊括我的戍區。我正全力應變，鄧錫侯部將羅澤洲師長遂有乘間估繳吳公衛隊槍枝之事發生，吳公不得已於十七年移住劉存厚綏定戍區之檀木場玉皇山，旋遷河市壩大興寺，由劉氏盡其地主之禮。自後吳公在該地蟄居，優游歲月，賓主至為歡洽，民眾對之，亦優禮有加。

民國十九年，汪兆銘在北平召開擴大會議，馮玉祥陳兵豫陝，抗命中央。我曾迭電國民政府主席蔣公，請纓討逆。蒙蔣公先後在南京及隴海路前線柳河列車行營，召見本部駐京代表李寰，指示二十軍應由川出陝襲馮軍之背，以與隴海線上中央軍配合，使其腹背受敵，藉收夾擊之效。我正遵照指示，準備一切。適有人向中央建議，謂吳子玉與馮煥章宿怨甚深，彼此勢不兩立，各欲得而甘心。若中央能邀請子玉入京，備樞府討逆諮詢，既可以表示中央對昔日政敵，寬大優容，收化敵為友之效。亦可利用吳馮矛盾，以吳制馮。最高當局採納建議，一時盛傳吳子玉將與段芝泉先後晉都，受政府崇高之禮遇。未幾，段合肥遊白門，蔣主席且以師禮事之。一日，蒙藏委員會委員長馬福祥先生，在其香舖營私邸讌集四川各軍駐京代表，本部李代表寰，亦在被邀之列，馬氏即席語諸代表，謂孔部長祥熙云：極峯意欲延請吳子玉先生入京備顧問，希望川軍各將領，予以妥善之照料，使其易於成行，早日抵京。尤其切託李代表寰轉電楊子惠兄特加協助，因其與玉帥之關係不同尋常，故對之期望尤殷云云。當由李寰轉電告我；我亦據情轉電吳公，請其早日命駕，如有所需，當為盡力準備，並分電川中袍澤之與吳公有舊誼者，共籌合力促其實現之方。未幾，又接李寰電稱：蔣主席曾召讌寰及甫（劉湘）、積（劉存厚）、晉（鄧錫侯）、頌（田頌堯）各部代表於中山陵園官邸。即席指示：中央意欲延請吳玉先生來京，共策國是。曾以此情囑孔庸之（孔祥熙）、馬雲亭（馬福祥）、楊暢卿（楊永泰）轉達各同志，想已知悉。現我已派杜錫珪乘兵艦赴宜昌迎候吳先生，希各同志即電子惠、甫澄、積之、晉康、頌堯諸兄，就近妥為協助，俾早成行。更盼子惠特予以助力，促其迅速揚舲東下等語。我當即轉電綏定吳公，詢其首途確期，以便電覆蔣主席，及為準備一切。不知如何，吳公行抵萬縣境內，為劉湘部師長王陵基所阻，無法晉京應命，迄今耿耿。

駒光易逝，轉瞬已為民國二十年春，余之二十軍全部，已轉移至渠縣廣安一帶。廣安縣為我桑梓所在，特邀吳公由宜漢之下八廟啟節遊廣安，以敘離悰。五月三十日抵廣安縣城，我率部屬及地方紳耆名流郊迎，曾舉行小規模之茶話會表示迎歡。吳公簡單致詞，對地方一般市政建設及街市之清潔整齊，備致讚揚。且云：禮記說入其國其教可知，余於子惠領導之家鄉建設，突飛猛進，可以見之。午後遊廣安縣立中學，即前清紫金書院舊址，吾鄉聞人蒲殿俊、顧鼇、胡駿諸先生講學處也。其流風遺韻，父老侍遊者，為吳公面道頗詳。吳公云：顧巨六，是擁護洪憲皇帝有名人物六君子之一。蒲伯英，是辛亥革命四川保路同志會的領袖，曾任內務次長及北京市政公所督辦。胡葆蓀，則是盡力倡修川漢鐵路的發起人。連同子惠老弟，我俱與之有舊，貴縣真是人文鼎盛云云。語畢，吳公即在廣安縣立中學校歡迎會上，講演「教育之體用和禮教的功效」，強調三綱五常五倫八德對國家民族的重要性，聽眾至為感動。六月五日，又應廣安吳氏宗祠歡會講演，吳公即席演說指陳吳氏係泰伯後裔，為周天子宗親，其後夫差立國，世冑繫衍，代有達人。篷萊之吳，與四川之吳，同為姬周之胤，應本血統共同之誼，遠近合作，敦睦宗誼，以謀子孫教育之發達，於國家宗族有所貢獻云云。會畢聚餐，耋耄侍宴，縱談地方現情，盡歡而散。次日余偕胞弟懋修、傳三陪公往遊靜邊寺謁家父母墓廬，其地名鐵碑墳，堪輿家言，謂其脈真穴正，山水明秀。實則地為余弟懋修所自酌，並未詢及青囊術士也。吳公於疑龍葬經，亦有心得，言下對墓地亦頗首肯。翌晨，即抵余出生場鎮之鎮臺寺。寺為清初某法師所建，廟貌崔巍，氣象雄偉，不類一般蘭若。寺前樹立整石獅子二個，每個高近二丈，雕刻之精，設計之巧，為近代藝術家所不及。聞其開山得石，石質異乎尋常。運輸方法，則純用木棍尺寸攪動，與滑車拉捧，竭數月之力，始將其石料運至寺前，雕刻又費二年餘，蓋前後歷三四年而功竣。吳公睹此偉構，歎為鉅觀，所歷南北各省名剎，亦未見此奇跡，欽羨不已。下午參觀龍臺寺公立兩級小學校，校長曾開一小規模之運動會，歡迎吳公。男女學生表演各種競賽活動，不僅精神抖擻，動作活潑，且其秩序井然不紊，嚴守運動規章，皆非其他各處學校所能比擬。吳公大加稱道，向小學生說：你們要向鄉先進楊子惠先生酷嗜運動發皇事功的精神學習，自然有其前途。諸生一致鼓拿，我則赧然，遜謝不置。

次日由龍臺寺至蕭家溪之冲湘寺一遊，船抵渠縣，余部將領楊漢城、夏烱、楊幹才、羅潤德，參謀長朱璧彩、副官長向廷瑞，及縣中父老等數百人，皆鵠候江干，趨前分向吳公致敬，當承慰勉有加。旋赴金禪寺遊覽，山僧以素餚進，其品目為炸茴香菜、江米瓢藕、粉蒸荷葉豆腐、十景蓮子羹，烹調優美，技術與眾不同，吳公大加稱道說：余足跡徧南北東西，不意在此窮鄉僻壤中，有此口福，一飲一啄，莫非前定，信然。進餐畢，楊夏諸將領，多呈紙乞書，以作紀念。吳公為書岳武穆〈滿江紅〉詞及文信國〈正氣歌〉諸作，書畢，宿金禪寺中。翌日晨光熹微，我與諸將送別吳公於渠縣之八濛山。其地為三國時張桓侯敗張郃處，山中巖石，刻有「漢將軍飛大敗張郃於八濛立馬勒銘」數字，吳公佇觀甚久，始與余話別！偕隨行人員，取道順慶潼川赴成都。

# 吳佩孚得全晚節內幕談

星盧

山東省蓬萊縣的吳秀才，何以到了民國時代，會變成孚威上將軍吳佩孚（吳字子玉，晚年人稱吳二爺而不名）呢？

他的一生經過，既不似馮玉祥之有自傳，而其嗣子吳道時中將在其父身故後，所發訃聞，又只有哀啟而無行述，對於像吳氏這樣一位名震中外的大人物說來，似乎是一種身後的缺憾。究其原因，似有三點：

第一、沒有人能為他執筆撰行述，雖說寇英傑（曾任河南軍務善後督辦，與吳二爺是同鄉，又一樣是進過學的茂才）與吳的歷史關係，勉強可以為他撰述行狀，可是寇氏自認道德、文章、官階三者比起吳來都不夠資格，於是辭而不就。其夠份量的人亦避忌觀望，不敢動筆。

第二、行述總要誇說一點事功，而在當時卻要顧慮到日本人的觀感，有識之士，大都不願多事。

第三、如果鋪張過份了，又怕重慶方面起意外反感。

有此三因，所以除了北洋第三鎮的老軍以外，就不易推究吳二爺一生的詳細過程了。

## 既不親日、亦不反日

湘人陶菊隱，好執筆為內幕文章，迄今尚在大陸寫《北洋政治與軍閥》。記得他在一九三六年，曾在中華書局出版過一冊《吳佩孚傳》，說吳玉帥少年時代因染上鴉片嗜好，在家鄉不慊於嫂氏，憤而投筆從戎。初為測量隊員，曾與陳中孚氏，於日俄戰時，曾協助日本軍在西伯利亞一帶作諜報工作，後得日本方面授以中下級軍功獎章云云。如果有此事，日本對「日俄之戰」視為聖跡，當有檔案可查。筆者於民廿八年在北京時，曾以此事探詢過吳的周圍人物，均不明就裡。大陸沉淪前一年，陳中孚氏尚住澳門，偶來香港光顧筆者寒齋話舊，筆者不願向之勾起舊事，以防不歡。但曾婉轉勸他寫回憶錄，老先生唯唯否否，曾無下文。今陳氏已於四年前身歿日本，在筆者未獲可靠材料以前，這點只好存疑了。

吳氏在當權時期，是一位既不親日也不反日的人物。他所以不親日，是有他的環境條件與因素的。他在洛陽治軍的時際，與他同時的奉天張作霖幕中，若干位日本顧問，多是後來侵華大將，如：福田、本莊繁、土肥原賢二等等。這些人在他看來，都是小輩，他根本不大看得起，也就無從親近。至於早過他的皖系段祺瑞，如日本政友會早與安福系交好。坂西中將、小原以及後來歐戰參戰的西原借款等等，皖系都跑在他前面，他自不會拾此唾餘。他是反皖、反奉的野心者，他要自己頂天立地，絕不步人後塵，因此親日的勾當，他只有眼睜著讓奉系、皖系去幹。其間他幕中縱有一二個日本客卿出現，那是康有為與董康兩位「聖人」代為引上門的，如岡野增次等。

岡野在日本方面原是新聞界出身的人物，吳氏勉強地招留他們，那是鑒於當時日本朝野，盲目衝動，一點小事，往往大事鋪張，而其國策又跟目前共產黨的作風一樣，對我國人的情緒非常敏感。吳因為當時已有了點遠景和抱負，故和日本人多是虛與委蛇，留有餘地。外人不明就裡，便誤會他引用日本顧問，根本是看錯了。

按說吳氏既然不親日，就必然是反日的了。那倒也不盡然。這就是西洋人所以永遠弄不清中國文化精神之點。吳氏固不親日，卻從未以反日來博取國人的同情。

## 比彭玉麟、比史可法

自從民國十四年吳氏走下雞公山，到武漢查家墩東山再起，與奉張化敵為友，合作驅馮，以至汀泗橋喪師下野的一段史料，談者已多，筆者不欲重述，現在不妨跳過這段，直寫七七事變前後吳氏的處境。

卻說國民革命軍北伐成功，打倒軍閥。奉系的老張死了。小張（學良）換了旗。皖系呢？段祺瑞與孫總理之間總算有過合作，而那時皖系的武力已告消失。直系呢？那就慘了，直系軍閥，雖非吳佩孚所首創，但其衣砵則確是傳到他手裡才沒落了的。吳在洛陽練兵以及長江巡閱使時代，他是以清代的彭玉麟自況。到第一次直奉之戰發生，他在北京中南海懷仁堂點將發兵，簡直是楚漢相爭的韓信。

第二次直奉戰失敗後，他由秦皇島登上華甲兵艦，循海入江，當時的心情卻有點像宋末的文天祥。迨至下雞公山，再起漢皋，好比諸葛亮出隆中。而在汀泗橋損兵折將之後，他命令陳嘉謨與劉玉春死守武昌待援，其心情又彷彿史可法困在揚州。直到後來其部屬如靳雲鶚師老兵疲，連河南一省都守不穩時，吳簡直變為蜀漢的姜維了。急劫殘棋，從何收拾。縱有一個後起之秀如于孝侯（學忠）其人，歸附東北，保存了一線實力，而其他的人，一般說來，都是垮得夠慘了。此中原故，由於吳氏本人素以氣節自重，所用的人，大多泥土氣重，靈活不足。大樹既倒，就無法善後了。幸而當時四川軍人中，有很多受過他的幫助的，這時見他落魄窮途，義不容辭地予以照顧。以符合他過去所標榜的不出洋與不住租界的宗旨，總算還存幾分道義。而那時國府當局，為要應付新興軍閥，遂不惜與舊軍閥周旋，藉以揚湯止沸。於是反轉頭來，對段祺瑞敬以師禮，按月致送津貼；而對吳氏亦設法羈縻，優容寬假。直到後來蔣先生有意收川，吳氏乃避嫌北返，卜居北京什錦花園。雖說保留著六大處，依然過其「帥」癮，而不知他卻另有苦心。至其頻年流徙，歷盡艱辛，那自不在話下了。

## 暗殺事件、迭有發生

可是在中日糾紛中，自九一八瀋陽事件以至七七盧溝橋事件，這一段時期，華北卻連續地發生了幾起大暗殺案。先有張敬堯（前湖南督軍）被暗殺於北平東交民巷使館區內的六國飯店；繼有張宗昌（前山東督辦）被戕於濟南車站；又有孫傳芳（前東南五省聯軍總司令）被刺於天津佛教居士林。其中張（宗昌）孫（芳傳）兩案，是由過去兩個舊軍人遺屬出面，而以施劍翹的刺孫傳芳，赫然為一女性，轟動一時。其實呢，以上三人，當時亦確有與日方陰謀勾結的活動，迫使當局不得不加以鎮壓。查上開三個舊軍人，倒有兩個（張敬堯、孫傳芳）屬於吳氏的嫡系舊部。他倆的久蟄思動，吳在事前是絕對不曾預聞。及至事發之後，吳固不免有輕舉妄動作孽自受之嘆，而在私人情感上究不無毛羽凋零之痛。所幸那時北京的實力派宋明軒（哲元，第二十九軍軍長兼冀察政務委員長）倒能應付得面面俱到，日本人逼緊了，他回樂亭原籍住些時，由五人團的陳覺生等搪塞一下；事淡了，他又回到平津，敷衍一時。一直拖到不能再拖，七七變起，他支撐了半個月後，再將殘部撤向保定整補。至於吳氏本人在七七事變前之完全置身局外，那是任何人都不能加以否認的。七七事變既經發生後，華北政委會外交委員長陳中孚留在天津英租界倫敦道暫避凶焰，司法委員長章士釗派了馬岩青（麟）在京留守，自己南下去了。其餘亦皆全部撤走（包括王叔魯（克敏）、殷桐蓀等在內）。

## 冀東政府是四不像

獨有得到幾方面默契的偽冀東自治政府的殷奕儂（汝耕），卻鬧了不大不小的亂子。提起這位殷五爺，筆者且先予以介紹：他是浙江平陽人。其長兄殷鑄夫（汝驪）曾致力於浙江省議會。其三兄叔祥（汝熊），久仕司法界。汝耕本人留日學政經，在中國政壇上，其日本通的地位僅次於陳中孚、黃膺白、林長民等一流。當「一二八」淞滬事件時，上海市長吳鐵城延攬他和王長春、鈕傳鑄等為專員。其先，他曾在蔣先生的總司令部當過諜報課長，又曾在日本參加同盟會，而與軍統一向亦有關連，所以他的資格也算相當的老。「一二八」後，他到北方協助外交，得到日本方面坂垣一系的諒解，搞了一個不三不四的「冀東自治政府」在北京附近的通縣。這對中日雙方來說，原是作為「滿洲國」與平津間的緩衝地帶。在日方是冀圖暫止於此，小作休憩。在我方是免得面對敵人，不能打仗，不好看相。所以容忍著這四不像的東西，俾對國人和國際作個四不像的交待。

這一「自治政府」，麻雀雖小，五臟俱全。除民、財、教、建四處之外，還有冀東銀行以及保安總隊等。其保安總隊長張慶餘原是駐在天津唐山一帶的保安隊。自被殷拖了過去，倒也整理補充得像個樣子。殷本人有時從唐山坐火車到天津國民飯店玩玩舞女，有時又在通縣坐上汽車直開北京逛逛八大胡同。遇上天晚，到了西直門，他發聲喊，守城門的二十九軍部隊（宋哲元部）還得為他將城門啟閉一番。而在通縣的南城邊，二十九軍也照樣駐有一個營部。其間錯綜微妙，滑稽突鶻，真是聞所未聞。猶憶七七事變後兩天，通縣城外的二十九軍營部已經撤退，那位保安總隊長張慶餘正在好好地打著麻雀。於其賭興正濃之際，忽然心血來潮，想起反正起義來了。推開牌桌，一聲令下，殷汝耕立作階下之囚。保安隊的弟兄們，先搶冀東銀行的金條，後搶民間的衣服棉被，然後傳令收隊，帶好殷汝耕，向北京行進獻俘。不料走到城下，一看城牆上太陽旗招展，守城的已是日本兵，才把這預備好獻俘的殷汝耕釋放，一哄而散。而殷進了北京，到底是禍是福，自己也推詳不出，所以只好先避鋒頭，暫行匿跡。而其時北京的「新皇帝」，已不是與他有過諒解的坂垣，而是天津駐屯軍大使館武官喜多少將。他一時接觸不上，才讓王叔魯（克敏）得了日友坂本之助，拔了頭籌，當上了北京城內天字一號的傀儡，要是坂垣在北京的話，王三瞎子還真上不了台呢。

## 日人要請玉帥出山

可是王克敏也自有他的一套。他曾嚇唬北京維持會的冷遹這班人，自稱是通過宋子文而得到中央方面諒解的。維持會的人也就落得卸責，由他去搞。可憐的是坂本其人，天天陪了王克敏到東城南池子喜多公館叩見。有一天竟被隸屬馬漢三部下的地下行動工作同志，開槍向王克敏狙擊，坂本覆身救友，竟為王瞎子做了替死鬼。

王克敏的「華北臨時政府」招牌掛上之後，財政是他的熟門熟路。實業拉了王蔭泰、王原是民初金佛郎案子裡的中法銀行要角（東方匯理銀行）。司法拉了董綬經（康），其實董在華北司法界的影響力早已衰退，並不及朱博淵（深）、石志泉等之有實際份量。但吳二爺在洛陽時曾尊呼董為「聖人」，王之推重，只是出於偶像心理。這些人選，總算楚楚可觀。可是最重要的還是軍事首長。王的私心本想把吳二爺拉攏，可是他不敢出口。一則正邪不能並立；二則吳果被拖下水，以其聲威，王將反婆為媳，如何捨得。此時日本方面的華北派遣軍司令寺內壽一，轄下有個「軍特務部」，部長大迫通貞少將，年資已在預備役中，屬於土肥原一系。那時由大迫經手將保定、石家莊之間的李福和部隊予以收編，稱之為「皇協軍」，委派王金鈺為昌黎豐潤一帶七縣聯防區隊長。下面雖有了蝦兵蟹將，可是上面仍缺了一個渠魁。王克敏與喜多為此大費心機。旋由日方提出了胡毓坤，而王則覺得胡的「滿洲國」氣息太濃，未遽接受。幾經曲折，乃落到直系舊人，前江蘇督軍齊撫萬（燮元）身上，名稱是「華北臨時政府治安督辦」。這位齊督辦，飲水思源，不忘舊恩，自就任後，每星期總得跑上什錦花園三次，向吳玉帥請安請示，意圖勸進，取王瞎子而代之。可是吳佩孚的可貴處，就在愛惜羽毛，鄭重出處，決不輕易喪志。至於王克敏之自稱「臨時政府」，實亦有其用心，遠之是對重慶作緩衝餘地；近之也是對吳表示期待，虛大統以待真命。哪知這強人吳佩孚比形勢還強，他雖然陷身於這個複雜微妙的危險環境裡，依然我行我素，日本人固然絕不接見，中國人能見到的，有時也就難免於吳太太的鄉下婆子裝傻，乾脆逐客。齊燮元之不自量力，只如蜉蝣撼樹，何曾動到玉帥分毫。倒是日方看到前方的仗，已打到黃河中牟縣決口，台兒莊會戰大大不利。知道這局面決非王瞎子等一類文人所能擔當。於是土肥原賢二只好加緊他的政治手腕，將壓力加到張十三爺（燕卿，為張文襄公之洞的後人）與陳中孚二人的身上，務要把玉帥抬上寶座，以資號召。以上所說，僅是吳在七七以後的政治環境，以後要衍述到楊雲史的奉命西行。張、陳二人拉吳出山的一股政治暗流。其所引起之磨擦，卻促成「維新政府」與「汪政權」之兩敗俱傷。

當年想拉吳佩孚出山的人物之一是張燕卿，張為南皮相國張文襄公之洞的後人。在晚清諸名臣中，張之洞的子息要比李鴻章的多。現在因為要研討這位張十三爺的政治性格，乃不惜費點篇幅來研究一下張的先德一番。這也是中國人研究一個人的因果成就不可或缺的一格。

張之洞在晚清時代，是講求築路、開礦、郵電、通訊諸實務的。在他身後，朋友及幕賓中人都以「儒臣」稱許他。而他一生卻最怕別人以「書生」兩字稱之。據說八國聯軍之役，李鴻章與逃難西安的東西二太后通電報中，曾經說過一句「請勿聽張之洞書生之見。」張聞悉為之大恚，曾罵李說：「我是書生之見，他是（指李）老奸巨猾。」後來到了丁未年，張之洞與袁世凱同在軍機。這位未來的民國首任袁大總統，尚拾了李鴻章的一句牙慧，奉為至理名言，大言不慚的對當時的德國公使某說：「張中堂（指張之洞）是講學問的，我是不講學問的，我是講辦事的。」袁的幕府中人引為東翁的得意名言，可以傳誦於世。當時張之洞的幕友辜鴻銘聞之大怒，曾發牢騷地說：「誠然！要看所辦何事，如老媽子倒馬桶，固用不著學問，除倒馬桶之外，我不知天下有何事是無學問而辦得好的。」

## 張燕卿的幕後安排

至於張文襄公的這位文郎燕卿先生，他倒是個很明白政治現實性和深通權變的人。他早年雖然留學出洋，但在北洋政權時代，聲名並不突出。他承先人做過兩廣總督和兩湖總督的餘蔭，而他本人除在湖北方面之外，其他諸省，他都起不了什麼作用。一直到了偽「滿洲國」時代，據筆者記憶中，他好像是先就「實業部長」職，並非外交部。似乎在偽「滿洲國」的時期，他與我政府當局已經有了默契關係。及後張氏又由關外入京，居住於北京城內慶王府，掛了個「和平救國會」的招牌。府內擁有十一間會客廳，九色廚房，這種氣魄絕不是上海人眼裡的潘三省、耿績之之流的作風可以比擬於萬一的。更何況張十三爺這時來自「滿洲國」，他對於日本軍方的簑刈大將、本莊繁中將一班人的思想作風頗多心得。對於日本人當權者的心理，認識亦深。換句話說，張氏在中日戰爭時代對當時的日本式邏輯，在認識上似較陳中孚為精確。儘管那時土肥原對陳中孚個人很尊重，可是與張一比，張倒是實力派，陳則變了個不合實際的政治幻想家了。計張燕卿當時欲拉吳佩孚出山的一切安排如下：

一、掛五色旗（這是吳佩孚與日方都贊許的）。

二、將當年張雨帥（作霖）存在大連正金銀行的存款三千萬元解凍，撥交吳佩孚作為練兵三十萬的經費（這更是吳氏高興的）。

三、任用吳毓坤為主將，以便利與「滿洲國」及日本軍方及散處前線的西北軍間展開關係（這是吳氏不甚服貼之舉）。

四、吳氏開府的地點，初步為開封，第二步為武漢（吳氏對此，絕對不願）。

至於張氏在外交上，有「滿洲國」和關東軍的支持。在內政上那時的武漢已由柴山機關將何佩鎔與石氏兄弟捧上了台，張的機要秘書索樾平已將武漢與北京方面連繫上了。以上各點為張燕卿一派的計畫內容。

## 陳中孚與日方關係

至於另一擁吳的主要人物陳中孚又如何呢？陳氏為蘇州陳墓鎮人，留學日本甚早，加入同盟會亦早。論在國民黨的派系，屬於胡展堂（漢民）一面。陳對於日本朝野的關係，政友會一系自在題中。軍人方面，比較在海軍中多過陸軍方面。對滿鐵的關係則不多，而與關東軍的關係卻有一點。土肥原在當中佐的時代，就有一次專誠跑到廣州，擬有所自效。陳中孚那時任職外交處，可惜彼時當局著意聯俄容共，沒有睬他。陳氏一度做過市長，對於中樞當局，除某次在交代上有點款子手續未清，略有介蒂之外，絕不是一貫反蔣的。他對中日外交，亦確能以國家民族為重，不論其本身在朝在野，都多多少少地協助一番。

再說到當年中日外交的情形，更是雜亂無章、毫無步驟之可言，譬如在平津發生了事件，除了地方交涉、中央交涉之外，在上海或香港等地，又由在野方面接觸一番，把解決的方案擬了出來，往往也就成為當日解決的樞機。陳中孚等就是這一類的熱心人，不辭奔走，功成不居。

## 欲舉吳氏為大總統

當抗戰初起的那一兩年，留住於平津的陳中孚既要尊吳而暫時收拾大局，他也有他的一套抱負與方案，茲分條記述如次：

一、重國體存黨統：仍用青天白日滿地紅旗，進則可與西南容易合流，退則可使西南容易收拾。

二、舉吳佩孚為臨時大總統：至於總統產生的方法計有兩種：一是召集國民會議選舉，那時北京方面有繆丕承（斌）的「新民會」；天津方面有黎故總統時代的秘書處長徐理中辦的「東亞黎明會」；武漢與長江下游各地有日本人大西與現居日本的陳伯藩辦的「大民會」等。由地方選到中央，也就像一個國民會議了。另外還有一個選舉的終南捷徑（這是由一位以國會議員為終身職的某君條陳出來的），據說當年段祺瑞廢止舊約法，召集新國會，而那個舊國會算來還有幾十天的陽壽未滿，據調查當時尚有一百十餘人可以召集。這也是一個選舉總統的妙法（吳氏晚年已認清政治方式的重要，他是不願偷偷摸摸的隨便瞎來的）。

三、擁吳的實際力量：除華北的臨時政府之外，華中的「維新政府」，陳氏仍擁有三分之一的指揮力量。按「維新政府」本為陳氏一手擬出的方案，不料中途弄出了一個福建人王子惠，結果被搗得亂七八糟。尚幸維新政府成立前夕，華北軍方派了一架軍機勉強將陳錦濤、陳籙等十二人由北方運到南方。至於任亮林（援道）先生的綏靖部長，乃屬意外得之。

四、財政方面：那時王三瞎子（克敏）的聯合準備券尚在初創時期，要一百四十元兌舊法幣一百元。可是另外有一位聰明人當時想起了天津英租界當局，曾封存關餘截留銀四千萬兩，可以交涉取來。再加上冀東的金沙，復開造幣廠，恢復硬幣本位，也就可以應付了。

其時張、陳二人擁吳上台的安排與計畫，大體上既如上述，至於吳佩孚本人當時又是怎樣設想怎樣應付這一來勢呢？

## 出現兩個日本客人

話說那時重慶政府當局，在抗戰軍事逆轉之際，忽然想起了閒居北平的吳佩孚這著閒棋來了。一直到民國廿七年十二月初，才由孔祥熙氏挽出劉泗英，要他到北京去走一趟。這一舉措離開汪精衛的出走河內，不過早八天的事。可見重慶方面已接到情報，耽心吳氏之上台已有劍及履及之勢了。

事實上，吳佩孚在那位劉先生到北平之後，卻真的見過日本人。不過，在較早的一段期間，吳在座上客中，即使陳中孚、張燕卿、齊燮元等跑來見吳，亦不敢冒失地帶日本人前去訪問，誠恐鬧成賓主不歡的場面。土肥原偶然到北京，乖巧得很，亦不敢去麻煩吳大帥。除了有一次，一個日本軍中尉喝醉了，借酒裝瘋，要向吳大帥致敬，直闖吳氏寓邸，鬧過一點虛驚之外，吳氏並不曾受到過任何半真半假的日本人的威脅。一直到陳（中孚）、張（燕卿）、土（肥原）三方洽定之後，再經吳氏本人的首肯，才算見過兩個日本來客：一個是岡野增次，那是吳氏在洛陽時就認識了的朋友；另一個是加籐（即現任日本厚生省大臣）。他們二人之能往見吳大帥，是土肥原活動的結果，並且得到日本方面荒木的認可，用考察「滿洲國」衛生的名義，再商承簧刈大將一派的贊同，好不容易到了北京，見到吳佩孚，在吳說來是接見了朋友的朋友，在加籐來說是代表本國當局聽聽吳佩孚親口所述的意見。就陳、張二氏來說，已經活動到日本政府派出了初步的專使，談話形式，也不是十二分鬼頭鬼腦的保持高度祕密。

## 吳大帥的快人快語

日本來客是有所準備的。他們一開口，先談《金剛經》，這正是投其所好。吳將軍對於《金剛經》向有偏嗜，自然而然地頗有心得。雙方一談入港，由「皇道」「霸氣」引申到中日戰爭、中國前途、對蔣和平建議，因而順理成章地談到吳二爺的東山再起，與進一步的具體合作。大概古今中外的大英雄豪傑，都有同樣的脾胃，最好不要把救國濟世的大題目去拉他。如果拉上了他的話，就會說個不停。吳二爺當時是被拉上了，就將他個人的政治抱負直捷了當地全盤托出，作為對日外交方案。

吳氏首先說道：「請加籐先生告訴日本的朋友們，我吳某人是不肯離北京的。我吳某人在北京一天，這北京還算是我們中國的。我一離開，北京恐要變成不是中國的了。」加籐等對於吳氏的話，只有靜聽的分兒。

接著吳氏又說：「日本軍一定要從佔領區撤退，否則顯不出和平誠意，我吳某人也不好說話。」說到這裡，加籐等既不便點頭，也不敢搖頭。吳又接著說：「對重慶方面的談和，我自信夠資格和蔣總司令作為家務事，彼此商量解決。至於兵，我是要練的。我們中國的敵人不單是你們日本人，最要緊的還是老毛子俄國人。我們的中央政府，可以有日本顧問，地方政府絕對不可以有日本顧問。」說到這裡，吳大帥把嘴說順了，一時興起，把手在桌上一拍，正色說道：「東三省你們一定要還給我手裡，不然，我對中國的老百姓就沒有交待。」說完了，又打上一個大哈哈，大有旁若無人之概。對方在此情形之下，臉上不禁時青時紅，最後當然是灰無人色。原來日本人的對華外交，總是一貫天真，這次碰上了這位十足天真的酸秀才，也算是活該見鬼。第二天這些話就傳開了。北京的豐盛胡同、鐵獅子胡同、翠花街、輦兒胡同、大佛寺東街、無量大人胡同以及與吳有關或與吳無關的朋友家中，都拿來當作朝報廷寄來研究來談論了。

自從日本人與吳佩孚正式接觸之後，因為吳大帥的言所欲言，結果自然是不得要領，無法談攏，安排會晤的陳中孚卻被日本人加上了「顢頇」兩字的考語，弄得相當尷尬。那時候吳大帥倒想起了重慶方面曾由行政院長孔庸之出面派劉泗英冒險北來過一次，雖然吳氏的心跡與虛實已經大略讓重慶方面有所瞭解，可是此時已是事隔半年，中間經過汪精衛的出走河內，日本方面又加緊對吳氏做工作。所以吳氏認為在事實上與禮貌上都應當派一個代表赴重慶答聘一下，期能減少不必要的誤會。然而這個代表人選的條件相當困難：第一、必須為重慶方面認為此人足以代表吳某人；第二、此人又必須在重慶方面有點人事線索，始不致受人冷落；第三、此人的政客氣味不能太濃，若派出一位翻手為雲、覆手為雨的人，隨時準備出賣吳氏的立場而去換取一己功名富貴，如果碰上這類人，確實太危險、太值得考慮。

## 楊雲史賣硯奔重慶

經過吳佩孚再四思維，結果這個人選卻落到了楊雲史的身上。江東楊雲史可以說不是政客，最低限度他決不會出賣吳大帥，楊氏在民初那些年，詩名掩蓋了文名。當吳佩孚在漢口查家墩東山再起之際，他綰領幕府任秘書長。自從吳氏垮台，雲史蟄居故都，絕意仕途，只以吟風弄月派遣歲月。因為那時董康（吳佩孚曾譽之為「聖人」）已出任華北臨時政府的法制委員會委員長，雲史承董不棄，亦按月送了一份薪水，楊氏平日安貧樂道，倒也悠然自得。此時吳佩孚既選中了他，要請他出遠門，赴重慶一行，這一行動，確實非同小可。彼時間關萬里，道路阻塞，要從北平東繞西轉的奔往重慶，這一筆路費自然不在少數，吳佩孚雖窮，楊雲史更窮，根本無從籌措。當時董「聖人」雖居高位，但董氏只肯甘心情願花一萬七千銀元收購劉氏的《七姬權瘞志》薄薄的一本冊子，當作古董玩賞，而對楊的成行，連三個月的乾薪都不允發給。楊氏迫得將自已多年來最寶愛的一方「蕉葉白端硯」賣了五六百塊錢，湊集了路費，才勉強動程。到了重慶之後，除向政府當局轉達吳佩孚在北平的境遇及表明吳氏個人對重慶的心跡外，自然也獲得政府方面的一番撫慰，總算使重慶當局對吳氏暫時放下了一片心。因為彼時重慶方面正忙著要對付汪精衛出走以後的事宜，亦無暇多做對吳的工作，所以楊氏赴渝之行，並無突出事件，足資紀述。倒是日方對吳氏出山的努力，反而做得十分積極。

## 日本特務機關動態

按中國抗戰初期，日本方面因佔領的地區面積小，事情比較簡單易辦，軍事與特務機關也比較一元化。迨至進入抗戰中期，日方佔領的地方愈深入，面積亦愈大，至此日本人才知道中國的事並不簡單，而且相當難辦。從這時候起，日本軍方的派系無形中複雜起來，演成多角的形勢。當時所謂「皇軍」的敵人，不只是正面重慶國民政府的軍事力量，原來中國另有捉摸不清的許多力量。日本軍人中，正復不少對中國政治有興趣的，他們都想趁此時機，發展抱負，也各有其派系與背境，因此，日本當時在中國淪陷區各地除了正常的特務機關之外，遂憑空添了不少新鮮的名目，筆者且舉幾個例說明一下，才顯出吳佩孚那時的出山與不出山，其中秘奧，決非局外人所能看得清楚的，吳氏之不曾落水，可說是險而又險！

土肥原這三個字，大概讀者諸君對之不會陌生，他那時是對華活動的專家，凡日本軍力所到之處，「土機關」的「出張所」可以隨便設立。在汪政權五年中，一手提攜李士群的日人晴氣中佐，他在上海的名義與所負責任，實際就是「土機關」上海「出張所」主任（那時晴氣還只是炮兵少佐），關於擁吳出山的工作，晴氣負責華中方面的推動專責，並與華北軍特務部的大迫通貞少將直接連絡（按日本軍特務部的建制，抗戰初期是屬於寺內壽一大將，後來是杉山元。在華北方面另有一個「臼井機關」卻是屬於坂垣中將的系統，兼帶對山西閻百川方面做活動工作，後來因配合日本國策所謂的「曲線戰爭」，「臼井機關」又與中共泡上了）。除此以外，尚有若干特務機關分布各地，茲簡略記述如下：

「柴山機關」又名「蘭機關」，是在漢口方面獨立負責的，這一系的日方主腦人員，比較與張燕卿融洽一點，所以他們對吳佩孚的出山，曾做得十分努力。

「土橋部隊」又名「竹機關」，是在杭州、金華前線對付中國方面的第三戰區的。

「影佐機關」又名「梅機關」，是專心對付汪政權的。

「津田機關」又名「興亞院」，其主腦人物為津田靜枝海軍中將，他曾獲得日本海軍方面及外務省與參謀本部的聯合支持，其主要任務為收集中國的經濟和物資，且為日軍南進的支持者。津田則因陳中孚的關係，當時對吳佩孚是相當期許的，故對吳氏之出山，亦做得相當努力。再加上其他各城市的特務機關，如：徐州的「上西園機關」、蘇州的「櫻庭」、南通州的「濱本」、泰州的「南部」等等，雖然亂七八糟，搞得烏烟瘴氣，但彼此對吳佩孚的復起之舉，大家都有連絡。

## 勸進電報煞有介事

何況彼時淪陷區的善良老百姓們望治心切，真希望有一個過渡時期的臨時政府出現，只要吳大帥肯出山，在這種的情勢下，確實是最合時的時會，所以筆者敢說吳氏之不曾落水，真是險而又險。

記得汪精衛在抗戰之初，一時忘形，曾喊響了一句口號：「焦土抗戰。」所謂「焦土抗戰」，政府可以搬到重慶，銀行可以遷往四川，民族資本家的工廠也可以內移西南和西北，只有一樣東西汪先生沒有安排好，那就是佔全中國絕大多數的農民、商民與小地主，他們是無法配合政府要求的，除非可以揹了土地與祖宗墳墓逃難，才能活得下去，否則就只好接受命運的安排。雖然人人都希望抗戰早日勝利，不在日軍的刺刀下做「順民」，但勝利似乎還很遙遠，那麼，有政府總比無政府好，吳佩孚總比投機的漢奸好。當時吳氏在出山與否的考慮下，對於這一點的認識是有的，所以他與日本人會談的時候，絕不露出半點有與重慶方面為敵的意圖，始終以愛國的立場，堅持著與日本人合作的範圍。致使日方對他不敢造次。當時土肥原對吳氏出山為了要安排得更週到一點，曾逼著要陳中孚與張燕卿兩人製造民意以取悅吳氏。在民廿八年夏初，先由京津一帶的團體，推舉代表請願，做得似模似樣。另外又由陳中孚與張燕卿分別派遣幾批專人分頭南下，商請華中各地父老發電響應。派往浙江方面去的是當過福建財政廳長的費叔遷（毓楷）；派赴江蘇方面的是安福系國會議員陸冲鵬；派赴武漢方面的是索越平。經彼等南下奔走的結果，計：江蘇方面的電報是由韓國鈞（會任江蘇省長，蘇北鉅紳）、鄧邦述（鄧是一位太史公，而非江蘇人，但他與張一麐、李根源同是蘇州寓公，平時過從最密，那時張李二氏遠處西南，用鄧的名字是表示張李二氏的影子）、陳則民（陳那時已做了維新政府的江蘇省長，也算有了身分，可以附驥尾了）等具名發出的。浙江方面的電報是由呂公望、張暄初與汪瑞闓具名發出的，呂、張、汪三位，一個做過浙江都督，一個是浙軍老二師師長又做過浙江省長，一個是現任省長，以上幾位都是淪落在陷區的民國縉紳。至於其他方面，當然也有來電，因年代太久筆者已記憶不清，恕不多舉了。這一批向吳大帥勸進電報，當時在神神祕秘的活動下，似乎搞得煞有介事，但可說是真，也可說是假，因為在敵人的佔領區內，所謂自由意志這幾個字，確實不易捉摸，如果吳佩孚真的上了台、落下水，那就又當別論了。

## 王克敏向汪施悶攻

寫到這裡，必須掉轉筆頭，將另一方面汪精衛、周佛海當時的對日政治活動扼要說明一下，原來那時汪周準備著有三部曲：

第一步要與日本作一基本諒解；但第一步便行不通，因為「梅機關」始終做著「太上皇」。

第二步先要拆散在南京的「維新政府」才好還都，那時「維新政府」內部雖然沒有鬩墻之隙可乘，卻已經有點分化的趨勢，梁鴻志所同氣相求的是嚴家熾、朱履龢等一班文治派的人；陳群所聚集的一班人，如：張秉輝、鄧祖禹、陳光中等，則是比較接近國民政府的政治派的；任援道、高冠吾一班人則是軍事實力派；自經過周佛海、梅思平一番策劃，通過岑德廣的關係加以運用之後，陳群本是國民黨，算是老親結新親，很快就水到渠成；任援道統率著三萬部隊，形成「汪政府」還都的總鏢頭；最可憐還是梁鴻志一般人，只好反轉來仰承別人的鼻息，看人的眼色行事。就事論事，「汪政府」的遷都得以平安順利，岑德廣實居首功。後來岑氏的不據顯要，不與一般人爭競，那是岑的另有智慧之處。

第三步就要輪到對付華北政權了，當時汪精衛會透過日本人安排了一個所謂「青島會議」，華北政權首腦王克敏是以與汪氏對等的身分出席，梁鴻志算是列席與會。汪氏與王克敏一經談判，始發覺華北的局面並不如想像中的那麼簡單，華北臨時政府雖可以改為「華北政務委員會」的名稱，但是用人、行政、稅收等問題，談也不必談起。在表面上說是可以提解幾成稅收到南京中央，而事實上南京對華北有協助地方的義務，應解之款在應撥助的款項之下一扣，南京中央不但收不進，還要找點出去才夠數。

至於汪精衛在「青島會議」中為何自認吃虧甘願敗下陣來呢？這就不能不佩服王克敏那種老奸巨猾的手段了。原來王克敏與汪會談開始，先就自我訴苦，說這兩年來他本人是如何的惴惴自危，無論做得好做不好，難免提心品膽。據王說滿洲國進關，宣統皇帝回鑾北京城這一舉，已是日本關東軍隨時準備好了的，只要一聲令下，可以說幹就幹。王克敏說至此，卻向汪先生談起知心話來了。他告訴汪氏道：「以目前的局面而論，尚不致影響你汪先生上台，如果你汪先生的勢力一旦進入華北，到那時難免和日本關東軍引起直接磨擦，日本人一翻臉，什麼事都會做出來，到時南京的大局就不易撐持了。我何嘗想再幹下去，只是為了全局，不到適當時候，不敢隨便抽身，事實上今天我王克敏是『皮』，你汪先生還是『毛』，皮之不存，毛將安附？我想汪先生一定看得清楚明白的！」

王克敏雖然鼓其如簧之舌，向汪精衛說了一大套，汪氏只微笑靜聽，並不表示任何意見，王氏見勢不佳，結果唯有打出他手上最後的一張王牌，果然使得汪精衛為之動容。這張王牌是什麼呢？原來王克敏將陳中孚、張燕卿兩人在兩年中，如何擁吳佩孚出山的安排與計畫，向汪氏和盤托了出來，並老實不客氣的對汪說：「吳子玉一上台，他的對手是蔣先生，不是你汪先生，這還是羽毛不全的話，如果一旦羽毛豐滿，吳氏的為人與歷史，就不必多所分析了！」汪氏聽罷王克敏的這一席話，對王的態度竟完全變了。至此，汪才恍然大悟自己這次還都組府費盡心力，原來還留有這一大漏著，不曾填補。所以在那次「青島會議」上，汪氏惟有悶聲不響地吃下王克敏所送上的一顆苦果，而王克敏也就憑藉著這一記「悶攻」，居然使得汪精衛當堂認輸。

汪氏離開青島回南後，自此肝經火旺，脾氣大變，對吳佩孚總想來個釜底抽薪的辦法加以解決，乃由楊琪山、趙叔雍氏通過陶心如等的關係，邀得陳中孚南下，談談安天下的大計，最初的行情傳說是，汪想拉陳中孚任行政院長，這倒是很合陳氏一向崖岸自高的胃口，對於吳佩孚也算有了一個面子和交待；其實汪氏這一舉措，就算自己肯，汪夫人和汪周圍的人也不會肯，因此，汪陳一見面，只談監察院的人選問題，而避免接觸到汪自兼行政院長的問題了。中孚心裡的不高興自在意中，吳佩孚之不會南下與汪合作，此刻亦成定局。

## 交際草下毒成疑案

吳佩孚自經汪氏這麼疑神疑鬼的一鬧，對於出山問題，灰心更甚，幸好那時土肥原調到山西前線去任師團長，因久離戎馬生涯，再去帶兵打仗，卻弄得全軍覆沒。陳中孚呢？先前搞「維新政府」既遇上個王子惠；此刻捧吳佩孚又因與張燕卿兩不協調，致使陳張二人，彼此皆討不了好，就此息影津寓，不再活動；張燕卿呢？在勞神傷財之餘，又另起爐灶，掉轉頭來幫重慶組織方工作起來了。吳大帥所住的北平什錦花園，這面時倒清靜得如春水池塘，微波不漾。吳氏每日唸經、讀春秋；佩蘭夫人不過打打很小的麻將消遣。那時在什錦花園走動的女太太中，有一位外號交際草的某太太，年紀四十不到，人卻生得健碩高大，會哼幾句老旦，是女票友。因為那時在兵燹之餘，多數名門閨秀，都隨了家人津滬港川逃難去了。這時在北京城勉強活動一點的人，除了「小山東」吳素秋母女之外，連言慧珠、童芷苓亦不多回北京。新艷秋已嫁了個姓郤的翻譯隨往漢口去做戒烟局長太太去了。至於這位常往什錦花園吳寓走動的女太太，她的丈夫是湖南人，直魯軍南下之第一次，曾發表過江蘇緝私統領，但北伐軍興，北洋軍閥垮台，這位先生也一直不甚得意，抗戰初期曾在某新聞機構掛了個名義幫戴雨農工作得很努力，他太太留在北京，因與民初外號「棉花將軍」的談煥章很熟，故而到吳家也時常跑跑上房，陪吳太太打打小牌。這時候大部分人都很窮，而這位太太不知道被哪一方面收買了，某次竟與另一女客帶了一包毒藥進入什錦花園，吳寓預備從厨房點心裡下手要毒斃吳佩孚。到底她是客串性質，沒有受過紀律訓練，又沒有立場與認識，自己卻先心虛的嚇跑了。她這次下毒未成，卻令吳佩孚苦惱不堪，因為這究竟是日本人幹的呢？抑是重慶方面？還是南京方面？在當時的環境之下，太不容易揣斷了。大家只好不動聲色地靜觀其變。可是吳氏的肝火因此湧上，某次吃東西觸傷牙齦，痛上頭面，拔了兩隻大牙，竟引起發炎，那時還沒有盤尼西林這種特效藥，只有砵磺硫碇製劑可供注射，血中毒一深，就送了這一代強人的性命。

## 酸秀才不愧大豪傑

限於篇幅，筆者於紀實之餘，不欲另作論客式的綜結，惟對吳佩孚之生與死不得不略抒感想與概念，以完此殘篇。

按佩孚之初興，誠如薛觀瀾先生所說，吳某者一傻小子也。而民國以還之舉兵犯上，吳氏又是始作俑者，以後的馮玉祥、郭松齡都是學他的樣。再就內戰時代的得失而論，吳在衡陽回師撤防，予南方以喘息之機，死灰竟得復燃，攘南既未全其力，安北又難奏其功。以上所言，皆薛先生對吳氏之評騭，的是確論。

惟筆者對吳氏晚年之行徑及其死因，有不能已於言者：竊思有史以來，國變出忠臣義士，家變見節婦孝子。成仁殉節雖係一剎那間浩然之氣，但可遇而不可求。若身陷敵手，不屈於威武，相持相對既非一朝一夕，雖有可乘之機，而因不作輕諾，不願寡信，以求俯仰無愧乎友敵，生為酸秀才，死成大豪傑，吳佩孚之得全晚節，雖曰偶然，抑亦天之厚其人焉！後死如我儕，際茲離亂末世，承前有心，啟後無方，只能就一事一善努力宣導，聊盡小國民之心責云耳！

# 將軍與詩人——吳佩孚、楊雲史遇合悲歡

王培堯

## 軍閥戎幕一詩生禍

民國十年七月二十九日湘鄂戰爭爆發，吳佩孚派他的心腹大將蕭耀南、張福來等率部援鄂，而由孚威上將軍，直魯豫三省巡閱副使吳佩孚匹馬當先，親自督陣。一敗湘鄂聯軍於羊樓司、岳州，再敗三敗川軍於宜昌郊外。在七月下旬到九月下旬之間，名噪一時的江東才子楊雲史（圻），正因為寫了兩句：「白骨如山諸將貴，黃金滿地五丁愁」的詩，被忌妒他的人向江西督軍，北洋軍閥陳光遠檢舉，說他是在諷刺陳光遠的貪財好貨，窮兵黷武。當時楊雲史正在陳光遠的戎幕，被這位行伍出身，椎魯無文的陳督軍禮為上賓。陳光遠聽人說楊雲史居然不念賓主交歡，歷時半年的情份，還寫了詩來罵他，心中大為不快。他當時就把楊雲史給找來，問他這兩句詩是什意思麼？

楊雲史一看苗頭不對，就怕陳督軍一聲光火，遭了他的毒手。當下支吾其詞，應付敷衍過去。回到下處便寫了一封信，留呈陳光遠。說是方得山妻來函，有「園梅盛開，君胡不歸」之句，因而「不禁他鄉之感，復動思婦之情」，坦承他很想念他那位「綺年時有端麗之譽」的徐霞客（檀）夫人，請陳光遠准他辭職，恢復自由之身：「遂其山野，庶白雲在山，靚妝相對，此中歲月。亦足為歡，則將軍之賜也。」

陳光遠命他的秘書，把楊雲史這封留書講給他聽了，不禁啞然失笑的說道：「念書的人就是膽子小，就算他寫詩罵了俺，俺也沒怪罪他呀？他想老婆，要走。還是讓他走了吧。叫人拿一千塊錢，給他做盤纏，莫讓人說我虧待了他。」

可是楊雲史畢竟「福薄」，他沒得著陳光遠的這一筆儻來賞賜。陳光遠派人送一千塊大洋給他，那位副官到了楊雲史的住處，楊雲史早已「走之夭夭」，雙扉緊扃了。

楊雲史逃離江西督軍衙門所在地的南昌，他並沒有回家去和他的霞客夫人「靚妝相對」，反而溯江而西，過彭澤，越梁山，到漢口去閒住了一段時期。時在民國十年九月，湘鄂戰爭已告結束，然而相約會攻湖北督軍、北洋軍第二師師長王占元的川軍，卻姍姍來遲。猛撲宜昌，兩度均遭吳佩孚的北洋勁旅擊退。楊雲史泛舟作江漢遊，他曾在路上碰到戒嚴。因而有感於中，作了一首〈辛酉九月吳將軍與川軍戰於宜昌，江路戒嚴，有感舊遊〉的五言律詩，詩云：

潯陽風水急，渺渺感余情。
戰國難為策，高秋得用兵。
清笳山上發，江火雨中明。
寇盜頻年滿，西川事可驚。

有一位楊雲史的同年好友潘毓桂，跟直系軍閥巨擘、權勢絕倫，炙手可熱的蓬萊秀才吳佩孚也很熟。他到了宜昌，往吳佩孚的臨時行轅謁見。閒話之際談到了方始離開陳光遠戎幕的楊雲史。潘毓桂便出示楊雲史的這一首新作。當吳佩孚讀到：「寇盜頻年滿，西川事可驚」兩句時，不禁擊節欣賞，登時就說：「楊雲史是江東才子，名動公卿。你若能代我求賢，延他入幕。我必待之以上賓之禮。」

潘毓桂當下便慨然應允，他說：「這有何難？玉帥有意禮延雲史入幕。我願代表玉帥，專程走一趟漢口，以示玉帥對他的愛重。」

「好哇，」吳佩孚大喜過望，他迫不及待的說：「那麼，就麻煩你走一趟，我這就命人為你備船。」

## 孚威一生顛峯時期

潘毓桂順流東下抵達漢口，他找到了楊雲史，向他備述吳佩孚仰慕之殷，禮聘之誠，果然一拍即合。不日，楊雲史便收拾行篋，由潘毓桂相伴，買舟西上，直赴宜昌。途中，他又作了一首五絕，題曰：〈吳將軍自宜昌見招，遂西行〉，詩云：

長嘆從軍去，西來浩蕩行。
關山趨史跡，風雨入詩聲。
江色生燈火，秋光帶甲兵。
將軍如有意，第一是蒼生。

到了宜昌，和吳佩孚初次覿面，雙方都是慕名已久，相晤之下，備極綢繆。吳佩孚當晚置酒和楊雲史作長夜飲，一個是秀才當兵，歷盡艱辛危難而擁眾百萬，儼然北洋直系的萬里長城，擎天一柱。功勳彪炳，中外聞名。一個是自幼即有神童、才子之目，鄉試中過南元，詩文傳誦四海，輕裘緩帶的一代詩人。那夜紅燭高燒，娓娓傾談，將軍起了雅興，詩人也感染豪情。吳佩孚、楊雲史抵掌論天下大勢，楊雲史便說：「來時舟上，得詩一首，錄請玉帥斧正。」

吳佩孚嗬嗬的笑著說：「豈敢豈敢，正想拜讀。」

楊雲史便將上列的一首五律，雙手遞呈吳佩孚。吳佩孚接過去細細一看「將軍如有意，第一是蒼生」兩句，使他觸動心事。他自此向楊雲史高談濶論，暢述自己的平生抱負，愛國，救民，一般的是以天下蒼生為重。這使將軍與詩人的感情，更為接近。吳玉帥開始在以江東才子楊雲史為平生知已了。

由於對川軍樓船東下的戰事尚未結束，吳佩孚軍書旁午，尤須時赴前線督戰，他留楊雲史在宜昌軍次盤桓幾天，長日詩酒留連，大有不捨遽然分袂之勢。九月十二日川軍再度集結，猛攻宜昌，吳佩孚為楊雲史的安全著想，命衛隊護送他到漢口，期以戰勝川軍後，再踐武昌把晤之約。

川軍二次進犯宜昌，這一仗從九月十二日打到二十三日，整整的十一天，吳佩孚終將川軍擊敗。二十五日川軍退守南沱溪，實際上已無力發動攻勢，因而由劉湘出面向吳佩孚請和。

不久，吳佩孚命孫傳芳為長江上游總司令，代統王占元的北洋第二師，坐鎮宜昌。這便是孫遠馨（傳芳）出人頭地，從此青雲直上，當到東南五省總司令之始；吳佩孚既將宜昌方面布置妥當。

十月初，他回到漢口，和湖南省長趙恆惕，四川的川軍總司令劉湘，分別議和簽約，從此各守「疆土」，互不侵犯。

吳佩孚在北洋軍閥中雖然氣燄薰天，不可一世，但卻由於他一向標榜「不要地盤」主義。民國九年的直皖戰爭，他以迅雷不及掩耳之勢擊潰皖系兵多將廣，武器犀利的邊防軍，獲致大勝。當時直系領袖曹錕，跟奉系首領張作霖在天津舉行分贓會議，曾有意畀他以山東督軍，使吳佩孚衣錦榮歸而造福桑梓，然而吳佩孚卻斷然拒絕，他只願回洛陽去埋頭練兵。因為他早已料準了直、奉兩系勢將付之一戰，必須未雨綢繆，預為準備。這是吳佩孚在北洋軍閥中，總算能見微知著，洞燭機先，因而博得虛名的原因之所在。不過他在當了直魯豫三省巡閱副使後，始終是一個沒有地盤的北洋軍閥首要，自也形成了他有說不出口的另一層內心苦悶。

不料，天從人願，奇峰突起，從民國二年即已盤踞湖北的北洋第二師長，湖北督軍王占元，他是個比陳光遠之流尤為貪財好貨，不惜尅扣軍餉，一意徒飽私囊的北洋軍閥頭子。王占元本是袁世凱小站練兵時一名挑水伕子的出身，風雲際會，扶搖而上，居然貴為湖北一省的軍政首長。他大肆搜刮，不遺餘力。民國十年便因軍中欠餉引起了兵變，亂兵騷擾，武昌宜昌兩地廬舍為墟。蔣作賓、孔庚等軍界人士乃與川湘連橫、兵分兩路驅逐王占元，爆發了湘鄂戰爭。當時吳佩孚正在洛陽練兵，遂以援鄂之名率部大舉南下。便在他初度結識楊雲史，邀他入幕的當兒，迭敗鄂湘川軍，宰制武漢，取王占元而代之。他命部將蕭耀南為湖北督軍，愛將兼老把弟張福來屯兵岳州，旋即拜命兼領湘鄂巡閱使，進而與東三省巡閱使張作霖、直魯豫巡閱使曹錕分庭抗禮，一字並肩。不但取得天下之中，四戰之地的湖北及湖南一部為其地盤，而且逐漸使其勢力向長江以南著著進展。此所以說，楊雲史參與吳幕之時，正孚威上將軍事業發皇得意、處於顛峯狀態之期。

吳佩孚在武漢與川湘雙方議和，兼及部署防務時期，楊雲史也曾幾度應邀到吳佩孚的行轅小作盤桓。但是因為當時吳佩孚太忙，楊雲史也想趁這一個空檔，回家一趟，和他的愛妻徐霞客並肩賞梅，雙宿花間。因此他跟吳佩孚相約，決定回他的故鄉常熟過了年後，再到洛陽去參與吳佩孚的戎幕。

## 合肥相國長孫女婿

楊雲史美豐姿，負才名，風流倜儻，卓犖不群。他是江蘇常熟的名門望族之後，所以在十七歲那年，就娶了當朝一品，位極人臣的安徽合肥相國李鴻章的長孫女，也就是李鴻章長子遜清外務部左侍郎李經芳的長女公子。這位合肥相府孫小姐芳名國香，字道清，她在遜清光緒十八年（一八九二）下嫁楊雲史，當年芳齡二十，要比楊雲史大三歲。雖說是侯門之女，千金之軀，但是她嫁到楊家以後，不但毫無驕奢之氣，益且反能事上孝，與人恭，性節儉，御下寬。她曾是楊雲史少年時期的賢內助，甚至於親手為楊雲史補破袜子和爛衣服，而談笑晏如，絲毫不以為苦。

這位相府大小姐小時候唸過書，通文翰。嫁給了楊雲史後，見她的少年夫婿愛作詩詞，她便也找了本李後主詞來讀，又跟著她的才子丈夫學作詩。不過，楊雲史卻嫌她作的詩多半意境蕭索，彷彿有不祥之兆，所以禁止她多作。乃使李國香的興趣，改向填詞發展，她曾在八年之間填詞一十七闋，後來楊雲史還為她輯為《飲露詞》付梓。就附在他自己存世的唯一作品——《江山萬里樓詩集》兩卷之末問世。

楊雲史曾經直承他的李氏夫人詞填得並不好，「存之者存其人也」。不過這位李氏夫人係出名門，家學淵源，也是一位很風雅，很懂得生活情趣的女士。曾有一次，楊雲史夜飲回家，淋了一身的春雨，李國香親手為他更衣，然後，用纖纖玉手，剪去燭花，擲之於地；使室內大放光明，再擺好棋盤，邀楊雲史說：「當與君遣此無事之時。」

一局既罷，李國香便成了一闋〈菩薩蠻〉。詞曰：

博山香定纖絲直，薄妝閒坐西窗側，棋罷正思暝，畫屏春夜寒。
玉階苔蘚薄，花雨簾纖落，春恨自闌珊，梨花半不開。

又如婚後的第四年，光緒二十一年乙未（一八九五）初秋，小倆口子暢遊西湖，雙宿曲院。入夜月出清波，清露有聲，而湖中藕香，陣陣吹來。李國香喜而不寐，她推枕而起，即興填了如下的一闋〈菩薩蠻〉：

蓮塘夜靜蕭聲起，銀屏夢覺涼如水，玉臂捲湘簾，星河秋滿天。
悠悠今夜怨，只有鴛鴦見，清影不分明，巧雲移月行。

閨閣詩詞，能寫得這般清婉纖麗，也就算是很不容易的了。

楊雲史娶了侯門長女李國香為夫人，兩情綣繾，如魚得水。四年後，他中了秀才，上北京做了京官，當詹事府的主簿。詹事府是掌管東宮太子庶務的機關。主簿者，不過一名書記而已。才高八斗如楊雲史，當然不能以此為滿足，庚子那年（光緒二十六年，一九〇〇），楊雲史應順天鄉試，得了個第二名舉人，亦部俗所謂「南元」的。因為在滿清時代，科舉制度有一個尊北抑南的不合理規定：每屆鄉試，分成南北兩闈，而北闈的第一名舉人即稱之為「解元」。這個解元必須是直隸人氏。其他各省舉子即使文章冠於全場，也只能取作第二名，是為「南元」嘉名之由來。

高中南元後，楊雲史曾被派到禮部衙門做事，可是他不幹，因為他自有在當御史的爸爸，和一門貴顯的李鴻章父子為他刻意安排。於是他捐了個官，升任郵傳部郎中，旋即外放駐新加坡總領事。

然而，當楊雲史春風得意，科場成名之際，正是他中饋闕如，慘遭鼓盆之痛的當兒。李國香和楊雲史做了八年的恩愛夫妻，偏就在楊雲史一舉成名的當年年初，庚子正月，病逝北京，得年二十八歲。她給楊雲史生了宏祚、炎祚兩個兒子，和全蔭、重蔭、怡蔭、滿蔭四個女兒，其中全蔭和重蔭是雙胞胎。

李國香死後七個多月，庚子年的八月初四，楊雲史思念過切，曾在漫遊中州（河南）的旅次，夢見了李國香。醒後便作了兩首五律，備述人天永隔，音容已杳的憾恨。這是他對李國香僅有的兩首悼亡詩。詩云：

苦念竟償願，相看喜且悲，艱難容一見，辛苦欲何之？
況乃別離久，從今生死知，莫嗟真永訣，同穴可相期。

諗余憔悴苦，一至感君情，兒女經年大，干戈隔世驚。
寧辭見面死，不願斷腸生，心似滄溟水，波瀾不可平。

## 續絃夫人總督掌珠

既然是「兒女經年大，干戈隔世驚」，那麼，「寧辭見面死，不願斷腸生」，也就萬萬不可能了。此所以，楊雲史不久就告再娶，他的繼室夫人徐檀，小字霞客，是官拜護理漕運總督、廣東按察使徐文達的千金。徐霞客麗質天成，既美且慧，她的詩文做得很好，因而和楊雲史時有閨中夫妻唱和之作。徐霞客曾有一首寄夫婿的七絕，寫在喜聞楊雲史客中大病得愈之後，詩云：

遙知病骨梅風格，應更清詩雪肺肝；
半世不聞溫飽語，家書未敢勸加餐。

使楊雲史讀後，欣喜之餘，轉覺黯然。因此他便和了她一首：

洛南一雁拂寒雲，黃菜西風不可聞；
聊把自家如待客，添衣健飯為憐君。

徐霞客綺年玉貌，曾以其姿容之美，轟動京師，王妃貴婦，爭欲一睹，而且和她相處甚謹（所以楊雲史頗以兩夫妻的郎才女貌，銖鈿相稱而自豪，有過「顧影未除公子氣，娶妻難得美人名」這麼自負的詩句）。

楊雲史是在他二十七歲那年出國的，那是光緒三十四年戊申（一九〇八）秋天。他的元配丈人峯李經方當了出使英國大臣，便奏調楊雲史掌書記，旋即改任駐新加坡總領事，自此留在星洲供職。

楊雲史在星洲獨居，他很喜歡南溟風景之勝，物產之豐，當時橡膠事業發達，南洋華僑莫不爭植橡膠樹，開闢橡膠園。楊雲史近水樓臺，獲知橡膠獲利之鉅，不覺怦然心動，也想插手其間，賺一筆錢，來一改寒素家風。他在庚戌那年（宣統二年，一九一〇）請假回國，把家中的產業變賣，得了一千兩銀子，算算不夠，又向親戚朋友，籌借到一筆鉅額款項，便帶著他的霞客夫人，重返新加坡，租了一萬二千畝土地，組織了一個橡膠公司。從此胝手胼足，斬荊闢棘，深入人跡罕到的不毛之地，日與虎狼蛇蝮為伍，可以說是歷經艱危，九死一生，然後雇工種了橡膠樹十九萬株，佔地達三千餘畝。這一段華路藍褸的創業期間，歷時一年又半。他的霞客夫人曾相幫著他親主中饋，接待賓客；甚至常常親下庖厨，做些拿手好菜，以饗佳賓。所以楊雲史曾有詩云：

烏下吏人散，停享水木邊，夕陽閒洗馬，新月亂鳴蟬。
燒竈山中竹，煎茶屋後泉，殊方能健飯，調護覺妻賢。

這都是寫他們兩夫妻在南洋新加坡開闢草萊，努力奮國的寫實之作。

植膠有成，前程無量，辛亥那年（宣統三年，一九一一）滿清鼎革，民國新立，楊雲史正打算棄官從商，安享收獲。叵耐江東才子時運不濟，民國三年（一九一四）歐洲大戰爆發，橡膠價格直線下降。楊雲史所擁有的那一十九萬株橡膠樹雇工工資俱將超過收割後的售膠收入，迫不得已，他只好任由辛苦經營的橡膠園荒廢下去。三年後，又復成了原來的茂林豐草。這時候，楊雲史連地租錢都繳不上來了。一萬二千畝地，以至被星洲當局沒收。兩夫妻終至怏怏鎩羽回國，六年辛苦，落了個兩袖清風，血本無歸。

楊雲史南洋之旅，他曾經到過爪哇、安南、曼谷、緬甸、錫蘭，且曾兩度旅經臺灣。他在輪船上遙見臺南諸山，矗立海中，煙巒疊嶂，蒼然秀拔。他愴念鄭成功收復經營之功，與乎馬關條約割臺之慟，作有長達五百八十言的〈臺灣詩〉長歌。以及兩首〈曉過澎湖，舟中望臺灣諸山〉的五律兩首，詩云：

家山青不盡，故故送人行，東下慚嚴助，南遷異賈生。
海星秋更潔，島月曉猶明，指點煙中路，悠然去國情。
地已中原盡，山猶故國疑，荒雲如壞陣，孤島似殘棋。
天意今何世？詩人萬古悲，炎風限南北，帆影去遲遲。

經營橡膠業失敗，回國之後，不但家產蕩然，收入無著，還揹了一身的債。楊雲史家中人口眾多，日子當然很不好過。他賦了一陣子閒，純粹是為了生活問題，這才萬般無奈的入了江西督軍陳光遠的戎幕。不料竟因一詩生禍，險遭不測。因而黃夜逃出虎口，棲棲皇皇於江漢之間，只不過亟於另謀一枝之棲而已。亂世文人，遭遇何慘？楊雲史徒負才名，他的一生際遇，著實令人同情。

此所以吳佩孚一語相召，他立刻便專程趕赴宜昌前線。吳佩孚待之以國士之禮，詩酒飲宴，相處甚得，楊雲史當時真是感激涕零，他曾在從宜昌回漢口的時候，寫信告訴他的霞客夫人說：「三年擇婦而得君，十年擇主而得吳！」

那一股子歡忭雀躍，手舞足蹈的興奮之狀，真是飄然紙上。

## 開府江漢月照南樓

民國十年冬，楊雲史匆匆的回家打了一轉，和他的霞客夫人歡聚，「緣窗紅燭夜，風片雨絲閒」，「草堂差幸早，林下有朱顏」。「綠窗」、「林下」是指他們兩夫妻的臥室，周圍種了一十六株梅花，每屆花發，香溢帳幃。楊雲史為此曾有「繞床十六樹梅花」，洋洋得意，沾沾自喜的名句。

原先說好等到過了舊曆新年，再去洛陽使署報到，可是吳佩孚迭有電報來「促駕」，楊雲史只好依依不捨的別了霞客夫人上路。途中舟次，大雪紛飛，返照斂寒，他呵開凍筆，在定泊潯陽時，靈感忽來，「詩清得未有」，楊雲史振筆直書，寫下了對吳玉帥歌功頌德，把他捧上了三十三天的七律五首。中有「嵩高峻極聳雙峯，萬壑千谷盡附庸」、「伊洛澗瀍同入海，萬流雖細俱朝宗」、「裘帶風流玉壘開，東都形勝更群才」、「自古英雄嗟落日。至今父考說雲臺，平原千里烽煙淨，百戰功高且把杯」之類的絕佳詩句。他把吳佩孚的百戰功高，大名宇宙，又那麼樣的詩酒風流，蔚為天下物望之所歸，描寫得淋漓盡致，氣吞河嶽。復將吳佩孚的部屬，比擬為光武中興的雲臺二十八將。尤有「山走中原氣骨開，事業已隨形勢改」的句子，誠所謂善頌善禱，用盡氣力與工夫了。

普天之下，出則為將入則為相者流，能有幾個不愛戴高帽子的？此所以，吳孚威獲詩大喜，他再問楊雲史還有什麼近作？楊雲史便呈以他的那首閨中之樂圖五言律詩一首，詩云：

> 我憶山妻瘦，梅花伯仲間，綠窗紅燭夜，風片雨絲閒。
> 池月清如水，黃昏香滿山，草堂差幸早，林下有朱顏。

思家之念，活脫紙上，連吳佩孚也深感打電報催他早來洛陽，未免有點不近人情了。他正在高興頭上，便慨然的向楊雲史說：「過年的時候，你就再回去一趟吧。」

聽了這一聲吩咐，真是喜出望外，雀躍三百。因此，楊雲史到洛陽不久，便又回家鄉渡歲，寫下了壬戌（民國十一年）初春早起的名句：

> 早起添香供佛前，煎茶風定鳥窺煙，
> 定州花盎白如玉，坐看山妻種水仙。

在家裡有「山妻」朝夕相伴，閨中風光，無限旖旎。可是住不上一個月，又得走了。行前，楊雲史無可奈何的在賦詩安慰他的霞客夫人：

總是尋常事，還家意便親，梅枝寒帶雨，山色曉生春。
浩蕩從軍客，蒼茫亂世人，匈奴猶未滅，揮手莫霑巾。

壬戌三月初七，中華民國十一年陽曆四月二十一日，是吳佩孚的五十初度。壽誕之前，吳佩孚特地造了一幢繼光樓，專作接待四方賓客之用。他曾親筆寫了一副對聯，懸掛在繼光樓的楹上，聯曰：

得志當為天下雨；
論交須有古人風。

楊雲史又嘔心瀝血作了〈壬戌三月七日壽子玉巡帥〉五律六首，那第一首寫的便是：

開府臨江漢，旌旗下岳州，眾峯趨太室，一月照南樓。
談笑輕劉表，風塵揖馬周，功名非為己，未敢賀封侯。

儘管吳佩孚在壽誕之前，曾經先期懇詞辭賀，尤且下令三軍，不許輕離防地，赴洛陽祝壽。可是屆時各省督軍。政壇顯要，名流耆彥，文士騷客，仍然「不期而至，咸集洛陽」。其中最使吳佩孚高興的，便是梁啟超的老師，保皇黨領袖，當時仍然隱為士林領袖的南海康有為，寫了一副喻炙人口的壽聯，帶著他的門人徐良、梁用弧，在吳玉帥壽辰三日之前，就翩然來到洛陽，據他說是專為賀壽而來。

康有為贈書吳佩孚的那一副壽聯，可以說是民國以來名聯第一，詞曰：

牧野鷹揚，百歲功名才半紀，
洛陽虎視，八方風雨會中州。

康有為到賀，使吳佩孚喜之不勝，他曾連開七天一十四頓盛讌，頓頓尊康有為上坐，而自己則主座奉陪，從始到終，從未或缺。康有為健於談，他日日清詞雄辯，語驚四座。在那七天之內，但逢風清日朗，吳佩孚便親自陪同康有為，驅車出遊，他們將龍門、白馬、北邙、香山諸大名勝都遊覽過了。陰曆三月十日，康有為暢遊洛陽已歷六天，他執意要走，說他還想到開封去逛逛，只是吳佩孚猶在苦苦挽留，請他多躭留一日動身。

## 康有為驚才偏是仇

就在這一天晚上，康有為偶然翻閱楊雲史送給他的一卷〈北遊詩〉。一讀之下，不禁拍案驚奇，他告訴他的兩名門人說：「這真是詩史啊！」

如所周知，康有為斯人脾氣既古怪，架子又大得出奇。他到洛陽給吳佩孚祝壽，事前曾作聲明，決不接見俗客。吳佩孚為了對他表示尊重，早就吩咐過接待人員，嚴禁干謁求見。當時到洛陽賀壽者多達七百餘人，加上吳佩孚的文武部屬，各級幹部，震於康有為的赫赫大名，都想「一見顏色」，滿足他們的好奇心理。康有為卻始終不肯破例，唯獨到了陰曆三月十一日那一天，他主動的約見楊雲史，和他促膝長談，娓娓不倦。有所謂：「綿綿然如針芥之相投」，康有為和楊雲史談得十分投機，還親筆寫了四個大字送他，是為：「風流儒雅」。

長談中，還有一段趣話，那是楊雲史真誠坦白，他在告訴康有為說：「先時我不敢與先生作深談，是因為戊戌政變那年，先君和先生政見不合，彈劾先生，以至先生出亡。所以我未便貿然自薦。」

康有為聽後，十分訝異的問：「啊，尊大人的名諱是？」

楊雲史便詳為陳述他的先世，原來他的祖父楊汝孫，是一名歲貢生，候選訓導，和楊雲史的伯祖父諱沂孫、泗孫的昆仲齊名，有聲於世。道光年間，楊沂孫曾經當過安徽鳳陽知府，楊泗孫更是咸豐壬子科（咸豐二年，一八五二）以一甲第二人進士及第，也就是俗稱的榜眼，授翰林院編修，做官做到太常寺少卿，亦即主辦宗廟儀禮的副主官。楊雲史的父親楊崇伊，光緒庚辰年成進士（光緒六年，一八八〇），當過陝西漢中知府、陝安兵備道，少年時期楊雲史曾跟著他住在陝西任所。丁酉（光緒二十三年，一八九七）時楊崇伊調回北京出任御史，他是清廷守舊派擁慈禧太后的主要人物之一。戊戌（光緒二十四年，一八九八）康梁的保皇黨在北京百日維新，施行新政。當時保皇黨人往說袁世凱挾制直隸總督榮祿，和時在頤和園中的慈禧太后，被袁世凱向榮祿告密。北京城中一時謠琢四起，保皇黨人造謠指說慈禧即將廢立光緒，宮中太監則在茶樓酒店散佈流言，反謂光緒密謀傾害慈禧，而且將引外國人為助。士大夫深信不疑，口耳相傳，由御史楊崇伊、龐鴻書於八月初五密疏告變，請慈禧太后再度臨朝聽政，把大權從光緒手中奪回去。這個密疏係由楊、龐兩位御史悄悄的交給慶親王奕劻，請他轉送頤和園，而面呈慈禧太后的。

因此戊戌年八月初六一大早，光緒正循例上頤和園去給慈禧請安，沒想到慈禧早已由間道直鐵西直門，直趨入宮中，怒氣冲冲的來到光緒寢宮，將他桌上所有的奏章、奏疏，一古腦兒抱起來就走。等到光緒的車駕上頤和園撲了個空，倉皇的折回皇宮時，慈禧太后立即傳見，一見面，就怒氣冲天的責問：「我撫養你二十多年，如今你竟聽信小人的讒言，想要謀害我呀？」

當時光緒嚇得混身抖戰，他囁囁嚅嚅好半晌，方始掙扎出這麼一句：「親爸爸，兒……兒子沒這個意思。」

慈禧太后毫不客氣的啐了光緒皇帝一口，然後又高聲喝罵：「你這傻子，今兒沒了我，明兒個還會有你呀！」

罵過了便傳懿旨，推說光緒生病，無法日理萬機，自即日起由慈禧太后臨朝訓政。緊接著，便下詔收保皇黨人及其贊助者下獄嚴懲。可是慈禧心目中的罪魁禍首，康有為已經先一日走了。梁啟超也由日本人保護逃往東京，從此這兩師徒便成為天涯逋逃，回不了國的欽命要犯。康有為的弟弟康廣仁和譚嗣同、楊深秀、楊銳、林旭、劉光弟旋即處斬於北京菜市口，這便是戊戌之變的經過。六名維新烈士則被史家多為「六君子」。

楊雲史在康有為的跟前，說明瞭他就是當年保皇黨的死敵，奏參康梁以及所有維新人物，不惜將之一網打盡的御史楊崇伊之子。回言前塵，倒教康有為不免略現尷尬。他打了個哈哈，說是：「這些往事，如今已成過眼雲煙，不值一提了。何況當年尊大人和我們政見不同，各行其是，又何足加以介意呢？倒是閣下忠義之士，我卻不甘錯失於交臂，願在今朝，與君訂交。」

## 不羈之才．名動公卿

楊雲史聽他這麼說時，難免深感動，又很感激。他們暢談天下大勢，一直談到深夜時分。楊雲史曉得康有為一行，翌晨就要動身赴開封，看看為時已晏，他便起立告辭。康有為還難捨難分的執著他的手，一直送到門外，一面在跟他們門人徐良、梁用弧說：「雲史真國士也，他作的詩海內一人而已。我對他至愛至敬，也算是很有緣份的了。」

第二天早晨，楊雲史陪侍吳佩孚，在洛陽金谷園車站為康有為一行三人送行。康有為當著吳佩孚的面，緊緊握住楊雲史的手說：「我這一趟洛陽之遊，能夠和你訂交，真是不虛此行。望你善事孚威上將軍，早成勳業！」

吳佩孚深知康有為目空四海，睥睨群雄，他竟專程而來為自己賀壽，送了那麼一副頌揚得體，備極推崇的壽聯。又當眾表示如此愛重楊雲史的絕代才華，這都是十分難得可貴的事，對於孚威上將軍的聲威，江東才子楊雲史的才名，俱有莫大的助益。於是從此以後，他和楊雲史越來越顯得近乎。

楊雲史也在深感康有為愛他之真摯，與乎不以冤家仇敵為嫌的寬洪氣度。從此他對康有為傾心結納，佩服得五體投地。不過，他畢竟是一位詩人，在基本氣質上自難免多愁善感，他為康有為著想，慨然於他也是一個生不逢辰的傷心人。所以楊雲史在他的長歌〈寄南海先生〉一詩中，寫著有如下的沉痛詩句：

> 宇宙相逢盡一盃，風塵滿地此低徊，
> 希夷踪跡人間少，鄧禹功名馬上來。
> 一自流連成萬古，獨憐天地有奇才，
> 驅車金谷走相送，別有傷心別有哀。

這是長歌中的第二首，其餘寓意深遠，而在一吐積愫的句子，還有：「竭來百感都非是，不為傷春怨道窮。」、「北迴綠草夕陽紅，漢寢唐陵指顧中，別有銷魂說不得，相看無語兩沉雄。」，又如：「似聞東北一支離，更是西南戰伐時，滿眼風塵三萬里，更從何處著殘棋？」憂國憂時之念，沉鬱於字裡行間。其實，楊雲史和康有為，就政治思想而言，他們確是同道中人。而此道云何？又可以從他贈梁用弧、徐良的一詩中可見端倪。且錄原詩如次，括弧內均採楊雲史的原註，詩云：

〈贈梁傾侯（用弧）徐善伯（良）遊洛〉

花裡逢君百尺樓，百年此會獨風流，
晚來煮酒洛陽社，春雨茫茫話九州。
同侍先皇二十春，掉頭江海出風塵，
南州群彥如相問，莫道中原無故人。（余昔與傾侯同官戶部。）

吾道今何世？胡為河洛間？夕陽滿天地，且看洛陽山。
金谷雕輪動，春風柳接天，千門飛絮裡，猶憶故宮前。

「同侍先皇二十春……莫道中原無故人」，楊雲史已經說得很明白了。他和康有為、徐良、梁用弧，全都是暗奉滿清正朔，不以民國主宰自居的守舊保皇的愚忠之輩。楊雲史曾經彰明昭著的說過：「余少有不羈之譽，長負公卿之許。方二十一，以秀才為詹事府主簿，二十七為戶部郎中，舉孝廉，郵部奏調郎中，外部奏允英國南洋領事。迄辛亥遜國，棄職東歸，所謂宦者，如是而已。計弱冠從政，事德宗景皇帝（光緒）者十二年，事幼帝（宣統）者三年，閒居又十二年，以至於今，則蒼然將老矣。當少年時，亦嘗長揖王侯，馳騖聲譽，以求激昂青雲，致身謀國。迨乎哀詔晨下，謝表夕發，皓素登舟，涕泣歸國。長為百姓，瀟灑江海，蓋非拙也，不欲宦也已！自茲以往，無祿為養！」

這話不是昭然若揭，說得很明白了，楊雲史皇恩浩蕩，世代公卿，他在滿清統治之下一心只求激昂青雲，致身謀國。但當辛亥革命，民國締造，滿清皇帝宣告退位的「哀詔」早上頒布，楊雲史晚上就辭去新加坡總領事的職務，他為大清帝國戴孝，一路哭著回來，決心從此作一名浪跡天涯的老百姓。他不願再吃公事飯；做中華民國的官，「不欲宦也，無祿為養」，一片孤臣孽子之心，儼然直追餓死在首陽山上的伯夷與叔齊。民國以降，大家講究的是民主自由，士各有志，不能相強。身為中華民國的大國民，楊雲史卻還在違背潮流，一心忠於清室。和民國初年的那些滿清遺老，如康有為、鄭孝胥、陳夔龍一輩人物，並無二致。只不過，就年齡而言，康、鄭、陳謂之為遺老，楊雲史卻只能稱之為遺少而已。

## 天步艱難綱常慘澹

楊雲史的深沉悲哀，厥在於他矢志「無祿以養」，但是他時運不濟，在新加坡租了一萬二千畝地，種了十九萬株橡膠樹，他早該成為南洋富豪，擁資億萬，然而偏巧在收穫之期，碰上了第一次世界大戰，膠價急降而賠光了老本，使他負債纍纍，更遑論有「瀟灑江海」，作遺老、遺少，渡悠閒寓公生涯的本錢？楊雲史生不逢辰，於是常年憂患，幾乎無以贍養老母和妻子兒女。幸虧他的續絃夫人徐檀，字霞客，「曳紈綉而被明珠」，是出身大富大貴之家的名媛，但卻能憫楊雲史之志，布衣荊釵，洗卸鉛華，甘於跟他艱苦渡日而了無怨言。民國初年，楊雲史為衣食所迫，曾經再借點資本，做做生意買賣，想賺點錢來解決生活問題。然而以名公子、士大夫，一位高蹈絕俗的詩人，溷跡商場，博什一之利，其本身就足以使他痛苦萬分。讀書人恥於言錢而每每就被錢所扼，楊雲史做生意分明是外行，前後五年間，又被他蝕了上萬塊現大洋。錢沒賺到，反倒債臺高築，左支右絀，他那個大家庭，日子就越來越難過了。這就是他為什麼肯於到行伍出身，老粗督軍陳光遠的幕中，混一碗飯吃而險些惹上殺身之禍的緣故？論一生的境遇，內心的痛苦，楊雲史和杜少陵實在是相差無幾的。

所以，楊雲史之被吳佩孚延攬入幕，詩酒交讙，就楊雲史來說，無非感恩知己，因而以為得了個安身立命之所，他很希望吳佩孚能成為「人中之龍」，建立不朽的勳業，但他所期望於吳佩孚者，則不過請他以天下蒼生為重而已。在他的內心之中，他和吳佩孚僅有私誼，而這種私誼是不能與滿清故君之恩所可比擬的，因此，他始終認為和遜清廢帝有君臣之份，他永遠忠於清室，對吳佩孚，充其量他只能做到一個「義」字。

最有力的證據，是在民國十一年的五月十二日，在北京故宮裡的溥儀廢皇帝，突如其來的下了一道於法無據，於理不合，但卻大有人情味的諭旨：「開復楊雲史父親原官」，七月十二日，又御筆書頒「含謨吐忠」的匾額，追賜故御史大夫楊崇伊。原來，楊崇伊在光緒朝中，當了多年的御史，他在戊戌政變之後，猶仍不斷的抨擊權貴，直聲振天下，一時有笑比河清之目。光緒三十四年戊申（一九〇八），他因為所開罪的當朝權貴太多了，便有時任江蘇布政使的旗人瑞澂，參奏了他一本，誣指楊崇伊干預地方細故。軍機處獲奏，也有人說：「細故不得入罪上聞」，打算留中不發，不了了之。可是瑞澂存心要把楊崇伊扳倒，他一日三電，頻頻催促。慶親王奕劻更以去就力爭，清廷終將楊崇伊罷官了事。後來張之洞、端方仗義直言，為楊崇伊辯誣，請求開復原官，可是慈禧、光緒相繼病故，不久楊崇伊也死了。楊雲史丁憂三年期滿，正想為他的父親申冤，請求昭雪，時值辛亥首義，不旋踵清室遜位，楊崇伊的冤抑也就無從洗刷。詎料事隔十一年，溥儀居然頒下開復楊崇伊原官的旨意來，真教楊雲史感恩涕零，興奮莫名，他曾為此寫了五首〈紀恩詩〉，一以叩謝龍恩，一以表明他的滿腔忠藎。其中有兩首詩寫的是：

天步艱難日，綱常慘澹時，死前臣淚盡，身後帝心知。
一字褒忠定，他生報國遲，十年垂涕道，不為感恩私。

又如

臣幸未從賊，飄零十一春，傷哉天下事，不見讀書人。
舉國尊邪說，先朝有直臣，眼中家國在，只是失君親。

由後一首詩看，可知楊雲史一心只有清室，他確是全無國家民族意識的一位遜清遺少了。

自楊雲史入於吳佩孚的幕府，吳佩孚畢竟是秀才出身，知書能文，極喜附庸風雅，愛寫並不見得高明的詩，畫大幅的梅竹，他決非椎魯無文的陳光遠可比。因此，他頗能善待楊雲史。他曾邀同楊雲史遍遊洛陽附近的名勝古蹟，如洛陽城南十五里，古柏青蒼、花草沒脛的關壯繆（羽）墓，水綠風和，幽鳥滿山的洛水，以及洛陽西北十里，北迴山之陽的晉代石崇遺跡金谷園，都曾留下了傳誦久遠的詩篇，據楊雲史說：「洛陽西北十里，北邙之陽，平疇麥隴間有村落焉，繞村數里，是名金谷園。考縣志園在金水，距此五十里，未知孰是？」不過，據筆者查明統志所載：「園在府城西十三里。」那麼楊雲史陪侍吳佩孚所漫遊之地，多半就是金谷園的原址了。

## 吳佩孚說綠珠故事

金谷園是洛陽的一大勝跡，曾是晉代做過荊州刺史，遷衛尉，富甲天下，以奢靡相尚的石崇所建的一所別墅。石崇自己形容金谷園的壯麗，有云：「清泉茂樹，眾果竹柏，藥物備具，又有水碓魚池。」其實，金谷園之足以流傳千古者，還在於園中的清涼臺，那兒便是石崇的美妾綠珠墜樓自殺之處。綠珠姓梁，既美而慧，善吹笛，石崇聞其艷名，想娶她為妾。綠珠的母親想難他一難，便索取明珠三斛，作為聘金。不料石崇毫無吝色，立刻量珠將此絕代佳人聘去，遂成千古佳話。

吳佩孚曾與楊雲史數度漫步金谷園，從容為他細說金谷園的故事。歷史上謂石崇係因使人航海而致富，可是吳佩孚卻說：「我考證石崇是騙取了江洋大盜的財物以後，把強盜殺了滅口因而發大財的，所以石崇後來才會由於聲色而遭了殺身之禍。還有人言之鑿鑿的說，綠珠就是那個強盜的後身，從而可見這因果報應，那是絲毫不爽的。」

楊雲史後來作〈金谷園〉長歌，備述綠珠的事蹟。據他說綠珠被石崇量珠聘去後，極獲石崇的寵愛，可是自從晉武帝司馬炎崩後，五王亂國，晉惠帝元康元年（二九一）趙王司馬倫和孫秀入洛陽，盜國柄，司馬倫自為相，孫秀則為中書。他耳聞綠珠貌若天仙，便命人去向石崇討來。當時石崇正在金谷園中，由姬妾陪侍，在清涼臺上俯瞰清流。孫秀的使者來索綠珠時，他也曾盡出美姬數十人，請使者挑選一位以報孫秀。可是使者說孫秀只求綠珠，石崇便道：「綠珠我所愛，不可得也。」

使者還報孫秀，孫秀因而大怒，他誣指石崇和他的外甥歐陽建、潘岳，擁淮南王「作亂」，矯晉惠帝詔派武士往補石崇等人。當時石崇正在清涼臺上飲宴，綠珠聞訊，便跳樓自殺。石崇、歐陽建、潘岳等都遭了滿門抄斬的慘禍。楊雲史以長歌記這一段歷史上著名的故事，他曾感慨萬千的說：「孫秀使收崇，崇嘆曰：『奴者利我財耳。』收者曰：『知財為禍，何不早散之？』崇無言，遂族誅之。嗟乎！高臺愛妾，今也則多。前事之不臧，後人之師也。」

這便是他作〈金谷園〉長歌的題旨之所在。〈金谷園〉長歌，無疑是楊雲史平生最重要的作品之一。

吳佩孚和楊雲史所憑弔的金谷園舊址，當時已被闢為大校場，是吳佩孚閱兵觀操的所在了。築臺閱武，建壕壘壇，於是帳捲山明，旗翻草暗，笙歌故墟，一變而為刁斗森嚴。曾有一次，吳佩孚邀楊雲史觀操，傍晚歸來，楊雲史曾口占一絕，以紀其盛，詩云：

草綠轅門動綉旗，將軍新令教魚麗，
一聲畫角青山晚，萬馬歸營鳥不知。

孚威上將軍得了楊雲史，靈感泉湧，詩興大發，歷年統率師干，南征北討之餘，形容於他性格的另一面，風流溫藉，舞文弄墨的雅興隨之而生。他在洛陽西宮行轅，種了兩千株牡丹，嫣紅姹紫，雲蒸霞蔚，使得庭無餘隙，香聞十里。洛陽牡丹甲天下，吳玉帥對他所植的這些奇花異卉鍾愛極了，不論牡丹含苞、半綻，全放、盛開，或者是暮春、夏初、曉露、月夜、午晴、細雨、風中，每一時節各有牡丹的千百妍態，他總是邀來江東才子楊雲史，陪著自己細細把玩，逐一品評，他和楊雲史都留下了不少詠牡丹的詩句。

除了陪同吳佩孚賞花、吟詩、飲宴、暢談詩文與歷代掌故，楊雲史在吳佩孚幕中的唯一職責，是為主編吳佩孚所部大軍的逐年戰績戰史，此所以《江山萬里樓詩集》中有：「畫閣春星露滿空，牡丹如斗月如弓，高窗大几燒紅燭，細與英雄紀戰功」之句。可見得楊雲史對他的工作環境，和所從事的工作，都是相當滿意的。而外間所傳楊雲史膺聘為吳佩孚的機要處長、秘書處長，又有什麼參與密勿，言聽計從之類的說法，完全是推測想像之詞。吳佩孚開府洛陽時有所謂八大處，幾等於小型的內閣，從政治、軍事、外交以至於電訊、園林，他都擁有大量的專門人才，自無須楊雲史為他畫一策，而楊雲史又是性情中人，讀書種子，凡此軍國大計亦非其所長，所以楊雲史當時可說是游於吳孚威之幕，也可以說是隱於吳孚威之幕，他依然是一位高蹈絕俗的名士。

## 楊雲史的畢生傑作

不過，兩次直奉大戰，他都躬逢其盛，跟著總司令部的盛大幕僚，隨從隊中同進止。所不同於眾人的，是楊雲史無須備諮詢，建策出力，吳佩孚只要用他的一支筆，發為詩文，記述孚威上將軍的赫赫戰功。當一次直奉大戰吳佩孚以一師二旅，大破張作霖的八萬養精蓄銳之師，兩軍交綏，前後僅只四日而勝負立判，從此吳佩孚有「長勝將軍」之稱。楊雲史真是興奮萬狀，夜不興寐，他曾有多首寫戰場實景之作，對於直軍的士氣，大收鼓舞之效。及至戰事結束，直勝奉敗，楊雲史又對吳佩孚的用兵如神，衷心讚佩的說：「……初外人多觀戰，以奉軍眾且強，隱為公（指吳佩孚）憂，以問公，公期以七日，咸未敢信。及戰勝，期僅四日耳，則皆驚服，謂拿破崙用兵無此神速，稱公為長勝將軍，公所至，商民爭犒軍，酒食山積，夾道縱觀，爭欲見顏色，戰勝之威，從軍之樂，我知之矣！」

將軍百戰功，於是化為詩人的不朽名句，楊雲史記吳佩孚之大敗奉軍，曾有詩云：

夜半東風起，軍中萬馬鳴，用兵不在眾，捲甲及平明。
百戰增詩力，三邊破竹聲，胡天飛鳥絕，不敢近長城。

像這樣的好詩，即令在將近半世紀後的今天來讀，也是絕佳的戰鬪文學。

不幸的是，楊雲史好運不長，而「長勝將軍」吳佩孚，竟在榮膺「長勝將軍」之名的兩年以後，正在「百歲功名才半紀」，如日中天，然而他卻再打一仗，竟因馮玉祥的臨陣倒戈，慘遭敗績。他多年來一手訓練的勁旅，居然全軍盡墨。這固然是一世之雄如吳佩孚者的最大挫折，同時也使始終參與斯役的楊雲史：「侍從帷幄歷有年所，久安從軍之樂，數被戰勝之榮，今乃於千載不偶之事，天崩地坼，目擊而躬逢之。」所以他「傷正義之不伸，慨天心之助長，慟尊親之憂辱，哀綱紀之淪亡」，而在目眥髮指，驚痛惋惜之餘，痛定紀痛，寫下了他畢生的傑作：〈榆關紀痛詩〉十首，使康有為譽他為「詩史」的美譽，為舉世所公認。

〈榆關紀痛詩〉十首，係楊雲史在吳孚威兵敗山海關，自天津塘沽口乘桴於海，鼓輪南下，而於陰曆十月二十四日，畢一日之力，作於黃海舟次。原詩附有長序，根據他隨侍吳佩孚左右，所親眼目睹的種種內幕秘聞，因此又頗富有史料價值，而為若干年來，紀當年史實所未予採用的，特加以語譯，詳列於次，括弧內則為筆者所附註。

楊雲史首記二次直奉大戰之起，係因浙江督軍盧永祥（北洋皖系碩果僅存的一位督軍）在江浙戰爭中，被江蘇督軍齊燮元（直系）所擊敗，盧永祥逃往日本，於是遣使向奉天張作霖求援，張作霖自一次直奉大戰敗於吳佩孚後，三年以來，整軍經武，埋頭訓練，正要報那三年前的一箭之仇。盧永祥的求援剛好畀予他可乘之機，所以他在十三年八月，興兵十二萬，開始進犯直軍的第一道防線——山海關。

山海關守將彭壽莘（第十五師師長，有兵一萬），急起迎戰，雙方互有勝負。旋吳佩孚奉命督師，任討伐總司令，並以直魯豫巡閱副使王承斌為副總司令。八月十九日（陽曆九月十七日）吳佩孚親率所部第三師的一個旅，抵達北京，設立討逆軍總司令部於四照堂，各省督軍（北洋軍閥首要）紛至畢集，表示願聽吳佩孚的驅使，會師榆關（山海關）。吳佩孚乃以十天的時間，編定正軍十路，援軍十路，準備迎敵。（直軍部署及戰事經過，金佛郎案風波，馮玉祥倒戈均見章君穀先生之〈吳佩孚榆關喪師記〉一文，此處不再贅述。）

楊雲史的傑作〈榆關紀痛史〉原文如次：

六合軍需動，安危仗令公，長驅二十萬，鼓角下遼東。
不以兵車力，何由衽席功，執鞭非吾願，長揖事英雄。

第一首，是說古今萬國，無不以武力而能底定，所謂：「以殺止殺」，那是覓致和平的唯一途徑。一國的安危，因而就只有靠吳孚威的「長驅二十萬眾，鼓角直下遼東」了。不過，楊雲史又說他只是一介書生，揚鞭執轡，並非他之所願，用兵遼東，他唯有長揖而事英雄而已。

傳營七百里，一夜下遼陽，鴻雁來明月，關山入大荒。
用兵非得已，決策莫能當，指顧諸軍合，轅門萬馬行。

這第二首，寫吳佩孚親領勁旅，自當銳敵，在山海關連營七百里，軍威大震，連戰連捷，兼帶也寫了戰地的景色，和吳佩孚決勝算於帷幄之中，兵威之壯，躍然低上。

吹角平原裡，青天萬馬鳴，關山秋月白，刁斗滿長城。
豈不念妻子，其如輕死生，夕烽看未了，浩蕩意未平。

第三首寫直奉在吳佩孚身先士卒，親臨指揮之下，士氣高昂，輕於死生。

兵車接昏曉，飛挽動幽州，一雁下秋塞，千人登戍樓。
連檣天盡處，萬暮月當頭，風定旌旗肅，山寒水急流。

第四首寫兵車日以繼夜的在自幽州（今河北北部）開來，大軍雲集，又有海軍助戰，山高月小，一片秋色中，呈現滿目肅殺氣象。在這時候，吳佩孚親冒矢石，出入敵陣，率領直軍健兒，往復決盪。直軍大有獲勝之望。

再見金牌恨，中原盡失聲，前軍當勁敵，大盜刦神京。
舉國今無主，何年見太平，班師萬家哭，功敗更成名。

第五首，楊雲史是在把馮玉祥臨陣倒戈，回師入京，囚北洋總統曹錕於延慶樓，逼他下令停戰，為「大盜之刦神京然」，且將吳佩孚奮戰山海關，終因馮玉祥之叛，而功敗垂成，倉皇回師，是跟岳飛奉十二道金牌班師同為千古恨事。他曾列舉事實，以證中外人士對馮玉祥倒戈，吳佩孚忠直見欺之切齒痛恨。據說當時國人聞者無不相向扼腕，或竟痛哭失聲，英美人士有提到馮玉祥的，居然憤慨的將手中酒杯，硒成粉碎，一洩其內心忿懣。

又謂曾有一位英國顧問柯樂文，曾經當面質問馮玉祥，他說：「停戰應該是雙方同時為之的事，假若直方停戰而奉方趁勢打過來，你又怎麼辦？」

馮玉祥強詞奪理的答道：「我自會用武力對付。」

柯樂文笑道：「那你走的還不就是吳大帥的老路子嗎？」馮玉祥為之語塞。

## 馮玉祥倒戈之幕後

吳佩孚兵敗山海關後，天津報紙曾經刊出馮玉祥倒戈的幕後新聞。據說張作霖賄買馮玉祥等倒戈的代價是奉天老頭票一千萬元，其中馮玉祥獨吞四百萬，剩下的六百萬分給王承斌、胡景翼、孫岳等三人。不過張作霖也機伶，他唯恐馮玉祥他們臨時變卦，先付一半現款，另一半則開銀票。倒戈後奉軍大勝，張作霖到了天津，馮玉祥拿銀票請張作霖如約兌現，張作霖卻顧左右而言他，存心賴帳了。這一著，為馮玉祥始料所未及，因此他為之大恚，卻仍拿張作霖無可奈何。

過了幾天，奉張、皖段（皖系首領段祺瑞）和國民軍的馮玉祥舉行善後會議，席上有人稱讚馮玉祥的功勞，使馮玉祥沾沾自喜，他也起立大談其首都革命如何如何？當時張作霖就嘻笑怒罵的岔嘴說：「馮將軍，你別忘了，你是我僱的，你沒有在這兒稱功發言的資格。還有，你從我這兒拿去的錢，一共花了多少？你還得給我一一的開出來，辦一辦報銷的手續。」

當時，馮玉祥既羞且憤，幾至無地自容。楊雲史說馮玉祥自此有了和張作霖勢不兩立之心，而且直斥馮玉祥是「衣冠禽獸」。

禪讓輕天下，謳歌報德殊，不聞傳舜禹，猶記滅唐虞。
盜玉書陽虎，誅心有董狐，編年斷甲子，流恨滿寰區。

甲子是民國十三年，楊雲史詩中所指是馮玉祥逼宮盜寶，而把民元清帝退位，比擬舜禹的禪讓。據說馮玉祥逼宮是為了覬覦清宮的大內寶物，所以他命鹿鍾麟、張璧率軍隊入清故宮，用刺刀威逼溥儀立即出宮，不容寬假。當時瑾太妃方薨，溥儀正在居喪，他要求面見瑜太妃告別，亦未獲許（兩位太妃即光緒的瑾妃和瑜妃）。目睹這一幕者，人盡掩面啼泣。所以楊雲史要罵馮玉祥是陽虎，並且說將以董狐之筆，來作誅心之論。

海角孤軍寄，男兒涕淚中，天乎非戰罪，行矣豈途窮。
患難威逾重，艱危氣更雄，國人皆欲殺，豎子敗全功。

繞樹飛三匝，崎嶇江海連，家山天末路，風雪夜行船。
部曲中原盛，聲名絕域傳，虎牢天下壯，笳鼓洛陽邊。

第七首、第八首又回過來寫吳佩孚兵敗後的情形，孤軍暫寄海角（被圍於天津），十萬雄師，潰於一旦，便好男兒也忍不住要為之下淚。不過他又安慰吳佩孚說，馮玉祥豎子啗利，竟敗全功，國人皆欲殺之，所以是役非戰之罪也。何況吳佩孚在長江中下游，仍有直系大軍，並非日暮途窮，患難之中，威望愈重，而艱危之際，氣勢更雄，這才不失英雄本色。

不過，當吳佩孚退到大沽口外的華甲輪上，殘餘人馬，只剩了三五千人，華甲輪過山東煙臺，原屬直系的山東督軍鄭士琦，惧奉張新勝之威，竟拒絕登岸，吳佩孚派人借糧秣食水，也靳而不予。此舉使煙臺的外籍人士和商人大為不平，集資送了吳佩孚四萬大洋，把糧食清水都補充夠了。吳佩孚一行這才能由上海入長江，過南京而抵武漢，重返洛陽。

大難崇朝發，奇功一簣看，三軍齊下淚，異族欲衝冠。
忠信行無敵，春秋義不寬，梟雄羞與伍，豎子膽應寒。

第九首寫吳佩孚全軍盡墨後，英美日各國人士咸不值馮玉祥的倒戈稱叛，賣主求榮，和吳佩孚的腹肯受敵，終至慘敗。楊雲史說英美報紙一致痛詆馮玉祥為叛逆。駐豐臺的英國軍隊，尤曾藉由細故跟馮玉祥的部隊發生衝突，聚眾毆辱，打傷了馮部官兵一千多人，並且把馮玉祥部下一名姓馮的旅長逮了去，群相辱之，後來僅只逃得一條性命出來。

「忠信行無敵」以下四句，係指張作霖以勝利者的姿態入關後，曾經公開語人：「吳子玉行必忠，言必信，他雖然失敗，我仍願意跟他共事。像馮玉祥那種貪詐反覆的小人，我真不屑於見他的面。」

所以，當馮玉祥和王承斌一同到天津去迎接張作霖時，張作霖立命東北陸軍第一師師長李景林，解除馮玉祥的津北軍，和王承斌的二十三師全部武裝，並且勒令王承斌辭直隸省長職。馮玉祥無可奈何，王承斌則即日逃入租界。消息傳出，「南北人心大快」。

清剛岳忠武，繼起世人驚，當代稱師表，同舟忌盛名。
一身憂國淚，萬口辨奸聲，大任先勞苦，天將降治平。

末一首，記述馮胡倒戈，奉軍入關，吳佩孚雖然戰敗，可是義聲四布，全國敬仰。楊雲史認為榆關之敗是中國的不幸，而非吳佩孚個人的不幸。所以他用孟子的話再安慰吳佩孚說：「天將降大任於斯人也，必先勞其筋骨……」，並且預言在不久的將來，他終能遂其治國平天下的壯志雄心。

## 詩人仗義將軍泣下

楊雲史附於華甲輪上，作了這傳誦一時，洛陽為之紙貴的〈榆關紀痛詩〉十首，船抵上海，吳佩孚深感他的書生情義，可是也不欲因自己的兵敗而連累了他，他曾力勸楊雲史登岸。楊雲史不得已而勉從之，他到上海後，他的岳父李經方，為了慶賀他的鋒鏑餘生，無恙歸來，特地在上海皇宮酒店，大開盛讌。可是楊雲史一看皇宮酒店的建築陳設，家具器皿，一概都照法皇路易故宮的體制，雕鏤眩目，窮極壯麗，一根柱子，有價逾萬金者。又眼見洋人士女婆娑起舞，聲樂如水而衣香如雪，緬懷百年前巴黎全盛時期的窮奢極侈，回憶他在戰場所見的砲火連天，血肉橫飛，再一聽說江浙戰爭後竟有九縣百姓流離失所，露宿江干，使他不勝感觸，竟至當著許多貴賓，潸潸的流下了眼淚來。

為此一強烈的內心感受，他還曾賦詩四首，今錄其中之二如下：

亂後清遊百事非，強來行樂總欷歔，
隔江月上罷歌舞，清露無聲飛綉衣。

淞濱戰地近繁華，白骨千村足怨嗟；
莫向江頭聞野哭，可憐天子已無家。

前一首寫滿目繁華的情景，和他內心的悽涼，形成鮮明對照。後一首嗟嘆江浙難民的無家可歸之苦。

吳佩孚兵敗如山倒，所部星散，當年的親信肱股，多年幹部，以及得過他不少好處。曾經誓死追隨的無數部屬，自吳佩孚受鄭士琦之峻拒於先，齊燮元的冷落於後（直奉二次大戰原是因他而起的），吳佩孚倉皇南來，路經南京，齊燮元僅只登舟一謁，連吳佩孚跟他談好了聯名發個通電，竟然也在事後立即通電否認。及至到了武漢，那位由吳佩孚親冒鋒鏑，迭敗川湘鄂聯軍，為他打出了一塊湖北地盤來的部將蕭耀南，居然也婉拒吳玉帥在武漢停留，而在吳佩孚遄返洛陽，見逐於陝軍憨玉琨後，把他撵上了豫鄂交界，面臨馮玉祥國民二軍強敵的鷄公山。到了這個時候，吳玉帥的老部下便紛紛自動求去，逃得一乾二淨。三五千兵，只剩了千餘名衛隊，赫赫洛陽使署八大處，群賢畢集，冠蓋相望，當年的猛將如雲，謀士如雨，於是東逃西散，各奔前程，止剩了五七個人，和吳玉帥同生死而共患難。

誰都知道楊雲史是一個手無縛鷄之力，家無儋石之糧的窮書生，他從吳佩孚遊，為時不過三年，他是吳佩孚幕府中的客卿，實不同於其他的僚屬。因此誰都想不到楊雲史會在吳佩孚四面楚歌，朝不保夕的當兒，老遠巴巴，自出盤纏，抱著必死的決心，趕到鷄公山上來跟吳玉帥作伴。楊雲史從上海回到常熟家鄉，和他久所懸念的霞客夫人與子女訣別。夫妻父子家人才只見一面，便匆匆忙忙的趕去慷慨赴義，決心以一死而酬知己。

十一月初七，楊雲史身入虎穴，由漢口直赴鄭州，剛好迎上了自洛陽狼狽返來的吳玉帥，兩人相見，使吳佩孚為之感動得熱淚盈眶。他告訴楊雲史，他只在洛陽住了一夜，當夜就聽到陜軍憨玉琨來襲的槍聲。殘餘的衛隊勉力支撐到破曉，又急急的撤出洛陽，逃到鄭州，想不到竟和千里來投的楊雲史碰了個正著。

楊雲史當時問他：「玉帥打算怎麼辦？」

吳佩孚挺有把握的說：「我們回漢口！」

然而，世態炎凉，人心大變。吳佩孚一行方抵信陽，受蕭耀南之命的湖北各界代表便來擋駕：「吳玉帥您說什麼都好商量，就是請您不要踏入湖北省境。」

吳佩孚不勝憤恚，當時下令專車續往南行，他對湖北代表的答覆是什麼事都可以照辦，他就是非到武漢去不可。——他並不是要當蕭耀南的惡客，去看他的臉色。甚至於還冒著被蕭耀南變臉拿下，解往北京去向張作霖請賞的危險。實際上是吳佩孚前有虎狼，後有追兵，他已經走投無路了。

孚威上將軍敢於冒險，被他一力提拔的蕭耀南，也真辣手。專車開到花園，不能走了，因為前面的鐵軌已被蕭耀南命人拆掉。

## 鷄公山上一夕數驚

吳佩孚四顧茫茫，實已陷入絕境，他唯有冒險僥倖，命專車開回去迎上追兵，當夜，駛抵鷄公山下，再走一步，就是馮玉祥國民二軍總司令胡景翼的防區。斯時也，天寒地凍，日月無光，連吳佩孚、楊雲史在內，俱已餓了一天，便那麼在風吹草動，危機四伏之中，一腳高一腳低的逃到了鷄公山上。

找了一幢空屋子，暫充孚威上將軍的臨時行轅，一整夜的風聲鶴唳，草木皆兵，又加上凍餒交加，將士面無人色。自吳佩孚以次，沒有人敢闔上眼睛打個盹，此時此境，文弱書生，亂世詩人如楊雲史者，反倒堅強起來，勇者無懼。他在危疑震撼，生死不容間髮之際，竟能口占五律三首，飾詞慰勉吳孚威：

天險今何在，班師戰壘邊，秋笳哀似笛，塞水亂如絃。
繞樹盧龍戍，驅兵江海船，短歌行不得，此恨古今憐。

慷慨孤忠淚，崎嶇百戰功，人心洗兵馬，天意厄英雄。
一雁長雲外，千山落日中，願言從患難，風雪入鷄公。

當代論風義，嗟乎唯使君，將兵多益善，奔殿敗能軍。
遼海關山月，中原日暮雲，亡秦終必楚，餘子漫紛紜。

心驚膽戰，實則是傷弓之鳥，聞弦心悸，好不容易熬到了天亮，諜報傳來，消息更壞。十一月初六陝西憨玉琨部進陷洛陽，鄭州、開封，旋又與國民二軍總司令，督辦河南軍務善後事宜的胡景翼展開一場鏖戰，與此同時，胡景翼的一部正在大舉南下，揚言直登鷄公山，活捉吳佩孚。事實終於證明，忘恩負義的蕭耀南，確在把他的老長官，在往虎口裡送。

於是吳佩孚的殘部散者日眾，吳孚威進退失據，大有束手待擒勢。但他仍還堅持他的四不主義，不住租界，不積私財，不舉外債。對於蕭耀南命人來說願獻十萬大洋，請他出國考察的建議嗤之以鼻。這時候即令在吳佩孚的忠貞將士之中也是謠琢紛紜，頻頻自相驚擾。說什麼蜈蚣（吳公）上了鷄公山，鷄公尅蜈蚣必定性命難保。正好吳佩孚在榆關聞變，帶了一百名衛隊匆匆回到天津時，像伍子胥般的一夜鬚髮盡白。他心力交瘁，終告在鷄公山上病倒。楊雲史在樓頭與他為伴，是日大風忽作，山搖地動。楊雲史正為吳佩孚處境之艱危，五內似焚，寸心猶如刀割。他獨步樓頭，推窗外望。遠眺遍地的積雪，一時感從中來，又賦五律一首，詩云：

亂山殘雪裡，多難此登樓，紅葉風俱至，青天水急流。
諸侯皆富貴，一將獨林邱，將老猶為客，余生萬古愁。

其實以當時吳孚威的處境而論，他連作客也都在所不能呢。吳佩孚在鷄公山上整整住了一個月，外有強敵，內生蟊賊。他自己又因心力交瘁而多病，千瘡百痍，應付維艱，其處境之難有非常人所可忍受者，可是他固然咬緊牙關，逆來順受，卻也有楊雲史一日一詩，儘其所能的予他以安慰與激勵。楊雲史曾伴同吳佩孚攀登鷄公山的絕頂，終於找到了吳佩孚部將靳雲鶚那幢中西合璧式的豪華別墅，於是相偕搬進去住。那一天，恰好直奉構兵，被北洋皖系漁翁得利，當上了臨時執政的北洋之「虎」段祺瑞，深知他無兵無勇，難以在奉張和國民軍系馮玉祥之間左右逢源，曲盡綢繆。段祺瑞夙仰吳佩孚是能征慣戰的長勝將軍，深願錄吳佩孚為己用，所以他祕密派遣私人代表，上鷄公山往說日暮途窮的吳佩孚，賫送段祺瑞的親筆信，表示他願「甘冒天下之大不韙」，起用吳佩孚為陸海軍元帥，仍兼直魯豫三省巡閱使，駐在洛陽而埋頭練兵如故。段祺瑞一心想誘使吳佩孚作他的武力後盾，萬里長城。當此一消息在鷄公山上傳開，於是使那些視吳玉帥猶如涸轍之鮒的直系將士，額手稱慶，以為絕處逢生，又將有萬里前程。殊不料吳佩孚一聽來使的慷慨陳詞，登時就瞭然於胸，其所謂的利害種種，無非皖系安福派策士的誘降之計而已。於是孚威上將軍不惜疾言厲色，立揮段祺瑞的代表使之倉皇辭去，當夜便下了鷄公山。這一幕雖然使吳玉帥的所部深心觖望大大的不以為然，但卻讓江東才子，卓犖不群的楊雲史在一旁看了，深心翕服，為之拊掌稱快，所以他立呈五律一首，詩云：

滿目傷心色，凄清畫不成，寒鷹幡廢壘，落日照殘兵，
百戰逢佳節，孤城送遠行，一為揮手去，雲海閉柴荊。

他把吳佩孚的大義凜然，堅貞不屈，在這首詩裡，真是抒寫得淋漓盡致了。若非有楊雲史的這一首詩，也就無法傳誦吳佩孚的一身硬骨，誓死不屈的元龍豪氣。

吳孚威在鷄公公山上的處境日艱，楊雲史足使頑廉懦立，令人讀了盪氣迴腸，不勝低徊的詩篇也就越來越多，譬如他曾在鷄公山頂，伴同吳佩孚竚觀落日，又曾刻意激勸吳佩孚惕厲奮發的寫著：

川原夕陽盡，西望一登臺，人意隨山亂，軍歌動地哀。
大家何處去？今日偶然來，向晚起風雪，將軍且舉杯。

## 段祺瑞老羞成怒記

吳佩孚峻拒段祺瑞懇邀出山相助，使得曾有「氣令智昏」之段祺瑞大為不懌，他老羞成怒，便以臨時執政名義下令駐開封之國民二軍總司令胡景翼，及國民三軍總司令孫岳徹底消滅吳佩孚的殘

餘之眾。胡景翼和孫亂都是吳佩孚的老部下，心腸不若馮玉祥狠毒，一方面畏憚天下之物議，一方面也帶點感情作用，他們奉命以後，並未立即採取行動，而以先禮後兵的姿態，派遣代表，相繼登山，跟吳佩孚婉言相商，請他自動解除武裝，遣散總部人員，並且提議由胡景翼派一支部隊作吳佩孚的衛隊。胡、孫的此一舉措，使鷄公山上的緊張氣氛，大為緩和。不過，吳佩孚仍然峻拒胡、孫的要求，他義正詞嚴的答覆胡、孫的代表們說：「我早就發表通電，聲明從此不再與問國事，這便是我已恢復平民的身分，又何勞胡總司令給我派什麼衛隊，名曰警衛，實則監禁呢？」

他駁得胡、孫的代表，啞口無言，唯有廢然告退。可是談判既已開始，在胡景翼、孫岳不為已甚的心情下，「進勦鷄公山上吳佩孚殘部」一舉，乃又成了拖延之局。而吳佩孚雖然時在病中，他的神志卻很清楚，利用這一段時期，他暗中補充湖北第一師寇英傑部的械彈，派人召集舊部，增厚寇英傑的兵力，使寇英傑的實力迅速壯大，然後拉攏過來，再度成為他的節制之師。

有了這一著「明修棧道，暗渡陳倉」的妙棋，旬日之間，情勢全改，寇英傑等到他的部隊，已能應付方面戰事。吳佩孚便下了一道命令，派寇英傑為鄂豫邊境警備司令，擔任鷄公山附近的警戒之責。這麼一來，鷄公山就不能再算是三不管的地區了，吳玉帥必將東山再起，從而有了個好朕兆。往先唯恐受吳玉帥連累，被國民三軍犁庭掃穴，玉石俱焚的那般軍官幕僚，也就靦顏的重回鷄公山上，再度向吳玉帥表示矢志追隨。楊雲史親眼目睹此種好轉的氣象，倒也頗表欣慰，他曾作了〈喜洛陽諸將漸至山中〉七絕一首，詩云：

黃河直上上青天，日出鷄鳴度虎關，
欲問洛陽舊親友，中原風雪萬千山。

楊雲史在鷄公山上，忍饑耐寒，和敗軍之將，幾至天涯海角無逋逃處的吳佩孚共生死患難，歷一月之久，新敗之餘，大難之中，悵家國之多難，念難萌之有自，作為一個憂國憂時的詩人，自難免要比任何人起更多的感慨。所以，除了上列各詩外，他又寫了〈鷄公山感懷詩一百韻〉。而以「願進後言貢當道，輕重文武事彰彰，橫流氾濫不可挽，誰其致之袁端張。」作為總結。所謂「誰其致之袁端張」，指的是袁世凱在革命黨人與清廷之間從中漁利，陰謀竊國，和端方的處置川漢鐵路國有處置失措，引起民變，以及張作霖的兩度掀起直奉戰爭，又賄買馮玉祥倒戈，乃使吳佩孚兵敗榆關，流落鷄公山上。因此，他所起的感慨其實是嗟清祚之云亡，與乎吳佩孚一生勳業的付之東流，兼而有之的。

吳佩孚在鷄公山上拖到了十二月初，段祺瑞大有必欲得而甘心之意，他一日三電，催逼湖北督軍蕭耀南；將吳佩孚的衛隊繳械，押解吳佩孚入京。蕭耀南為了應付新上司，就顧不了舊主子，他把段祺瑞的一疊電報，送請時已進駐信陽的寇英傑，請他拿去給玉帥看看，相機勸吳佩孚解除武裝，然後再度宣告下野。當時，吳佩孚就問寇英傑，他說：「照蕭督軍的意思，我的衛隊繳了械以後，我該到那兒去呢？」

寇英傑答道：「蕭珩帥（蕭耀南字珩珊）叫我請示玉帥，可不可以到武漢去，跟蕭珩帥住在一起，先保住長江實力，作為玉帥將來東山再起的憑藉。」吳佩孚卻一聲冷笑的說：「謝謝，我不領他這個情。衛隊繳械，辦不到。他不讓我住在湖北，我下岳州，我跟炎午老弟（湖南省長越恒惕）

打過一仗（指民十湘鄂之役，吳佩孚替他部下蕭耀南打下了湖北的地盤），可是趙炎午不會不認我這個朋友。」寇英傑當然明白他說這個話的份量，以及他心中對蕭耀南有多麼的憤恚和不滿，他沒敢再接腔。辭出以後，立刻將吳佩孚決定到岳州的事，知會了蕭耀南。

向北京段執政一請示，段祺瑞的回電迅即便到，電文中嚴詞責成蕭耀南，決不許放吳佩孚到岳州去。果若如此，段祺瑞將唯蕭耀南是問。

蕭耀南夾在段吳之間，左右為難，無計可施，他只好再命寇英傑由信陽上雞公山去，陳述他的處境艱難，請吳玉帥「恤念下情」，仍然照他的原議，衛隊繳械，上武漢去由他負責保護。

## 蕭耀南罔顧故主恩

這時候，國民二軍胡景翼部經不起段祺瑞的再三電促，已經向雞公山一帶，展開攻勢，寇英傑部正在竭力抵禦，雞公山上情勢危殆，間不容髮。吳佩孚的道義之交，有血性，重感情的湖南省長趙恆惕，派一名顧問，帶著趙恆惕的親筆信，來請吳佩孚到岳州歇馬。吳佩孚感激之餘，請楊雲史為他接待這位顧問先生，風雨一杯酒，江山萬里情，楊雲史又有感而發，作了一首〈送某顧問出山〉的五律，詩云：

衣上洞庭雪，因君一把杯，投詩入江去，送客出雲來。
此地難為計，斯人大可哀，劇憐庾信宅，萬里發寒梅。

同情吳佩孚處境之艱危，將他比作南北朝時回不了故國，拜洛州刺史，累遷驃騎大將軍，開府儀同三世的庾子山（信），可謂恭維得體，用典用得貼切之至。

那位遜清末代狀元，曾被楊雲史尊之為師的南通張季直（謇），居然也在吳佩孚落難雞公山最危殆的當兒，遣使遠來慰問，而且贈之以五律一首，使吳佩孚極為感動，其原詩云：

壯語遭時忌，斯人實可嗟，一舟成敵國，四海欲無家。
治易劉中壘，能軍李左車，盈虛有消息，尺蠖即龍蛇。

期許、慰勉、推重與同情兼而有之，難怪吳佩孚讀後為之感奮莫名。

趙恆惕的迎吳代表既來，吳佩孚志已決矣。他摒擋一切，率領僚屬、衛隊，尅日下山，自信陽向岳州進發。當時他所求於一手栽培提拔的老部下蕭耀南者，只不過是借一借道而已。倘若蕭耀南肯睜一隻眼閉一隻眼，讓無路可走的吳玉帥從漢口下車渡江，再登上粵漢路車駛往岳州，投奔他的老朋友趙恆惕，那就等於放他一條生路了。詎料，蕭耀南竟因段執政之命「斷可不違」，他又重施故技，吳佩孚的專車駛近廣水，前面的路軌早已撤除了一大段。

當時，吳佩孚痛心疾首，欲哭無淚，前無去路，後有追兵，他實已陷於絕境，他只好把眼一閉，心一橫。好吧，我就在這兒挺住，蕭耀南必欲置他於死，他決心死在廣水站外的專車上。

雙方正在相持不下，乍看來似乎絕無轉圜的可能，便在這千鈞一髮之際，竟然天無絕人之路，有一位吳佩孚的老朋友，被吳佩孚稱之為「子惠老弟」同於「炎午老弟」的四川督軍楊森，鐵肩擔道義，慷慨抱不平，他無懼於新任當權，把持北政府中央的段祺瑞，更不值鄰省那位背主求榮，落井下石的蕭耀南，一聽到吳佩孚受困鷄公山，進退失據，先就打了個電報來，敦請吳佩孚入川休養。及至久不見復，唯恐受厄於蕭耀南時，又派他戎幕中的重要角色，軍務代表劉泗英，帶著吳玉帥在湖北倘有差池，川軍立將東下武漢，找蕭耀南算帳，措詞嚴厲迫切的哀的美敦書，趕到武漢營救。

劉泗英一到武漢，就聽說吳佩孚南下岳州果然受阻，刻正陷在廣水的荒郊野外，插翅難飛的慘狀，他十分之憤慨，立即附車北上，找到吳佩孚的專車，登車請謁。吳佩孚見到劉泗英，淒然說道：「段合肥一日三電，逼蕭耀南嚴行拿辦。劉代表你看如今該怎麼辦？」

「請玉帥放心，」劉泗英說：「我此來奉有楊惠公的命令，蕭督軍倘不妥善保護吳玉帥，而使吳玉帥有所差池，楊惠公立將親率川軍，南下武漢，找蕭督軍算帳。我因為聽說玉帥陷在廣水，所以特地來先代表楊惠公慰問，我馬上就要回武漢，當面去跟蕭督軍把話說明。」

這不啻是救兵自天而降，吳佩孚連連頷首，他說：「那就請劉代表再辛苦一趟了。」

劉泗英坐一輛火車頭，從廣水回到漢口，他邀集了四川督軍、省長和黔軍方面的駐漢口代表，一同晉謁蕭耀南，辦這個嚴重的交涉。四個人到了武昌，步入湖北督軍公署，迎面遇見趙恆惕邀請吳佩孚入湘的代表，岳州警備司令鄒禮。鄒禮也是去找蕭耀南商議讓吳佩孚順利通過武漢而去岳州的，他方才碰了蕭耀南的釘子出來，所以他附耳告訴劉泗英說：「情況不大妙啊。」

劉泗英卻昂然不顧，他帶著川黔代表一齊走進了蕭耀南的辦公室，略一寒暄，先就把楊森的那封哀的美敦書，遞交蕭耀南。

蕭耀南把楊森的信接過去一看，低下頭去沉吟片刻。然後，他正式答覆劉泗英，反覆解釋，其要點不外乎下列六點：

一、玆事體大，應該從長計議。

二、所可聲明者，本人決不做馮玉祥第二。

三、目前力求敷衍段祺瑞，不過為保全湖北地盤，免貽他人侵奪之藉口。

四、必須擁有湖北地盤，吳玉帥始有東山再起之望。

五、深盼楊子惠將軍諒解本人所處環境難於應付。

六、州黔兩方如有解決當前僵局的任何高見，只要能夠行得通，蕭耀南極願接受。

不過，蕭耀南在說到最後時，又再強調一點：「不瞞各位說，段執政也派得有代表，在我的衙門裡坐催押解玉帥入京，由此諸位可以瞭然我的處境，以及我不便讓玉帥過武漢的苦衷。」

劉泗英立即侃侃然以大義相責，他率直的指出蕭耀南目前所應考慮的並非處境，而係原則方針問題，以目前吳佩孚的情況而論，他身為吳佩孚的部屬，究竟是該置吳佩孚於死呢，還是竭盡可能的加以保全？劉泗英大義凜然，理直氣壯，使蕭耀南神明內疚，無詞以對。於是又由劉泗英提出「緩段保吳」之計請蕭耀南採納，雙方幾經磋商，反覆研討，終於商定了三點結論：

一、請吳玉帥莫去岳州，就在湖北境內的黃州（今之黃岡）小住，以猶仍為吳佩孚所擁有的決川、瑋蜀兩艦為司令部。

二、衛隊以兩營為限。

三、決川、濬蜀兩艦之艦砲繳出砲門，改用機關槍。

劉泗英等帶著這三點結論再赴廣水車上，報告吳佩孚。當經吳佩孚欣然同意，十三年十二月二十八日，蕭耀南派人修復已拆除的鐵軌，專車終告脫險，一日而達漢口大智門車站。蕭耀南避不見面，吳佩孚也不下車。這時候段祺瑞催促蕭耀南生擒吳佩孚的電令如雪片般飛來，把個蕭耀南慌了手腳，命人示意吳佩孚請他快走，吳佩孚答覆說我當然是要走的，只不過決川、濬蜀兩艦停泊在江邊碼頭，由大智門前往必須通過租界，吳佩孚堅決他的不進租界主義，最後是將兩艘兵艦開到劉家廟，請吳佩孚在劉家廟登艦，方始解決了這一個問題。

吳佩孚離開了武漢，蕭耀南去了一件大心事，他曾為此發表通電，兩面敷衍的說：「吳前使來鄂，奉執政電諭勿任或往他處，以靖人心等因。吳使鑒於各界環請之誠，即於江三、日乘輪離漢，不問世事。我執政保全將才，及吳前使遵守和平之旨，俱可昭示於天下，垂美無窮。耀南奉命周旋，公誼私交幸獲俱盡。」

通篇自相矛盾，令人讀後反墜五里霧中。

一到黃州，吳佩孚就在座艦之上寫了一首五絕，〈初至黃州走筆示雲史〉，詩平平，但是詩後卻有一句註，楊雲史確可引以為榮。詩云：

為謀統一十餘秋，嘆息時人不轉頭，
贏得扁舟堪泛宅，飄然擊檝下黃州。
（時幕僚星散，惟圻侍左右而已；——吳氏原注）

脫離險境，幸獲自由，楊雲史便從大處落筆，賦詩勸慰吳佩孚心中放寬，而且預祝他早日重整舊業，再度出山。詩云：

如此人間臥謝安，梅花肥大酒杯寬，
雲迷江樹黃州近，日落山田赤壁還。
願共英雄同患難，不須妻子問平安，
即今橫槊臨流處，付與他年指點看。

景物蕭蕭萬古情，朝來風雪夜來晴，
眼前談笑自千古，到處江山垂大名。
割據紛紛真細事，英雄落落豈虛生，
不須淚灑新亭酒，尚有中流擊楫聲。

「橫槊臨流」「眼前談笑」，吳佩孚也真能聽從楊雲史的意見，權且寄情山水，付與詩酒。他由楊雲史作伴，遊遍了黃州附近的名勝古蹟，諸如赤壁、西山、東坡九曲亭、安國寺塔、靈泉寺、試劍峯、陶侃讀書堂、寒溪寺、快哉亭、楊守敬故居、黃州城樓、月波樓等處，將軍與詩人，都留下了題詠唱和之作。深感楊雲史之情誼，受了大詩人的感染。吳佩孚和楊雲史在黃州整整兩個月，這是他們最接近、最親密，幾乎朝夕聚晤、形影不離的一段時期，同時也是吳佩孚舊詩作得最多的短暫兩月間。

在這兩個月裡，吳佩孚所作的詩，十有七八是〈示雲史〉、〈和雲史〉的，其中較重要的幾首如：

**〈赤壁春夜書示雲史〉**

戎馬生涯付水流，卻將恩義反為仇；
與君釣雪黃州岸，不管人間且自由。

**〈除夕見示雲史〉**

轉為新年惜舊年，金戈鐵馬事茫然，
近來省識閒中樂，自注清波洗水仙。

**〈寒溪寺偕方巖①雲史看梅花二首〉**

陶公高詠此山中，上有孫權避暑宮，
尋箇漁樵說閒話，晉朝名士漢英雄。

折得梅花香滿衣，溪雲山雨送將歸，
一簑一笠臨皐去，十里春江明翠微。

①張方巖，吳佩孚的參謀長。

**〈和雲史梅花詩〉**

此君根骨本來清，寂寞空山更有情，
修到梅花尚多事，為誰辛苦去調羹？

**〈赤壁舟中示雲史〉**

兩字功名百戰哀，江山無改此登臺，
舉杯獨酌看周易，樊口江魚下酒來。

赤壁春流飄酒旗，江村隔雨囀黃鸝，
晚來獨背東風立，只看江山不看棋。

**〈示雲史〉**

煙雨連江春水來，扁舟無事只銜杯，
吳頭楚尾三千里，捲上風簾看一回。

水滿長江酒滿卮，春山如笑雨如絲，
東風吹綠黃州岸，目起開窗畫竹枝。

## 黃州艦上詩酒風流

吳佩孚畫竹，楊雲史題詠，是當年黃州官紳爭相羅致，視同瑰寶的珠聯璧合「時人」之作。楊雲史曾有題「吳將軍畫墨竹」的長歌，一開頭就用「古來將門誰能畫？小李將軍與曹霸」這般氣勢如虹的句子，益以「蓬萊將軍今英雄，寶刀有血筆有風，千軍一掃如落葉，盤根錯節羅心胸」，「欲畫不畫目如電，成竹乃在落筆先，氣吞全紙檀欒湧，傍人猶見筆不動，兵法筆法一貫之，運為己意皆為用，須臾風雨到毫巔，兔起鶻落真宰宣，千枝萬枝舞煙雨，一幹兩幹撐青天，往往紙盡氣未盡，清剛卓立天為穿！」那是何等的大氣旁礴，痛快淋漓。

在黃州時，曾有一次，時在夏曆二月初五，吳佩孚邀楊雲史往遊牛頭灣馬橋村，他們輕裝簡從，漫步田壠。當時吳佩孚看見農家門前積水，將要淹及門扉，他便懇勸鄉民種樹，說了些種樹的益處，聽得鄉民們津津有味，後來曉得了這位惇惇儒者，居然就是孚威上將軍吳佩孚，於是家家戶戶擺出香案，男女老幼羅拜於平疇綠野之間，引得吳佩孚哈哈大笑，他一面拱手道謝，一面顧盼自豪的告訴楊雲史說：「這才是真正的民意啊。」

歸後，楊雲史又有三首寫實之作，頗見風趣，詩云：

萬頃江田烟柳斜，春流十里抱人家，
黃童白叟爭來看，踏碎一川油菜花。

犬吠鷄鳴滿水濱，平疇對語意相親，
群兒拍手呼名姓，笑說英雄是好人。

使君最愛話桑麻，步入江村野老家，
爭揖將軍茅屋坐，殷勤笑勸吃杯茶。

可惜，大局混沌，國勢阽危，吳佩孚的悠閒舒坦歲月，可能在他一生之中僅此黃州兩月而已，黃州道上，又是各方代表，紛至沓來，始之於川湘黔，繼起如江浙皖。川湘黔聯防條約簽訂，吳佩孚重振旗鼓，東山再起之基礎已告奠立。段祺瑞是最怕吳佩孚出此一著的，他命新任安徽督理（亦即督軍），安福系巨擘王揖唐訪吳佩孚於黃州艦上，偵伺動靜，一覘虛實。吳佩孚曉得王揖唐此行的目的，虛與委蛇，妄顧左右而言他。那王揖唐當年夤緣出任南北議和總代表，被吳佩孚發表通電罵了個狗血噴頭，所以王揖唐對吳佩孚恨之入骨，他正好趁此機會危言聳聽，唆使段祺瑞火速對吳佩孚採取行動，於是乎，吳佩孚連閒中樂都樂不成了。

十四年二月下旬起，段祺瑞對吳佩孚採取斷然手段，一面慫恿川黔將領會攻川督楊森，迫其兵敗下野，退回廣安，段祺瑞以參謀總長一職為餌，誘楊入京，結果楊森沒有上他這個當，不過他對吳佩孚的仗義聲援，至此已屬無能為力。另一方面，復在武漢散播謠言，盛傳吳佩孚舊部即將連絡川黔滇合力圖鄂，蕭耀南一心慌，將吳佩孚的舊部第二十四師師長楊清臣、第十四混成旅旅長時全勝逕行拿辦。後者為二月十二日的事。

最厲害毒辣的一手，厥為密遣海軍司令許建廷，親率長江軍艦八艘，聲色不動的悄悄駛近黃州，打算出吳佩孚不意，包圍決川、濬蜀兩艦，圖窮匕見，將吳佩孚等一舉成擒。

天幸又有一位肝膽相照的老朋友，兼亦為其部下，前海軍總長杜錫珪獲悉機密，他急電在黃州詩興正濃的吳佩孚，請他立刻下令兩艦同時啟碇速離黃州。吳佩孚獲電後當然不敢怠慢，便在長江八艦鼓輪趕來之際，溯江而上。

當時還有一重莫大的難關，那便是態度越來越見惡劣，甚至於公然抓了吳佩孚舊部兩員大將的鄂督蕭耀南，吳佩孚料準了他已接獲段祺瑞勒令攔江截擊的電報，所以他迫不得已用了瞞天過海之計，三月一日深夜啟碇後，下令二艦燈火全熄，肅然無譁，而在當夜接近黎明的時候駛抵武漢江面，然後乘兩岸守軍措手不及，加足馬力，一衝而過。

那真是吳佩孚兵敗榆關後最長的一夜，危機四伏，險阻重重，沒有人想得到已成甕中之鼈的吳佩孚會被許建廷啣尾急追，蕭耀南嚴陣以待的大包圍圈中衝將出來。決川、濬蜀兩艦啟椗不過兩個多鐘頭，許建廷即已親率八艦趕到黃州。獲悉吳佩孚先已聞風逃逸，他立刻加速追趕，當吳佩孚座艦衝過武漢，抵達六十里外的金口，許建廷的艦隊業已將及追上，而兩岸又有通蒲鎮守使兼第二十五師師長陳嘉謨所部的兩萬重兵，在大江兩岸佈好了砲兵陣地。

陳嘉謨是吳佩孚部將的部將，亦即湖北督軍蕭耀南的部屬，當蕭耀南都利令智昏，「卻將恩義反為仇」，吳佩孚又怎敢期望奇跡出現，陳嘉謨會義釋華容道，放他過關？他只要一聲令下，眾砲齊轟，再加上後面緊趕過來的八艘敵艦窮追猛打，這分明已是天羅地網，無路可逃。兩艘軍艦上的人彷彿全部絕望，人人心憂如焚，焦灼緊張。唯有早將生死置之度外的吳佩孚和楊雲史，兩人不約而同的表現了無比的勇氣。吳佩孚在敵砲密集，露口相向之下從容自在，他效法謝安之雍容鎮靜，在座艙裡憑窗打祺譜。在他身旁塌上，楊雲史喝了半夜的酒，此刻早就爛醉如泥，鼾聲大起。

## 情急了與行不得也哥哥

上天無路，入地無門，排砲猛轟一觸即發，兩艦人員設非俯首成降，便是葬身魚腹，然而偏在此時奇迹出現，好個眷念舊主的陳嘉謨，他突然下令發砲，卻是砲彈並非在向泱川、濬蜀兩艦飛來，而是落在追兵八艘軍艦之前。陳嘉謨居然變成了吳佩孚的救命恩人，得力保鑣，他發砲警告許建廷：「你若膽敢再進一步，我這兩岸的大砲可就要向你艦隊猛轟了。」

有此突如其來的劇變，許建廷大喫一驚，手忙腳亂，他忙不迭的下令掉首回航。

吳佩孚一行終告又度逃過鬼門關，三月四日，在岳州各界盛大歡迎聲中，安然抵達。趙恆惕立即通電保護，並且聲明岳州為湖南省自治區，不容任何外力侵犯，否則即係與湖南一省為敵。趙恆惕在他的通電裡義正詞嚴的說：「國內互爭，皆緣政見偶異，並無恩怨可言。子玉果已解除兵柄，不妨隨地優游，何必迫其僑寓租界？既非國家愛護將才之至意，尤乖政黨尊重人格之美德！」

他算是狠狠的摑了段祺瑞輩一記耳光，此一義舉，當年曾博得輿論一致讚揚。

楊雲史「願共英雄同患難，不須妻子問平安」，他記這一次死裡逃生，曾有詩云：

舳艫千里溯滄洲（隱者所居之水隈也），謝傅圍棋且解憂，
我醉欲眠人亦散，春燈風亂岳陽樓。

前兩句記的是那天艦中之事，後兩句則記艦抵岳州，當地紳士公宴吳佩孚於岳陽樓，慶賀吳玉帥安然脫險。

十四年三月四日到岳州時，新任岳陽鎮守使鄒序彬（禮），以湖南省長趙恆惕代表的身分，往迎吳佩孚於艦上。鄒序彬報告吳佩孚說：「省長的意思，衡陽是玉帥的舊遊之地，南嶽為三湘第一名勝，玉帥在那邊故交舊友又多，他命我請玉帥的示下，是否願住衡山。」

吳佩孚心知這是趙恆惕在為他的安全、舒適著想，不過他另有隱衷，君子俟時而動，江浙二次戰爭齊（燮元）盧（永祥）之戰將起，奉張和馮玉祥矛盾日深，已經到了水火不相容的地步，段祺瑞無兵無勇，漸成傀儡，勢將如秋扇之見捐。在岳州，不失為縱橫捭闔，問鼎中原的理想活動基地。所以他對趙恆惕的一片關懷表示謙謝，同時又唯恐增加東道主的困擾和麻煩，吳佩孚決定把家屬送上岸，借住在岳州紳士葛豪的家裡，衛隊則分駐天后宮附近，他自己由諸幕僚和楊雲史陪著，就住在船上。

完全是吳佩孚酬答楊雲史拋妻別子，誓死相隨，以報知己的一片美意。有一天，他讀到楊雲史〈洞庭風起城下帆檣如櫛，湖畔多秦吉了，棲鳴桅檣，終日可聽賦呈吳公〉的一首七言律詩。②楊雲史詩云：

岳陽樓下水連天，如此韶華但晝眠，
盡日江豚吹白浪，守風愁殺岳陽船。
巴陵江上鷓鴣啼，啼滿千檣十里堤，
縱有東風行不得，瀟湘還在洞庭西。

彼此推心置腹，款款然情至意盡已久，吳佩孚方讀一過便料中了楊雲史的心事。轉念一想，這恩恩愛愛的兩口子，只為了楊雲史矢志與自己共患難，兩地分離，牽心掛肚腸。這三幾個月來真是情何以堪？因此，他便打了個哈哈，說是：「雲史，我也得了一首，你看如何？」

---

②筆者註：《鄉嬡記》有云：「昔有丈夫與一女子相愛，書札相通，皆憑一鳥往來。此鳥善解人意，忽對女子曰：『情急了』」，因名此鳥為情急了。又以爾：「秦中有吉了鳥。」吉了出於秦，乃稱之為秦吉了。同時又稱「情急了」。

語罷，運筆如飛，寫了一首：〈洞庭春望〉，詩云：

青草山前蘆蕨肥，洞庭湖裡鷓鴣飛，
春風春雨無窮盡，帝女仙人何處歸？③

詩成，吳佩孚呵呵大笑，他無須徵得楊雲史的同意，等楊雲史辭出後，他便親自作書，派人到楊雲史的家鄉，把楊雲史的霞客夫人，妥妥當當的接到岳州來。以免楊雲史「情急了」，霞客夫人卻在嗟歎：「行不得也哥哥！」這原是皆大歡喜的一件事，殊不料詩人命薄，終至釀成一幕悲劇。

## 霞客夫人紅顏天妒

不久以後，當楊雲史驟然聽說，他日夜苦思的霞客夫人，正在柝江西上，不日即可抵達岳州，跟他團圓，暢敘離情別緒。江東才子楊雲史簡直喜得笑逐顏開，春風滿面，他躊躇滿志，得意洋洋的寫了一首七律，題曰：〈聞婦霞客將至岳陽，遣舟以詩迎之〉，詩云：

---

③筆者註：按本草綱目禽部：「鷓鴣性畏霜露，夜棲以木葉蔽身。多對啼，今俗謂其鳴曰：『行不得也哥哥』。」所以吳佩孚用「行不得也哥哥」以對楊雲史的「情急了」，確係一段佳話。

日日江樓聽雨眠，早知詩句到愁邊，
洞庭三尺桃花浪，催送湘江下水船。
一春白日去堂堂，千里迎君到岳陽，
如此煙花三月半，畫樓梳洗看瀟湘。

霞客夫人旋即翩然來臨岳州，在吳佩孚的盡心安排之下，楊雲史和他的霞客夫人同寓岳州士紳易鳳儔家。楊雲史曾有一首五律紀實，詩云：

門巷高原上，巴邱萬里情④，青林呼煮酒，江閣坐聽鶯。
細雨澗成響，春流舟自橫，清遊思故郡，況復未復兵。

民國十四年三月，楊雲史的霞客夫人，被吳佩孚命人接到岳州，大難不死，夫妻重圓，足足過了五個月的「只羨鴛鴦不羨仙」的幸福、美滿歲月。一對恩愛夫妻泛舟洞庭、遨遊君山，草暗花濃弔二喬墓，春雨曉晴洞庭早起，有數不盡的旖旎風光，人間天上。然而五閱月後，詩人命薄，終以一齣悲劇收場，這真是自吳佩孚以次，任何人都無法得能始料得及的事。民國十四年夏曆八月，當霞客夫人和楊雲史歡聚五閱月後，當時吳佩孚業已組成七省聯盟，由湘鄂川黔四省聯防，再加上山

④筆者註：巴邱即岳州也。

西、河南、陝西而共擁吳佩孚為七省聯軍總司令，高呼：「尊段、擁吳、聯馮」的口號，逼奉張攤牌。吳佩孚顯已掌握有利的情勢，利用其個人的聲望，取得與天下群雄逐鹿的有利地位，孚威上將軍終於東山再起了。

然而就在一切即將好轉的時候，岳州大鬧時疫，死者纍纍，楊雲史的霞客夫人突然也受了傳染，中秋節兩夫妻還翫月有詩，當時他們的兩個孩子要回籍就讀，霞客夫人想跟愛子同行，卻是夫妻告別之際轉覺不忍，於是又告留下，便由於這一念之差，使她感染時疫終告一病不起，不幾天後她便得病，頂小的兩個孩子雖則割股療親，巴望她能早占勿藥，霍然而癒，可是拖到當月三十日，終告撒手而去，造成楊雲史深心中莫大的憾慟。二十年患難夫妻，訣於一旦，使楊雲史回首前塵往事，情何以堪？

最令楊雲史傷心無奈的是，霞客夫人死後的第三天，入殮蓋棺後的第二天，吳佩孚即以十四省聯軍總司令的名義，自岳州啟程赴漢口，督師討奉。這一天是陰歷九月初三，陽曆十月二十日，楊雲史雖有傷妻之慟，可是在吳佩孚堅邀之下，他也只好全始全終，揮淚隨師東行。吳佩孚這一次的受十四省聯軍擁戴，出任統帥，其前後經過，照他在十月十九日發布的效電所謂，厥為：

奉軍深入，政象日非，孫馨帥（東南五省聯軍總司令孫傳芳，號馨遠）興師討奉，堅請東行，福建周樾帥（福建督軍周蔭人）電稱：惟吾帥之命是聽，湖北蕭珩帥率湖北全體將領電稱：此次共伸大義，欲動人心，首資號召，擬請鈞座出山，希早命駕等語。救國鋤奸，豈容袖手？茲定於二十一日赴漢，特先奉聞。

楊雲史一路悼念亡妻，淚流不止，隨著吳佩孚歡聲雷動，欣喜騰踊的大軍，陸續北上，舟抵漢口，蕭耀南前倨後恭，判若二人，他親率文武百官，恭迎江干。見到吳玉帥，上前敬禮，隨侍左右。凡此，看在楊雲史眼裡，不但毫無揚眉吐氣的心緒，無非是一片淚眼迷糊而已。

吳佩孚駐節漢口，忙著總部人事的安排，十四省聯軍總司令部，旋即因「十四省」範圍仍嫌太小，改為討賊聯軍總司令部了。當時總部各部門人選，群賢畢集，人才濟濟，極一時之盛。參謀長蔣方震（百里，保定軍校校長，當時頗負盛名的軍事學家）、總參議章太炎、蔣雁行（當過江北都督、陸軍總長）、秘書長張其鍠（一度出任廣西省長）、軍務處長張福來（前河南督軍）、外交處長張志潭（當過內政總長）、交通處長高恩洪（前交通總長），前參謀長張方岩降充高級參謀，大詩人楊雲史，也得了秘書幫辦一席。

九死一生，苦盡甘來，終於熬到了吳玉帥重掌兵符，號令天下，楊雲史以危疑震撼，死生關頭的唯一文侍從之臣，和吳玉帥朝夕與共，如影隨身，他理應大展鴻猷，有所作為。然而他偏巧在貞下起元，剝極而復的前三天，死了恩愛逾恆的髮妻，徐霞客不及見旌旗招展，大軍雲集，窮愁夫婿否極泰來，飛黃騰達的那一幕，固然是她紅顏命溥，天妒佳麗。可是，楊雲史在鼓盆之痛，悼亡悲泣之際，偏是枯木逢春，時來運轉，登臨他一生顛峯狀態之時，這簡直是命運予他的一大諷刺，時人多譽楊雲史詩如杜少陵（甫），楊雲史則嘗自嘲他不過境遇和杜少陵相埒罷了。其實，造化弄人，命途多舛，楊雲史還不如也曾走過幾步好運的杜工部呢。

在討賊聯軍總司令部裡，人人忙著升官發財，邀寵立功，唯獨一個楊雲史，哭喪著臉，呆呆怔怔，一得靈感便寫悼亡詩，編他的霞客夫人為他保存整理的詩集，睹物思人，如見一楊攤書，煎茶相伴，「江村消雨後，燈火可親時」，貧賤夫妻百事哀，更何況一對佳耦二十年裡聚少離多，經年累月的兩地思念。楊雲史愴然倉卒永訣，追念霞客夫人在世時的四德俱備，他私謚霞客夫人為懷夫人，為之作一字一淚的〈謚妻記〉，記述她的生平賢孝事蹟，和二十年來夫妻間所共的哀樂，又復在他自編的《江山萬里樓詩集》每卷之首，附刊一張歷年所攝的「行樂圖」，及其遺照遺容，以便他自己：「每一展卷，如見其人，且誌有功於是集也。」

## 漢臯名妓．互憐身世

民國十四年陰曆十二月初七日，楊雲史思念霞客夫人過切，他聽朋友的慫恿，利用路經上海之便，到上海小慈航乩壇燒香拜佛，請他的霞客夫人降神。也不知是他精誠所至，感動神仙，還是小慈航乩壇有人故弄玄虛，他居然請到了徐霞客，而且還在乩禮上洋洋灑灑的寫了數千言，徐霞客曾經向楊雲史自述前身，和她在世時候的許多事情，據他說是歷歷如繪，絲毫不爽。徐霞客告訴楊雲史說：她已獲得佛祖的超度，賜名「烟霞舊客」，當時正在武昌珞伽左山的古洞裡靜修，三五世後可證正果，得道成仙。她又再三稱謝楊雲史待她的一片深情，希望他善自保重，撫養子女，臨了一聲「我去也」時，傷心欲絕的楊雲史，早已哭倒在地。

他把霞客夫人所寫所記全部抄錄下來，每天「把卷三復，如睹音容，終日悲歎，不忍釋手」，同時他還下定了願心，要到海外訪尋霞客夫人靜修所在的珞伽左山古洞，那怕是千巖萬壑，他也非得找到那個地方不可。只是，楊雲史生於憂患，不幸又為詩人，他是命中註定了窮困終生的，就算他在吳佩孚的幕中，有個差使，也得了吳佩孚不少的餽贈時，他也因為負債纍纍，家庭負擔太重，而致「營齋營奠羽書忙，百日煎熬鬢已蒼，何得俸錢過十萬，自傷風雪典衣裳」。民國十四年他鴻運當頭時冬天大風雪裡還得當衣服濟急，賦閒時窮到什麼地步也就可想而知了。所以他這個海外訪仙山求見亡妻的願望，一直到死都無法達成。

徐霞客給楊雲史生了兩個兒子：丰祚、貞祚。連同楊雲史元配李夫人生的，他一共有四子四女，死前，又得了一個孫子和四個孫女兒。

「近來英氣消磨盡，只畫梅花贈美人」，名士風流，自古已然，傷妻以後的楊雲史，淚痕不乾，心如槁木死灰。然而，他卻在十五年正月，居然自風塵中有所奇遇，結識了一位深情玉貌，「穠妝明艷淡妝清」的漢臬名妓。那是民國十五年正月間楊雲史隨侍吳佩孚在漢口查家墩總司令部的時候，當時吳佩孚一心所「討」的倒戈將軍馮玉祥方於十五年元旦通電下野，出國考察，把他的國民軍交給了張之江，張作霖則反轉過來和吳佩孚拜把了稱兄道弟，電請吳佩孚：「關內事請公主持，關外事由弟應付」，馮玉祥的部將幾次三番要向吳佩孚稱降，請他「不念前嫌，共謀國是」，可是吳佩孚實已將馮玉祥恨毒了，他說馮玉祥的下野分明是詐，聲言願與各方化敵為友，只與馮玉祥一人為敵。他跟張作霖組成聯軍兩路討馮。吳佩孚這一次北上督師沒帶楊雲史同去，所以他在武昌查家墩很閒，偶或也出去應酬應酬。

當年北洋軍閥官場之上奢靡成風，一請客就酒卜有色，徵歌選舞，叫條子傳妓女，鶯鶯燕燕的一大堆，楊雲史置身其間，耳濡目染，自然也恬不為怪，習以為常。民國十四年正月十五，上元之夜，查家墩總部留守人員照例舉行會餐，聲勢顯赫，出手濶綽的豪客多達一百餘人。因此召來侑觴的漢臯名妓竟有一兩百名，群雌粥粥，鶯叱燕語，在座的老爺們自不免打情罵俏，品頭論足，當時舉座一致公認，其中就數一個叫陳美美的諸暨姑娘長得最美。楊雲史一聽便聯想起諸暨苧蘿山下，浣紗溪邊不正是西施的故鄉嗎？他心中一動，問明白了陳美美還是初次出局應差，在座並沒有她的相好恩客，便請她往自己的身邊一坐。

## 羅帳香濃·白袷衣單

楊雲史是吳玉帥尊之如賓，愛之如弟，介乎師友之間的紅人。吳佩孚幕中的那個不想巴結他一下，只是平時他志行高潔，戛戛非同流俗，又兼悼念亡妻，常時鬱鬱寡歡，愁眉不展，令人無從親近高攀。如今難得他主動的召來一位姑娘，於是大夥兒就興高采烈，忙不迭的起鬨，告訴陳美美：楊老爺是什麼樣的身分和地位，這陳美美雖然墮入平康，溷跡章臺，她居然還是個讀書識字的，一聽到楊雲史的名字便曉得他是一位名重公卿的當代大詩人，她跟楊雲史呢噥細語，傾訴身世，使楊雲史因而得詩：「自言不解說相思，今日逢君怨見遲，生長苧蘿山色裡，還從蘇小問西施。皓齒明眸怨未休，共憐身世不勝愁，獨眼人睡無消息，一夜春風吹畫樓。」

一連幾天，陳美美的倩影，在楊雲史的心中念念不忘，他又在一個應酬場合上召了她來，這一回，陳美美向楊雲史索詩，他寫了〈贈陳美美校書〉四首，記他們結識的經過，把陳美美比做了浣紗的西施。再一次，陳美美請楊雲史畫紅梅屏幃，他又欣然照辦，在春雨淅瀝聲中，繪了四幅紅梅，再題上八首絕句，這便是他們的定情之夕了。楊雲史曾有如下風光旖旎的名句：「折得寒香煙滿湖，孤山蘇小伴林逋，羊羔兒酒銷金帳，抵得清狂小宋無？」

楊雲史有勢力而不能用，有好差使而沒錢，陳美美純粹是愛重他的才華與多情，方能不顧一切的委身事他二百餘日：在楊雲史而言哩，即令在陳美美的跟前，他也絕不否認，他是喪偶之後，愁慘太甚，得了美美，療愁勸酒，亦足為歡！只不過，兩人相處將近一年，雙方自難免動了真感情，楊雲史曾為陳美美寫了無數首艷詩，假如事實許可，兩人得能長相廝守，自也不失為一段美滿姻緣。從楊雲史為美美寫的詩中，不難看出他的輕憐密愛，以及其情深款款，諸如：

〈沉醉〉

羅帳香濃夜氣清，儘教沉睡且休驚，
今宵被酒須將息，不脫春衫坐到明。

白袷衣單覺漏殘，酒痕狼狽兩闌珊，
自移銀燭西樓下，夜半無人看牡丹。

有時候，想起了他的亡妻霞客夫人，楊雲史在陳美美悉心伏侍，曲盡綢繆之餘，也難免會偶起傷感。例如霞客夫人抵達岳州整整一年的那天，三月十五日，楊雲史在美美的席上，就成詩一首：

處處新詩籠碧紗，自傷哀樂換生涯，
閒眠綉榻聽春雨，共捲珠簾看落花。
幸有玉人同在客，為憐遊子已無家，
去年今日迎梳洗，曉涉湘江去採茶。

## 武昌圍城．一頁秘辛

民國十五年七月九日，霹靂一聲，大地驚蟄，國民革命軍蔣總司令就職，旋即麾師北伐，義師所向，北洋軍閥望風披靡。當時吳佩孚正在南口討馮，反覆鏖戰，久久不下，國民革命軍以風掃落葉之勢，下衡陽，克長沙，直逼湘鄂邊境要隘汀泗橋，武漢告急，一夕數驚。吳佩孚匆匆率師來援，汀泗橋一戰，被國民革命軍打得落花流水，潰不成軍，急遁武漢，企圖作最後掙扎，九月六日他在查家墩總司令部樹林子裡席地而坐，計議軍情，嘩啦啦的一砲直從武昌城裡的龜山上弔來，俄而又是一砲。一查問，原來是新任湖北省長兼漢陽防守司令劉佐龍響應國民革命軍，欲置吳佩孚於死地，吳佩孚急招武漢警備總司令靳雲鶚籌思對策，又不應，他這才曉得義師之來實已令他眾叛親離，慌忙撤向漢口、信陽，一片大亂聲中，把他的秘書幫辦楊雲史給陷在武昌圍城之中了。

據江西新城陳灨一所著的〈楊雲史先生家傳〉，還載得有如下的一段罕為人知的秘聞，據說當吳佩孚兵敗汀泗橋，急率殘部退守武昌城，國民革命軍第四軍第十師迅即力克武昌城東十里之洪山，以高屋建瓴之勢，發砲猛攻城中各據點，吳佩孚遂率衛隊渡江到漢口，一天晚上，他正與楊雲史共坐議事，吳佩孚的秘書長張其鍠一掀門帘走進來，顯然他是有事要跟吳佩孚商議。可是他看見楊雲史在座，便欲言又止，自去吳佩孚的辦公桌上，寫了個字條，遞給吳佩孚。

吳佩孚看過字條後，答覆張其鍠說：「這是何等的大事，我得鄭重的考慮一下。」這時候，楊雲史便率直的問：「是不是子武獻計決江灌敵？」吳佩孚直承的說：「是呀，雲史你怎麼會知道的？」楊雲史說：「子武曾經跟我商量過，我則期期以為不可。」事情被他說穿了，張其鍠就告誡楊雲史說：「請你務必要保守祕密，萬萬不可對外人說啊。」

張其鍠退出後，楊雲史便正色的對吳佩孚說道：「子武的計畫是決武泰閘以水淹敵軍，可是武泰閘一開，咸寧七縣俱將淹沒，七縣的老百姓數逾千萬，而敵軍只有四千，因為四千之敵，斷送七縣的人命，那未免太殘忍了吧。況且敵軍正踞守洪山，水平線在武昌城以上二三十丈，縱使開了武泰閘，決水充其量只能跟江水相平，對洪山上的敵軍毫無作用，咸寧七縣的千萬百姓反倒先遭了巨劫，這是何苦來呢。如今敵我雙方樹幟舉兵，都說舉兵的目的在於救民，我們不能救民反而戕害民命的話，恐將為天下所不諒。」

吳佩孚聽了楊雲史的慷慨陳詞，不禁為之動容，他頷首贊可的說：「誠然誠然，我早就曉得子武的這一計是行不通的，而且即使行得通，我也不能這麼做。」

楊雲史所謂的武泰閘，是清末湖廣總督張之洞所築的，耗資不下百萬。民國十五年秋，正值長江漲水，江水高過兩岸兩尺多深，行人為之沒脛。吳佩孚果若開閘決江，咸寧七縣必將釀成洪水之災，其後果之嚴重，簡直不可想像。

## 「楊圻從此不畫梅！」

這算是楊雲史在吳佩孚幕中，做了一件大功德事，然而當吳佩孚倉皇北遁，楊雲史陷在危城武昌，硝烟瀰漫，腥風血雨，他早知武昌終必不守，唯恐他曾佐吳佩孚戎幕多年，會被國民革命軍逮捕嚴厲處置，因此他下定了決心逃走。而在這兵荒馬亂，自身難保的時候，他還怕牽連了情意纏綿的陳美美，讓這弱質紅顏，跟著自己受罪，所以他萬般無奈的揮慧劍而斬情絲，結束了這段風流孽債。然而轉念美美的萬丈柔情，一片真心，轉念重來崔護，未必桃花，從此蕭郎，頓成陌路，他唯有和淚以俱，寫下了〈留別美美〉長歌一首語語叮嚀的說：

健飯加餐早早眠，自家珍重勝人憐，
江頭昨夜東風緊，翠被雲裘放手邊。

楊雲史也自怨自艾的道：

年內海內盡知卿，慚愧風流小杜名，
醉不成歡行不得，畫樓秋雨到天明。

那位愛重詩人才華，不惜以身相許的青樓奇女子陳美美呢，她明知楊雲史陷於危境，非走不可，自己倘若必欲跟了去，一定會成為他帶不動的累贅。所以她唯有自嗟命薄如紙，終日以淚洗面，默無一語，自從武昌圍城之日起，以迄楊雲史雜在難民群中走成了的那天為止，一連多日，她頭不梳來臉不洗，彷彿在向楊雲史無言的明其志。便在那斷腸人對斷腸人，流淚眼對流淚眼的十日之間，楊雲史安排好了陰曆九月十二日動身的前夜，美美強忍著不哭，為使楊雲史也勉抑生離死別的悲哀，消磨那一個難捱難捨的漫漫離別長夜，她分明早已哭腫了眼睛，卻強顏歡笑，殷勤的勸楊雲史喝酒，伸手纖纖柔荑，為他把盞，然後請道：「能不能再為我畫一幅梅花，讓我留作永久的紀念。」

楊雲史點點頭，答應了，他忍淚吞聲，鋪紙醮墨，淚眼婆娑的勉強成圖，這時候，為新經大敗的吳佩孚愁，為永訣在即的陳美美悲，更為自己的前途茫茫，死生難卜悽然，楊雲史語語沉痛，血淚交迸的在畫上題了四首七言絕句：

原知歡蒂是愁苗，悔把溫柔慰寂寥，
枉負才名傾粉黛，風流兩字太魂銷。

戎馬經年衣滿塵，強歡暫醉暗傷神，
平生熱淚黃金價，只贈英雄與美人。

照眼枝枝紅雪堆，胭脂難買好春回，
羅浮以外非春色，從此楊圻不畫梅！

舊夢新盟兩不真，臨歧再贈一枝春，
他年綠葉成蔭後，陌路應憐畫裡人！

陰曆九月十二日，楊雲史逃出武昌圍城，當日渡江到了漢口，他在漢口的朋友為他餞別，兼且慶賀其「脫險」，因為他當夜就上船駛往家鄉常熟了，寄厝於漢口的霞客夫人靈柩，則已由朋友幫忙先上了船，隨他還鄉。這時候，他萬萬料想不到，陳美美竟會也跟在他之後，出了武昌城，而且找到了朋友為他宴別的飯莊，陪著他直到終席，然後又在三更半夜把他送到了船上，相對欷歔，黯然神傷而已。楊雲史當著美美的面，掩面哭著口占三絕，其中第一首寫的是：

金樽酒盡出離筵，江月茫茫客在船，此別莫須身世恨，感時淚濺玉人前。

一路痛哭，附舟旋里，哭懷夫人之柩、哭吳佩孚之敗、哭陳美美之慘，哭自己的一腔無可奈何情，楊雲史從漢口到上海，沿途嗚咽啜泣的寫出一首首哀而不怨，纏綿悱惻，令人讀之酸鼻的詩篇。到上海，轉常熟，來不及安葬他的霞客夫人，便又迢遙千里的去追正被國民革命軍和奉軍南北夾擊，大軍即將瓦解，後來竟至落荒而逃，進了四川的吳佩孚，詩人的一腔愚忠，愧殺那般吳玉帥一手提拔、戎服輝煌的北洋叛將。

他由上海而徐州、鄭州，在鄭州和吳佩孚見到了面，吳佩孚對他的二度前來共患難，同生死，說不出的感慨系之。楊雲史跟著吳佩孚一直到河南鞏縣的黑石關，在僅餘一支孤軍，陷於四面包圍之中，他還曾作了一首七絕如次：

黑石關前有戰壕，秋山迤邐入嵩高，
獨來馬背尋詩畫，萬點寒鴉渡虎牢。

時間已經到了民國十六年六月，國民政府早就定鼎南京，國民革命軍初期北伐告成，六月十六日奉軍總司令張作霖就「大元帥」職，成立所謂「軍政府」，企圖負隅頑抗。馮玉祥的國民軍在陝西發動攻勢，將取洛陽，吳佩孚的一支殘餘人馬恰好擋在國民軍與奉軍之間，成了個夾心麵包之勢，雙方正待決戰，都在請他讓路。吳佩孚又重施鷄公山上不打、不降、不走的故技，於是奉軍不耐，開始硬逼。農曆三月初七（陽曆五月十五日）又是吳佩孚的五秩晉三壽辰，吳總部正在大開筵席，為他賀壽，下午三時，忽有隆隆砲聲。命人打探居然是奉軍來攻汜水，吳佩孚立即宣布散席，殘餘人馬陸續南撤，他自己也在翌晨拂曉離開鞏縣直下南陽，過登封時他幾欲出家為僧，以了殘生，後來經他的張氏夫人苦勸總算打消此念，穿過川鄂邊區三不管地帶前去萬縣投奔楊森。由於吳佩孚自知前途無望，他在鞏縣行前力促楊雲史及早脫身，派人硬逼著把他送到鄭州。然後轉折回鄉。

## 教張學良一怒拂袖

有一位楊雲史三十多年的老朋友，江西新城陳灨一，時在北京和奉軍少帥張學良很熟。一日，張學良問陳灨一說：「你認識江東楊雲史嗎？」陳灨一答道：「我們是老朋友了，前清宣統二年我就在上海見到他，當眾朗誦他所作的詩詞，彼此意興均豪。後來民國元年又見過一面，談得很投機。他還說過將來他死後要我作墓志銘呢？少帥問他做什麼？」

張學良說：「我最近偶然讀到他作的〈榆關紀痛詩〉，對楊雲史先生的忠於事主不覺肅然起敬。陳先生你能為我羅致楊先生入我幕府麼？」陳灨一應允了，他寫了封信到常熟，正值楊雲史又賦失業，無以全活。為生計所迫，他便僕僕風塵的上了北京，當時張學良住在北京城裡的卍字廊，楊雲史往見，張學良就告訴他說：「我一向仰慕唐太宗的為人，唐太宗貞觀之治能使四海謳歌其德澤，由此可見他才識之卓越。前些時我買到了一部宋版《貞觀政要》，可否請楊先生逐日為我講解，使我瞭然一代明主施政治軍成功之所在。」

楊雲史說：「好的，請少帥定一個時間。」

張學良把時間定好了以後，略談數語，楊雲史就起身告辭。從第二天起他便按時到張學良的書房，為他講解《貞觀紀要》。可是他一連去了好幾天，都沒能見到張學良的面。此公便光了火，說了聲：「他這不是拿我在開玩笑嗎？孺子真不可教也！」

當天就告病假，不再來侍候張少帥。其實當時張學良正幫著他父親張作霖開府北京，公務極忙，他自己麾下就有三十萬大軍，更是軍書旁午，百事如麻。他有心求教，自然不是在開楊雲史的玩笑，不過公忙一時疏忽而已。所以往後北伐告成，全國統一，張學良還曾請楊雲史出關一行，頗想有所借重。只是楊雲史存了個先入為主的不良觀感。那一趟瀋陽行，竟又是一語不合，拂袖而去。從此以後楊雲史便潦倒燕京，窮老賦詩，生活之窮困，有出於常人想像者。

## 吳佩孚問關回北平

另一方面，則吳佩孚率領殘部，通過川鄂邊界盜匪盤踞的地區，投奔時任國民革命軍第二十軍軍長的楊森。在白帝城、萬縣、大竹一住五年。民國二十年春末，他又由蜀西行，渡過岷江，直入松潘草原，然後出長城，達陝甘，而五原、包頭、太原以至北平。當時張學良正任國民政府軍事委員會北平分會主席，吳佩孚的部將于學忠在當平津警備總司令。張學良曾敬之如父執，執禮甚恭。楊雲史也以滿腔歡欣喜悅之情，到北平車站迎迓。他和吳佩孚重新聚首，把晤極歡，並曾親眼目睹吳佩孚當面質問張學良，問他：「九一八事變，日本人奪我東北，你為什麼不抵抗？」

張學良只好將事變發生時內在外在的環境，實際情況，擇要的報告吳佩孚。可是，吳佩孚聽得不耐煩了，他打斷了張學良的話，叱道：「國仇你不報，私仇你不報（指日人炸斃張作霖於皇姑屯），你老子的棺材都豎起來啦！」緊接著他又說：「你怕抗日，我幫你抗，我不是為名為利，我左手拿回東三省，右手交給你！你有仇不報，真是笑話！」

吳佩孚的強項，咄咄逼人，張學良也拿他毫無辦法。只好從此採取敬而遠之的態度，設非必要，決不見面。

率領殘部，千辛萬苦的到北平後，吳佩孚住在東城什錦花園自宅，他照舊維持八大處，和他一千另三十名生死相依，遣之不去的部屬。從此，他和楊雲史又是詩酒盤桓，促膝談天，吳佩孚曾詳告楊雲史，他入川的艱險，和旅川五年，因四川內戰時起，政局起伏，而至顛沛流離，吃盡苦頭，舊部八千餘人，五年裡都在靠四川將領的餽贈接濟，有時候一個接濟不上，便唯有絕糧斷炊。他又說，曾有一次，接連喝過十天的稀飯，言下之意，他這趟出川，也是事非得已。

吳佩孚又向楊雲史欷歔言道這一趟出川的行路難，當他們一行出甘肅河套時，根本就沒法找得到車輛馬匹，迫不得已，吳玉帥就只好坐四名衛兵抬的竹椅，張氏夫人也被逼著學會了騎駱駝。

楊雲史聽後感觸萬端，他又紀之以詩云：

> 跼蹐岷峨外，崎嶇隴蜀西，不知山萬仞，只是覺天低。
> 落日明駝直，平沙塞雁齊，八千餘子弟，艱苦兩夫妻。

吳佩孚住在北平，開始潛心經典，講學論道，慨然以尊孔教正人心為己任。楊雲史和他時相過從、相與談論、偶或也相偕出遊。楊雲史記這一段時期的孚威上將軍吳佩孚是：

談笑忘天下，英雄如是觀，畫梅師造化，學佛到平安。
班馬陪清宴，芳菲侍醉歡，撐腸芒角出，許我伴高寒。

「班馬陪清宴」、「畫梅師造化」兩句，係指民國二十一年春夏之交，什錦花園吳宅海棠盛放，吳佩孚柬邀章太炎、楊雲史花前痛飲，那一天，吳佩孚喝了不少的酒，興緻之高，幾至手舞足蹈。他一再的跟章太炎、楊雲史說道：「今日我知隱居之樂也！」

當時，楊雲史曾以所繪梅花一幅相贈，吳佩孚一向善於畫竹，他從不曾畫過梅花。見了楊雲史畫的那幅梅花時，他愛不釋手，讚不絕口。順便問起楊雲史畫梅之法，楊雲史便反問他一句：「大帥也想學畫梅花嗎？」吳佩孚緊跟著就問：「莫非你肯收我為徒？」「那不敢當，」楊雲史揚聲大笑：「玉帥想畫梅花的話，從明日起，我天天來陪玉帥畫。」

吳佩孚學畫梅花，前後不過一閱月，經過楊雲史略加指點，自此他便以工於畫梅稱。此所以楊雲史讚他天資過人「畫梅師造化」。

民國二十二年春，日方蓄意挑釁，華北風雲緊急，一夕微雨，吳佩孚和他的續絃夫人張佩蘭杯觴兩歡之餘，又定了翌日一早往遊西山大覺寺觀賞杏花之約。屆時楊雲史如刻前往，霪雨方霽，西山如洗，連緜二十里的杏林，萬花齊發，群芳爭艷。吳佩孚深吸清潤花氣，歡喜得未曾有。然而，當他領著眾人拾級登樓，憑欄眺望，看到了東陵和南口，山巒起伏，群峯笏立，驀的使他想起了討馮之役，麾下將士前仆後繼，死傷狼藉，誠如楊雲史料中他的心事，為他所寫的：「圍城幽事少，戰地故人稀，舉目河山異，登臨淚滿衣。」吳佩孚終於樂極生悲，百感交集，當著眾人嚶嚶的哭了。

## 拭淚別吳・南旋省墓

吳佩孚和楊雲史在北平聚首七年，他曾說這是他仔肩早卸，燕居怡逸，一生中最閒散優游，唯有賞心樂事而已的一段好時光。使吳佩孚能在「故京行樂地，歸詠共忘機」，而克「安步來西苑，風光滿液池」，尤其「養詩花發後，留客雨來時」，他能有這幾年「臺殿春無極，興亡酒不知」的閒暇歲月，楊雲史確實功不可沒。

因為，在這七年中間，吳佩孚每逢著書餘暇，佳日興發，或作園囿山水之遊，或開花前月下之宴，他必定會請楊雲史來，湊湊雅興，談論古今。吳佩孚在北京一如在黃州簡直是一日不可無楊圻。他畫了張畫，題了首詩，寫了篇文章，成了本著述，都得遣急足召來楊雲史，跟他研究，與他商討。楊雲史曾經陪同吳佩孚到瀛臺賞牡丹，上絳雪軒看太平花，迭有詩作，相互唱和。此所以當吳佩孚志行堅貞，英風亮節，被日本特務利用不成悍然殺害後，楊雲史時在香江，傷心淚盡，他作〈哭孚威上將軍〉五律四十首，為其嘔心瀝血必傳之作，其中即有一首云：

> 靜夜自花發，池臺光氣微，溼雲如雨露，幽草亦芳菲。
> 清晝欲明眼，天香方染衣，故京行樂地，歸詠共忘機。

此亦紀實之作也。詩後還有跋，說是：「七年歡聚，都成大悲，追念前蹤，此樂今生不可再得，我心傷悲，曷其有極！」

轉眼間到了民國二十六年七月七日，蘆橋變作，中日大戰終於爆發，北平迅即淪陷。淪陷之前，吳佩孚的幕僚部屬，乃至於北平軍政當局，都勸吳佩孚早日離開北平，免受日軍之辱。吳佩孚則屹然不為所動，他說他有把握，日本人不敢奈他何的。有謂萬一日本人要找他的麻煩呢？吳佩孚便釘截鐵的答道：「苟若非禮，有死而已！」

私底下，吳佩孚則對楊雲史說：「我這次到北平，一住七年，歷經張學良，何敬之（應欽）、商啟予（震）、宋哲元四位軍政首長，他們待我敬禮有加，多方維護。再加上北平老朋友多，時有聚會盤桓之樂。我都把北平當作自己的家鄉看了，安土重遷，實在不想搬到別的地方去麻煩人家。我在北平安居、著書立說尊孔衛道。這便是所謂的以教輔政，也算盡了在野的師儒之責。」

然而，故都倫陷以後，在日軍的鐵騎之下，吳佩孚耳聞戰局之惡化，華北、東南各地相繼陷敵，國民政府宣布西遷重慶，祖國阽危，憂國憂時，他的心情就很不好受。有一段時期，他又酗酒，楊雲史去看他的時候，每每打點精神，振作振作。吳佩孚一向愛好園藝，蒔花植木，很有兩手。他教楊雲史種菊，親自培植灌溉，樂之不疲。楊雲史便成為他蒔菊的助手之一。偶或看到他累得滿頭大汗，楊雲史不免勸他節勞，往往自嘲的笑道：「玉帥跟我都有一大把年紀，再也不能跟年輕小伙子比啦！」

吳佩孚則意在言外的回答：「為菊花多累些個值得，我獨愛此君的晚節孤芳！」

「秋來還種菊，此意晚相期。」由此可見，吳佩孚早就有了必要時犧牲一己，以保全晚節的心理準備了。

民國二十七年四月，一夕，楊雲史又上什錦花園，神色之間，頗現黯然，因為他是向吳玉帥辭行去的，他告訴吳佩孚說：「北事日非，故都居，大不易。去年淞滬之戰，江南殘破，祖先廬墓，還不知怎麼樣了呢？幾個月來，魂夢為勞，我想到南邊去看看。」

吳佩孚聽了，沉默良久，然後才輕輕的問：「幾時回來呢？」

「那可就說不定了，」離愁別緒，充斥心田，楊雲史一聲長歎的說：「如果家裡的房子田地還在勉能維持生活，我想就在家鄉住上一段時期。」

又隔了好半天，方始用低得幾乎聽不見的聲音，答了一句：「也好。」

楊雲史回憶他和吳佩孚分別的那一暮依依不捨，卻又是無可奈何。他曾有詩四句：

> 八表同昏日，居夷上海槎，人心換天地，世界謝繁華。
> 此去難為水，何年共種瓜？離群非得已，珍重互吁嗟。

## 「書生本色．名垂宇宙」

然而這一分手，就此人天永隔。楊雲史回到常熟家鄉後，發現廬舍焚劫，早成一坏荒土。江山萬里樓，只剩了一堆斷垣殘瓦，遍地木石砂礫。這時候，他得了朋友的幫忙，又拖家帶眷去了香港。原來是說到香港走一趟的。然而，抵港不久他便得了個拘攣的毛病，肩背手足，因筋肉收縮而佝僂得難以伸直，貧病異域，行動又不便，境況就更可憐了。其間他和吳佩孚互通音問，吳佩孚總是書報平安，囑楊雲史不必懸念。不過在他獲悉楊雲史貧病潦倒，陷在香港時，吳佩孚便命楊雲史的家人南下，到香港去把他接回北平來。楊雲史也曾答應了來年開春，天氣好些，立即動身北返。可是民國二十八年十二月五日，楊雲史在香港閱報，竟然驚聞噩耗，日方因逼迫吳佩孚出任偽職不成，老羞成怒，下了毒手，趁吳佩孚偶攖牙疾，由日本軍醫開刀，一刀割破喉管，當場噴濺鮮血而亡，得年六十六歲精忠自勵，大節不虧，為中外所欽仰痛悼，國民政府尤予明令褒揚。

楊雲史獲知吳佩孚病逝北平的消息，他還不知道吳佩孚之死，是出於日本特務的明刺暗殺。潛心巴望噩耗出於誤傳。當日，重慶《大公報》駐香港記者專程去訪問他，楊雲史一見記者的面，便問：「吳玉帥之死，是那一家通訊社的電訊？」

記者告訴了他消息來源，楊雲史不可能再懷疑其真實性了。他欷歔不置，淚下沾襟的說：「私相信玉帥決不會進日本醫院，或者是請日本醫生。不過，也許是日本人給他派醫生去的。」

這一點，倒是被他全部料中了，他緊接著又說：「大漢奸王克敏不敢在北平胡作非為，就是因為他怕玉帥。其實，玉帥的那一股凜然正氣，連日本人都不免有所畏憚。記得去年夏天我從那邊來的時候，玉帥告訴我說：『我不能禁止人家威脅利誘我，可是我決不受人家的威脅利誘。你用不著為我擔心。』去年冬天，謠言很多，都說玉帥快被日本人敦促出山了。玉帥還特地叫我家裡的人知會我，他以前所說的如何，現在還是如何，將來也還是如何，他是決不會變的。」

楊雲史還曾向《大公報》記者，談了幾件吳佩孚在淪陷後的故都軼聞軼事，他說從前當過一任內閣總理的步兵統領江朝宗，早先在北平組織一個悟善社，請吳佩孚當會長，所以楊雲史也參加。社內設佛堂和文壇，每月聚會幾次，相互唱和。民國二十六年北平淪陷後，外間盛傳人朝宗即將出任北平市長，是為吳佩孚出馬的先聲。當時江朝宗與吳佩孚實已多時未晤。有一天江朝宗訪吳於什錦花園。吳佩孚就當面質問他可有這個話？

他並且大罵江朝宗：「你的年紀比我大，還要落水當漢奸，受萬世的唾罵！真是白髮蒼蒼、老而不死是為賊。從今以後，請你別上我這兒來！」

楊雲史說吳佩孚在北平時的生活情形，每天無非念經、吟詩、寫作、蒔花而已。民國二十七年時曾有一次，吳佩孚和楊雲史談起了他的經濟狀況，他很自慰的說：「我的生活毫無問題，家裡置得有幾畝薄田。又承蒙中央每個月補助我三千塊。」當時楊雲史說：「那也就很能過得去了。」吳佩孚卻感喟的說：「如今這種年頭，能過得去已經是福氣了。」

吳佩孚之喪，楊雲史曾哭之以聯曰：

本色是書生，未見太平難瞑目；

大名垂宇宙，長留正氣在人間。

## 末代詩人侘傺一生

他在「望海長慟，淚枯心亂，死生契濶，深悔遠行」之餘，慨然於吳佩孚「知我之深，從諫之美，念茲在茲，弗忍緬述」，「溯自辛酉（民國十年）入洛，迄今廿載，流離播越，久共患難，言猶在耳，事豈忘心？身難北歸，但有號哭。」因此他噙淚寫成哭孚威上將軍五律四十首。從「涼秋辛酉歲，仗劍洛陽宮，東井人間聚，嵩高天下中。憐才必知己，從一貴能終，二十年來事，欷歔白髮翁」為始，根據事實略記他追隨吳佩孚二十年間的見聞種種。而以「靈運先成佛，人間太寂寥，舉頭山海窄，閉目廢興銷。何以報知己，空令賦大招，投詩南海上，風雨撼寒潮」一律作結，是亦為吳佩孚的平生知己，楊雲史獻給他的一首薤歌。

其實，自民國十年秋，楊雲史被吳佩孚邀之入幕，以迄民國十六年秋，吳佩孚鞏縣突圍，不忍江東才子楊雲史和他同罹於難，強使之去。楊雲史實際上在吳佩孚戎幕的時間，不過六年而已。這六年之中，以民國十一年吳佩孚任直軍總司令，大敗奉軍，為吳氏一生事功的最高潮。當時的吳佩孚權傾朝野，望重中外，所以連他自己都會寫出如下躊躇滿志，目無餘子的〈五十自壽〉詩來：

歐亞風雲千萬變，英雄事業古今同，
花開上苑春三月，人在蓬萊第一峰。

然而，曾幾何時，「眼看他起高樓，眼看他樓坍了」。轉瞬之間，到了民國十三年秋天，直奉二次大戰，吳佩孚因馮玉祥之倒戈幾至全軍盡墨，被自己的老部下東趕西攆，纍纍然如喪家之犬。反倒是楊雲史書生仗義，「爾我同蕭瑟，詩人亦可哀，艱難猶戀主，歌哭一登臺」，抱著「殉主」的決心拋妻別子來從。由那個時候開始，楊雲史便成為跟吳佩孚同生死共患難的刎勁之交了，他才過了幾天安定日子？扳扳指頭也可以算得出來？

吳佩孚死後，楊雲史悲慟過度，從此貧病纏身，常年悶悒，偶而有些文章詩歌發表，也是其聲哀楚激越的煮字療饑之作，讀之令人酸鼻。他只比吳佩孚多活了兩年不到，民國三十年攖疾病逝香港，得年六十七歲。

楊雲史出身望族，少有神童之目，「江東才子」的榮冠，終身不改。他祖父當鳳陽知府，父親更是清末守舊黨的鋒頭人物，累世簪笏，詩禮傳家，先後娶了清末第一權臣，望重賓宇，子孫潤得一塌糊塗的合肥相國李鴻章長孫女，和護理漕運總督，廣東按察使徐文達的女公子，然而他卻一生坎坷，侘傺蹭蹬，幾至無以全活妻孥。康有為稱許他：「雲史國士也，其詩海內一人，我至敬之，至愛之。」又謂：「其旨遠而微，其情深而文，其聲逸而哀。迴腸盪氣，感人頑艷，清詞麗句，自成馨逸。而肌膚若冰雪，天然去雕飾，左挹浮邱，右拍洪崖，超絕埃塵，若藐姑仙人焉！蓋三李之芳躅復見於今，而非餘子所能望見者也。雲史為詩雄麗似少陵，名騰海內，而詞則度世飛升，世鮮知者。」由此可想楊雲史的詩詞，在中國文學史上，必將有其重要的地位。然而，楊雲史他自己卻曾啼笑皆非的說過：「……知余志者，莫不曰先生昔名公子，富貴中人，何自苦為？先生蓋詩人也。嗟乎，我少年時，聞有詩人我者，則色然怒。今聞之則欣然喜。嗟乎！我何幸而為詩人也，則我知免矣。……抑聞海內人士譽我者曰雲史詩如少陵。嗟乎！我又何不幸為詩人而為少陵也！」

曾有人謂：吳佩孚是中國舊式武將之最後一人，而他的平生知己楊雲史則如康有所說的：「遭遘國難，朝市變遷，感激既多，鬱而為詞」，他明明是二十世紀的人物，一輩子活了六十七年然而他卻始終心懷魏闕，永遠在當滿清愛新覺羅朝的孤臣孽子，昧於潮流，無視時勢，似乎他也可以說是最後一位末代詩人了。

# 郭松齡倒戈之失敗及其影響

王盛濤

郭松齡為民國以來不可多得之將才；他善於練兵，也善於用兵。他的作戰都是謀定而後動，出奇兵以制勝。可惜在民國十四年冬發動倒戈，棋輸一著，從此一蹶不振。郭的失敗不只影響於東北，也影響於整個國運。茲將他倒戈的始末及其失敗後之影響，分述如後。

## 初年的經歷

郭松齡字茂辰，洛陽東鋸木廠人，生於光緒八年。於光緒三十三年畢業於奉天武備學堂（又稱陸軍速成學堂），初在三十三鎮朱慶瀾麾下任哨長（即排長）。後隨軍入川，於宣統元年，升任哨官（即連長），宣統二年，升任管帶（即營長）。

清宣統三年，四川以鐵路案排斥外省軍隊，郭乃返回奉天。民國元年三月間考入北京將校研究所，以成績優異，被選任為區隊長，未半年，調任奉天督軍署少校參謀。旋再考取陸軍大學，於民國五年畢業，仍回奉天督軍署任職。

民國五年，張作霖派參謀長楊宇霆率郭松齡赴徐州參加張勳召開之督軍團會議，郭因有所建議未被楊宇霆採納，遂負氣赴粵；在廣東曾任警衛軍中校參謀及韶關講武堂教官，民國八年再回奉天任東北講武堂戰術教官。

## 發跡開始

郭這次由廣東回奉天任講武堂戰術教官，關係其一生至為重要，也可以說是他的發跡的開始。他曾兩次赴外省工作，均未得志，一次被四川排斥回來，第二次赴粵，也是僅僅擔任一段時間的幕僚與教官，並未得展其所長。

他回奉任講武堂教官，適值張學良在該堂受訓，兩人由相識而引為知己，遂由張學良把他推薦至張作霖處，由衛隊旅團長而於民國十年夏提升到第八混成旅旅長，再於民國十四年秋由師長而升任第十軍軍長。前後不到六年工夫，由教官而提升到軍長，總綰奉軍精銳部隊之大權，任用之重，信用之專，罕有其匹。雖唐肅宗之信用郭子儀，漢高祖之重用韓信，劉備之遇〈諸葛亮〉，也不過如是而已。

人生得一知己，死而無憾。郭松齡之遇張作霖可謂身受特遇之恩，縱有小嫌，也應該知道忍辱方能負重。不應因小不忍而亂大謀，更不應以私恨而鼓動全軍作戰，動員數十萬，流血千里，以爭私人之恨，宜其一敗塗地了。

## 精於練兵

郭松齡才兼文武，善於練兵，善於帶兵，更善於用兵。當其任第六混成旅長時，所有二、六兩個旅均駐在北大營，兩個旅司令部成立一個聯合辦公處，所有一切人事經理均由郭一人決定，張學良雖任第二混成旅旅長，很少過問，於此可見張對郭倚畀之殷。

郭頭腦特別清醒，舉凡兩個旅的下級幹部，他不用點名冊就能叫出每個人的名字來，並能道其個性、品行、學術、能力，每當校閱時，必親自主持；凡有不稱職者，即派送講武堂或軍官團受訓，另選學術能力優異者遞補，因此他所訓練的部隊成為勁旅。後來張學良任第三方面軍團長，郭松齡任第四方面軍團長，也是三四方面軍團部成立一個聯合辦公室。東北的奉軍由舊式而轉為後來的精銳部隊，能夠稱霸於中原者，郭松齡的功勞，實不可沒。筆者在近三十年來，所見所聞的將才，尚未見有能出其右者。

## 氣度毀了他

從前蘇東坡論賈誼時曾說道：「賈生志大而量小，才有餘而識不足。」引用這兩句話以論郭，似可比擬。郭才略超群，但氣度稍嫌狹小。凡事遇有不遂其意者，就任性發作，而不考慮其後果，這是他的一點小毛病，不幸這點小毛病，竟成為他的致命傷。

民國五年，他隨楊宇霆赴徐州開會，因意見未被採納，即負氣而去。第二次再回奉天，張作霖並沒有記取前嫌，仍是重用他，可以說是張作霖有容人之量，有用人之能。「大帥辦事行不行，必先問問楊宇霆。」這是大元帥府裡流行的一句話。楊在當時有左右張作霖用人之權，但是楊宇霆並未在此時記取前嫌而離間郭松齡。

那個時候的東北，並沒有派系之分；張作霖用人大公無私，惟才是用，不分地域，不分學籍，不分新舊與親疏，當時的奉軍，可以說是上下一體。只是外人離間它，硬把奉軍分為什麼新派、舊派、士官派，其實絕無此種現象。郭松齡誤聽閒言，自造矛盾，竟於民國十四年冬發動倒戈。此種舉動，勿論對東北、對國家、對其個人，均屬不當。

## 倒戈害了郭松齡

張作霖於民國十一年起即與總理合作；曾派姜登選駐廣州代為連絡一切事宜，並於民國十三年秋響應總理通電，擊潰曹吳勢力。（按：民國十二年十月十日曹錕賄選總統，總理通電聲討，並於十三年九月十三日率師北伐，張作霖通電響應，並分兩路進兵，策應總理北伐，即所謂第二次直奉戰。）郭既為同盟會員，就應當因勢利導，把奉軍導入革命武力途徑，迎接總理北上，完成南北政治統一，建設三民主義新中國，此目的如能達到，或者不致於發生後來之「九一八」事變。

我們知道東北為中國領土之一部分，張作霖既不能自身偏安於東北，也不能脫離中國而自立。無東北即無中國，中原不保，東北亦難自保，是東北與中原息息相關，勿論在政治上，軍事上，均不能與中原脫節。張作霖與總理合作，企求南北政治統一，這一行動，在當時而論，是最正確的。不幸總理於民國十四年春逝世，未能達成此願，臨終尚諄諄告誡於國人：「和平、奮鬥、救中國。」郭為張作霖左右心腹，自應構通各方意見，促成國家和平統一。一致對外之不暇，更何忍自相殘殺。無奈當時倒戈之風特盛，那一些大小軍閥們，任由政客宣傳播弄；沒有是非觀念，沒有國家觀念，只有個人權利觀念，個個都想找個機會，借個理由，去把自己的長官推翻，搶塊地盤，關起門來做他的土皇帝。朝為長官部屬，夕為仇敵冤家，互相爭伐搶奪，恬不知恥，新軍閥換舊軍閥，一輩不如一輩，其混亂之情形，遠過於春秋時代。

郭在此時或多或少是受當時那些倒戈風氣的影響，尤其是受馮玉祥的煽惑與鼓動，更為其發動倒戈最大的動機，因此中了馮玉祥的離間陰謀，使東北自相殘殺，以便漁翁得利。

## 未作全盤考慮

郭的倒戈，如純以武力而論，是百分之百的成功，但是以政治論，以人心論，以國際環境論，就不是那麼簡單的事情。

當時的東北，北有蘇聯虎視耽耽，東有日本處心積慮。這個時候的東北，真是虎視鷹揚的兵家必爭之地，如無張作霖，恐怕早被蘇聯赤化，而步上蒙古的後塵。或被日本鯨吞，不待九一八事變了。

郭的倒戈失敗，是他個人的不幸。假使他能夠於當時攻進瀋陽的話，那就勢必釀成東北長期內戰。當時張作霖的計畫；如郭軍攻進瀋陽，就打算首先把大元帥府焚燬，然後率領部隊，退到山裡，再召集吉黑兩省部隊，繼續對抗，這一來，必將流血千里，生靈塗炭，其禍患實不堪設想。結果可能在兩敗俱傷之時，為日本或蘇聯利用「亂兵引勝」的辦法，乘機佔領，或瓜分東北。那時候的中國，對外毫無作戰能力，勢必只有眼睜睜看著東北丟掉。

## 權勢之念害人

中國人最大的毛病，就是私人權利，高於國家民族的利益。為了個人的權利，寧肯把國家弄亡了，也再所不惜。如南宋的秦檜，民初的袁世凱，抗戰時期的汪精衛，這一些人們，都是只顧個人權利地位，不顧國家民族的生存，除了挨罵千古，還有什麼可述？其實一個人能夠立功於國家，並不限於虛位的皇帝與領袖。郭子儀薄天子而不為，諸葛亮能取而代之而不代，曾國藩能奪滿清之天下而不奪。此三公皆成絕代之功而風儀千秋。

如果一個人不顧國家民族的利益，只顧個人權利的爭奪，如倒戈將軍馮玉祥；從他當營長時起，就開始倒戈，一直倒到他死的時候，所有民國以來的風雲人物，他都跟過，他都倒過。殺人不可數計，爭奪了一輩子的權利。但所剩下的，只有一個「倒戈將軍」的空銜！

郭生逢際會，才、德、位兼備，惜昧於一時的權勢之念，抱憾終古。

## 灤州會議註定敗兆

民國十四年十一月二十二日郭在灤州召集團長以上官長會議；宣布他的倒戈決心，當他講話到中途的時候，曾痛哭失聲，不能自已。後由他的夫人韓淑秀繼續宣布開會的目的。張作霖是他多年的知遇長官，一旦宣布倒戈，其內心必有許多的痛苦，所以痛哭不已，當時已造成騎虎難下之局勢，又不能懸崖勒馬。

當會議完了，就令贊同的人簽字，其中有師長裴振東等拒絕簽字，當由郭解除裴振東等四個師長及一個旅長的職權（師長除裴振東外，其他三人為趙恩臻、高維嶽、齊恩銘、旅長為孫旭昌）。會後第二天，將安徽督軍姜登選殺掉。此外還有一個騎兵師長，未參加會議，聽到倒戈的消息後，即率領騎兵師逃歸瀋陽方面，後來聽說郭軍裡尚有一位將領作瀋陽方面的內應；令砲兵將引信管完全抽出，所有打到瀋陽方面的砲彈均不爆炸。當張學良出現於第一線指揮的時候，所有出關的郭軍就紛紛投向瀋陽方面。軍心向背，非戰力所能挽回。我們知道：兵以義動，「師克在和不在眾」，郭軍以此潰散之軍心，焉能取勝？惜郭當時未加深察，一意孤行，遂造成後來無法挽回的敗運。

東北人都知道：郭松齡就是張學良，張學良就是郭松齡，他們兩個人可以說是一個人，道義相交，情逾骨肉，所有奉軍的精銳部隊，在名義上歸張學良指揮，在實際上都歸郭松齡指揮。不論為公為私，在郭而言，均不應利用張作霖兵敗危急之際，乘機倒戈。

當郭死後，陳屍於瀋陽小河沿的時候，楊宇霆曾輓以「論權論勢，張將軍那點虧你？不仁不義，爾夫妻佔個完全。」此聯固屬尖酸刻薄，而以張作霖對郭之殊遇，竟能做出倒戈事情，似有不忠不義之處。春秋責備賢者，我出此言，實為其深致無限的哀痛，倘其泉下有知，應鑒斯意。

郭軍倒戈失敗後，不只影響東北，也影響整個國運。東北從此日趨沒落，張作霖也霉運當頭，緊接著於民國十七年被日本謀炸於皇姑屯。十八年發生中東路事件。二十年九一八事變。接著七七事變；以致演成今天不堪回首之國運。

# 張作霖、曹錕親家變寃家記

朱冠文

民國十一年（一九二二）直系的曹錕、吳佩孚，與奉系的張作霖關係惡化，奉系認為這完全是吳佩孚一手造成，而直系領袖曹錕的左右對此也有同感。在張作霖來說，當時他不喜歡吳佩孚，是因吳佩孚不該和他並駕齊驅，他覺得吳的資格很淺，怎可以和他平起平坐呢？事實上，自直皖戰後，吳佩孚的發言權有時還超過張作霖。吳佩孚駐節洛陽，洛陽幾乎成為全國政治的中心，吳佩孚一發言，總有很多人叫好、鼓掌，隨聲附和，這是讓「關外王」最起反感的。同時，奉張認為洛吳處處跟他過不去，尤其是對梁士詒內閣的攻擊，分明就是箭頭指著張作霖自己。

## 張作霖對吳佩孚不滿

張作霖越是對吳佩孚感不滿，但吳佩孚的發言權卻是一天比一天高。毫無問題，這位吳秀才很會抓著大問題發揮，從衡陽撤兵時起，他以一個小小師長脫穎而出，青雲直上，得心應手，事事如意。張作霖看著這個北洋後進，越看越不順眼，可是秀才已成局面，你越不滿意他，他越得意。

曹錕在保定雖然倚賴著吳佩孚，可是也對吳佩孚的洛陽局面也存有戒心；尤其是曹三爺的左右，時時把吳佩孚的專機向曹進讒，曹錕的兄弟曹銳（直隸省長）和曹鍈（廿六師師長）也對吳佩孚不滿，還有曹錕所寵倖的一群小人，更把吳看做眼中之釘。

奉系了解曹吳之間可以分化，所以拚命在曹錕身上做功夫，不斷強調直奉之間的問題完全是吳佩孚一手造成的，如果不壓制吳，將來直奉之戰必然不可避免，而直奉之戰定必兩敗俱傷，徒給南方的孫中山和皖系段祺瑞造機會。

曹錕的長處是：他自己原是一個忠厚長者，雖然無用，卻能信任吳佩孚；有時候他雖然不喜歡吳，但在大前提下一切都信賴和尊重吳的意見。直系當時能一枝獨秀，這是很大的關鍵。

## 奉直大戰已箭在弦上

直奉之間局勢緊張時，雙方的親信都奔走調解，希望避免戰爭，北洋耆老要如趙爾巽、張錫鑾、王士珍、張紹曾、鮑貴卿、孟恩遠、車慶雲、曹銳、王承斌、秦華等往來奔走，希望雙方懸崖勒馬；可是奉張早已積極布置，而洛吳也認為難免一戰，因此雙方都各走極端。

奉張這時的用兵計畫在於包圍洛吳，一面和廣東方面接洽，由粵方分兵出湘、鄂、贛；張勳的舊部與張文生則會師安徽；田中玉響應於山東；陳樹藩進攻陝西，同時極力拉攏河南的趙倜、趙傑兩兄弟，希望他們反吳，乘虛搗毀洛陽基地。奉系的大軍則紛紛入關，分駐軍糧城、獨流、津沽、密雲、古北口和津浦線之良王莊、馬廠、蘆臺等地。

這時，奉直大戰是箭在弦上，雙方都能放而不能收，一發不可收拾之勢已成了。

## 結成孫段張三角同盟

奉張對吳佩孚所採取的攻勢，照理說是很厲害的，因為這時奉張已和中山先生取得聯系，又和皖系有祕密往還，外間盛傳所謂孫段張的三角同盟正接近事實。奉張希望中山先生的北伐軍出師後，就迫使吳佩孚首尾難於應付。由北伐軍首先向直系進攻，隨後皖系起而響應；接著暗中策使安徽督軍張文生、河南督軍趙倜、陝西省劉鎮華都在直系心臟地區和其周圍地帶動作起來。同時更吸收了許多下台的軍閥，如王占元、張敬堯、吳光新等，這些人都把吳佩孚恨入骨髓，他們雖已下台，可是百足之蟲死而不僵，仍有舊部散處各地，如：張敬堯的舊部吳新田在陝南，王占元的舊部孫傳芳在湖北，吳光新的舊部盧金山在鄂西。這些人當然都希望起而打倒吳佩孚。奉張自己覺得是得道者多助，因此在吳佩孚猛轟奉張支持的國務總理梁士詒時，一直對吳的挑戰行為採取不應戰態度。

中山先生的北伐遲遲不能出動，是因為受了陳炯明叛變的阻礙，因此聯合反直的行動遂不能開始。

曹錕不希望見到直奉兩系兵戎相見，所以一再約束吳佩孚不要太走極端。同時並派直軍廿三師師長王承斌（奉天人）三次到瀋陽表示善意。奉張對於這位親家曹三爺並無惡感，所以也派察哈爾都統張景惠到保定回拜。曹錕建議把北京和直隸境內的奉軍調走，以免直奉兩軍因防逼近區而引起衝突。張作霖慨然同意，並令張景惠主持關內奉軍撤退的事務。

## 鮑貴卿組閣注定流產

不想就在此時，曹錕的弟弟曹銳等怕奉軍撤退，吳佩孚勢力更大，因此又說服了曹錕，特派曹銳到瀋陽，向奉張要求，挽留關內奉軍。曹銳並向張作霖解釋，說攻擊梁內閣完全是吳佩孚的個人行為，與曹家兄弟無關；吳佩孚跋扈自專，很多方面並不聽曹錕的命令等語。張作霖於是也表示奉系所恨的是吳佩孚一個人，對曹家毫無怨恨之意。

民十一年（一九二二）二月十五日，大總統徐世昌通電表示關於內閣問題的態度，電報中略云：「中樞進退，皆屬本大總統之職權，而本大總統於人才進退之際，但期有利國家，初無絲毫成見。至於整飭紀綱，則本大總統職責所在，不敢不勉。」

徐世昌把內閣問題的責任歸在自己身上，意在保全張作霖的面子，同時暗示可以「訓斥」吳佩孚以平奉張之怒。末了則提議擬派內閣的陸軍總長鮑貴卿組閣，因鮑氏也是張作霖的兒女親家，對直系也有好感，是比較行得通的。徐還命鮑貴卿自己到瀋陽去和張商量，那知張老帥見到鮑親家卻沉下臉來說：「霆九！你如果要過總理的癮，可以自己上台，何必千里迢迢來關外問我！」

## 張作霖下定決心一拼

這時候，各方都在密切注視吳佩孚的態度。吳因為自己的兵力散在陝西和兩湖，布署尚未周全，因此十分靜默，且曾通電闢謠，說本人和奉張決不開戰。

是年二三月間，北方局勢萬分險惡，段祺瑞從北京溜走，表示可以北伐，這些對直系都極不利，因此張作霖對直系的態度便愈益強硬起來。他以換防為名，動員大批奉軍入關。吳佩孚接到這個情報，也在京漢線上扣留車輛，調動軍隊，準備應戰。

於是曹銳大起恐慌，正巧三月八日（陰曆二月十二日）是張作霖的五十五歲生日，曹銳以祝壽為名，再到瀋陽，張作霖對待他仍像往日一樣，有說有笑，可是一談政治問題就打哈哈，顧左右而言他。曹銳找到孫烈臣打聽消息。

孫說：「咱們大帥想請教四爺，究竟是部下親呢？還是親戚親？」

部下是指吳佩孚，親戚是指張作霖。曹銳指天誓日地表示曹家兄弟決不會縱容部下做出對不起親戚的事情來。

孫烈臣著說：「好吧！咱們把你這話回覆大帥。」

於是張作霖很認真的向曹銳提出了四個條件：

第一、梁士詒銷假復職，復職後讓他自動下台；

第二、吳佩孚不得兼任直、魯、豫巡閱副使；

第三、段芝貴督直；

第四、直軍退出京漢線北段，京津地方完全劃歸奉軍屯駐。

張作霖這時已下定決心要和吳佩孚拼一下，如果吳佩孚敢於反對梁士詒復職，他就以「反抗元首」及「軍人干政」等罪名，脅逼徐世昌下令討伐。

## 要求曹錕壓制吳佩孚

就在這時，北京爆出了一個大參案，是關於財政方面的，財政部以鹽餘作為擔保，發行債券，訂名為「八釐債券」，總額九千六百萬元。由於直系攻擊，所以另外成立一個「償還內外短債審查委員會」，由審計院、檢察廳及銀行界重要分子合組而成，以董康為委員長。當時財政當局打算藉此掩人耳目，不料審查結果果有弊端，遂提出大參案，建議法庭票傳財政當局和有關人員到案對質參財政總長張弧看見風色不對，乃棄職逃往天津。吳佩孚抓住這個題目，又大做文章，稱讚董康是「包公再世」，要挾北京政府立刻下令將張弧撤職查辦。

曹銳正在瀋陽，張作霖見到吳佩孚的電報，氣上加氣，便聲色俱厲的質問曹氏兄弟有無約束吳佩孚的能力。

張說：「這個姓吳的根本不把咱們親家（指曹錕）放在眼中，實在太欺負你們了！他攻擊北京內閣就是打擊我，打擊我無非是逼你們和我作對。如果沒有我，還會有你們嗎？三哥（指曹錕）如果礙於情面，我只好代你們重重地教訓他一頓。」

在張作霖盛怒之下，曹銳趕回保定，要求曹錕以大力壓制吳佩孚「胡說胡為」！

## 吳佩孚表示服從曹錕

曹錕聽了曹銳許多不利於吳的話，既感於事態嚴重，同時為了要緩和張的盛怒，乃考慮對吳約束一下，因此電召吳到保定來面商一切。吳借口忙於軍務，不能分身。這一來可真惱怒了曹三爺，乃表示如果吳敢於一意孤行，他們兄弟就在張、吳兩人之間宣布中立。吳聽到這個消息，才鬆了口，表示一切問題請老師作主，自己絕對服從。

由於事機緊逼，曹錕便代吳擬了一個電稿於三月十日發出，這個電報解釋五點：

一、元首提梁士詒組閣，張曹兩使均贊成之，佩孚反梁氏乃反對其媚外政策，根本不牽涉地方。二、佩孚服從曹使，對於張使抱同一之觀念，既服從矣，其不反對也明甚。三、共和國家，內閣失政，國會得而彈劾之，人民得而攻擊之，不能因佩孚之反對梁氏，疑為奉直間別有問題。四、奉直譬之人身之元氣，而內閣股肱也，不能因股肱有疾而自戕元氣，五、張曹兩使遇事和衷，初無芥蒂，表面雖有奉直之名，內容實無界域之見。……以上各節均證明謠言之不足信，挑撥者別有用心。……

由於這個電報，外人以為事有俄機，乃由趙爾巽、張錫鑾、王士珍、張紹曾、王占元、孟恩遠共同列名，出面調停，分電張作霖和曹錕，另拍一詞意大致相同的電給吳佩孚，致張曹的電文是這樣的：

比年國家多故，政潮迭起，其間主持國是，共維大局，實兩公之力為多。近以內閣問題發生，悠悠之口，遂多揣測。又值雙方軍隊，有換防調防之舉，杯蛇市虎，益啟驚疑，道路洶洶，幾謂戰禍即在眉睫。其實奉軍入關，據聞曹帥原經同意，張帥復有奉直一家，當與曹使商定最後安全辦法之諫電。兩公和平之主旨，可見一斑。況就大局言之，膠澳接收伊始，正吾國積極整理內政之時，兩公任重兼圻，躬負時望，固不肯作內爭之導線，重殘國脈，遺笑外人。即以私意言之，兩公昔同患難，誼屬至親，亦不忍為一人一系之犧牲，自殘手足，事理至顯，無待煩言。現在京津民情，震動已極，糧食金融，均呈險象，斷非空言所能喻解，非得兩公大有力者躬親晤商，不足以杜意外之風謠，定將來之國是。弟等息影林泉，驚心世變，思維匹夫有責之義，重抱棟榱崩折之憂，竊於排難解紛之餘，更進為長治久安之計。擬請兩公約日同蒞天津，一堂敘晤，消除隔閡，披剖公誠；一面聯電各省，進行統一。弟等雖衰朽殘年，亦當不憚馳驅，赴京相候，本其一得之見，藉為貢獻之資。愛國愛友，人同此心，廹切陳詞，敬祈明教。兩公如以弟等謬論為然，並請雙方將前線軍隊，先行約退；其後方續進之兵，務祈中止前進，以安人心，而維市面，專務遠大，是所切禱！

## 委周自齊為國務總理

這一段時期中，政潮正方興未艾，梁士詒既不辭職，也不銷假回任；而外交總長顏惠慶代理閣揆，堅決不肯繼續代理下去，因此必須有一個取捨。徐世昌雖然是老狐狸，可是面對這般情勢，也不知如何措手。他要求直奉雙方推出一個雙方都能同意的人選出任閣揆，可是張作霖卻表示：「竭誠擁護元首，應由元首主持。」吳佩孚也表示「軍人決不干涉」。

這時，徐世昌聽到一個祕密消息，就是張作霖準備向全國建議召開「統一會議」，其目的在恢復舊國會，改組北京政府，驅逐新國會所產生的「總統」。因此，徐在是年三月十二日通電各省，催促辦理新國會選舉，這是他恐懼政局突變的苟延殘喘辦法。可是既然要拖去下，首先就要結束無政府狀態，就要委派內閣總理；因此，他於四月八日自作主張任命周自齊為國務總理，徐以為這樣作是在沒辦法中找出來的辦法，因為：

一、讓梁士詒下台，便可以向吳佩孚交代。

二、梁士詒和周自齊同屬舊交通系，在實質上舊交通系仍掌握政權，換湯不換藥，對張作霖和梁士詒並沒有損失。

三、周自齊剛從美國回來，向美國借款有路可覓。

四、周一向對徐世昌感情很好，相信周出任閣揆後，府院之間關係會很融洽。

## 各國均注意中國局勢

當周自齊出任閣揆的命令發布後，梁士詒首先提出抗議。梁說：「內閣未被批准辭職以前，只能由原班閣員代理總理，周自齊不是閣員，用什麼底缺來代理總理？這種代理是違法的。」

梁士詒有法理根據，因此徐世昌乃於四月九日倒填八日的日期，發布一個更換閣員的命令，任命周自齊署理教育總長，並發出更正電報，在周自齊署理內閣總理的命令上補進了一個「兼」字。這一手更糟糕，簡直是欲蓋彌彰，對徐挽救政局危機的努力一點沒有幫助。

直奉之間的關係危如纍卵，雙方磨拳擦掌，戰鼓頻催，西方國家當然非常注意中國局勢，它們似乎對直系頗表好感。美國公使休士曾當面勸告張作霖，應根據華盛頓會議的精神大舉裁減奉軍；英國公使艾斯頓建議不得在京奉路運兵；天津領事團根據辛丑條約，不許天津駐兵，並抗議奉軍佔領塘沽車站的行為；北京外交團曾警告直雙奉方不得斷絕京漢、京奉、津浦各路的交通。

徐世昌面對這緊張局面無能為力，北洋的元老也無能為力，皖系則暗中欣喜，他們切望直奉火併，兩敗俱傷，使皖系可以重整旗鼓。不只是皖系，許多沒落的北洋軍人也希望直奉火併後讓局面變換一下，給自己帶來新的生機。

## 吳佩孚擬拉攏盧永祥

民十一年四月三日（陰曆三月初七日）是吳佩孚的四十九歲生日，各省直系軍人托詞為吳祝壽，雲集洛陽，討論對奉系的作戰計畫。曹銳也來祝壽，硬拉吳佩孚同往保定，吳卻堅決不往。在這次會議中，曹銳是主和的，因此碰了吳的釘子。

吳為分化皖奉同盟，曾派專人到浙江拉攏盧永祥。這兩位山東軍人本有一段淵源，當宣統二年曹錕升任第三鎮統制時，盧永祥是第三鎮所轄第五協協統，吳佩孚則是第五協的管帶，等於是盧的直接部下。十二年後盧雖是浙江督軍，可是比吳佩孚的兩湖巡閱使，相形之下不免見絀了。當吳以一連串通電廹梁士詒下台時，盧永祥曾發通電有句云：「賣國在所必誅，愛國必以其有道」二語，意在指吳以愛國標榜。所以在吳的專使去見盧時，盧永祥揚首而言曰：「子玉到今天還記得起我嗎！」

## 大量奉軍向關內湧入

這時奉軍以保衛京畿為名，絡繹不斷向關內湧入，奉軍在關內的一師三混成旅都集中在軍糧城一帶。到了四月初，張作相又率領廿七、八兩師入關，駐紮獨流南面。四月十日奉軍暫編第七旅又入關駐紮津浦路良玉莊，衛隊旅亦進駐津浦路一帶。四月十五日奉軍又進兵兩旅，駐紮塘沽、天津一帶。十六日李景林又率領萬人開到獨流。十七日張作霖又令砲兵四營帶了五十四門大砲，進駐馬廠，輜重兵進駐蘆台。四月廿日又派馬隊進駐通州。並以張作相為關內總司令。奉軍計畫以一軍開往徐州，會合張文生的新安武軍，從隴海路進攻河南，並約河南督軍趙倜為內應，另一路奉軍於四月十七日開抵京漢線的長辛店。

表面上張作霖還是說：「直奉本屬一家，北洋團體萬無破裂之理。」他還下了一道手令，嚴禁天津奉軍損害曹家的一草一木。

曹氏兄弟是真的不願和奉軍兵戎相見的，因此對於奉軍的埋首前進不予阻止，並且還節節退讓。奉軍開到天津前，曹銳即將省長公署的文件用具席捲而走，派警察廳長楊以德代理直隸省長，所有駐津的直軍均撤退回保定，文武官吏也紛紛避居租界。奉軍還沒有開進德州，德州的駐軍曹鍈（曹錕的第七弟、直軍廿六師師長），就棄職出走，逕自退回保定。曹錕對這兩個棄職的兄弟很不滿意，他派張國熔代理師長，並將該師撤回正定。不過曹錕仍還電令津浦路線直軍不得抵抗奉軍，所有營房及德州工廠均讓交奉軍，並把自己的家眷送到漢口，表示願意下台。

直系諸將對於曹氏兄弟的一再退讓與不抵抗主義表示極大的不滿；而緊接著曹錕也看出退讓於事無補，又因直軍已開赴琉璃河布防，為了保全地盤和權位，他才下了抵抗奉軍的決心。他招來秘書，向他口授一個電報打給吳佩孚，他說：「你就是我，我就是你；親戚雖親，不如自己親。你要怎樣辦，我就怎樣辦。」秘書打算把曹老帥的口諭改成文言發出，曹說：「不必了，就用我這幾句話打給他吧。」

是年四月廿一日，浙督盧永祥建議請曹錕、張作霖兩人到天津舉行一次面對面的會談，討論如何減輕緊張的局勢？如何撤退雙方的軍隊？如何達到和平的途徑？這個建議得到田中玉、齊燮元、何豐林、陳光遠、張文生的一致支持。他們請盧永祥領銜發起一個聯合調停會議。

## 吳佩孚通電義無反顧

奉系這時因為南方局勢有變化，國父的北伐軍不能出動，而北洋海軍總司令蔣拯在上海宣布親直反奉，張作霖的反直聯合陣線未能形成，所以很願意局勢暫時緩和下來。可是吳佩孚卻利在速戰。四月一日吳佩孚、齊燮元、陳光遠、田中玉、趙倜、蕭耀南、馮玉祥、劉鎮華等聯名通電，向奉系應戰，這個通電中，田中玉、趙倜、劉鎮華都是被吳佩孚硬拉進去的。田中玉、李厚基、閻錫山在奉直兩派的鬥爭中，都有局外中立的傾向。甚至齊燮元也不願列名，他已宣布保境息民和附和盧永祥的調停建議，只因蕭耀南質問他為什麼要置身事外，他才被迫列名。所以當這個通電發表後，盧永祥質問他為什麼要違反自己的諾言，與吳佩孚同一鼻孔出氣？使齊燮元甚為狼狽。

吳等聯名通電如下：

慨自軍閥肆虐，盜匪橫行，殃民亂國，盜名欺世，不曰去障礙，即曰謀統一。究竟統一誰謀？障礙誰屬？孰以法律事實為標題？孰據土地人民為私有？弄權者何人？鬩牆者安在？中外具瞻，全國共見，當必有能辨之者。是故道義之言，以盜匪之口發之，則天下見其邪，而不見其正。大誥之篇，入於王莽之筆，則為奸說；統一之言，出諸盜匪之口，則為欺世。言道義而行盜匪，自以為舉世可欺；聽其言而觀其行，殊不知肺肝如見。事實具在，欲蓋彌彰，徒形見其心勞日拙也。佩孚等忝列戎行，以身許國，比年來為國鋤奸，止戈定亂，無非為謀和平求統一耳。區區此心，中外共見。無論朝野耆碩，南北名流，如有嘉謨嘉猷，而可促進和平者，無不降心以從。其有藉口謀統一，而先破統一；託詞去障礙，而自為障礙者，佩孚等外體友邦勸告之誠，內拯國民水火之痛，惟有盡我天職，扶持正義。彼以武力為後盾，我以公理為前驅。得道多助，失道寡助。試問害民病國者何人？結黨營私者何人？亂政干紀剽劫國帑者又何人？輿論即為裁制，功罪自有定評。蟊賊不除，永無寧日。為民國保莊嚴，為華族存人格凡我袍澤，責任所在，除暴安，民，義無反顧！敢佈腹心，惟海內察之！

## 曹錕通電態度轉強硬

曹錕態度既由弱轉強，直奉之間局勢更形惡化。這時直方的軍隊有王承斌所轄的廿三師原駐保定附近，張國溶的廿六師回駐馬廠之南，張福來的廿四師在四月中開駐涿州，第十、十五兩混成旅和第二第三兩補充團，本來駐在高碑店，也由吳佩孚令調北上至琉璃河駐紮。其餘如第三師和第十二、十三、十四、三混成旅都奉調北上，進駐涿州、良鄉、清河等處。馮玉祥的第十一師、胡景翼的暫編十一師、吳心田的第七師、劉鎮華的鎮嵩軍、張之江的第廿二混成旅、張錫元的一旅、陝西陸軍第一、二兩混成旅，都出潼關，進駐鄭州一帶。軍勢甚壯。

四月廿二日曹錕又發出通電並答覆趙爾巽等前電如下：

民國肇建，戰禍頻仍，國本飄搖，民生凋敝。華府會議以來，內政外交，艱難倍昔，存亡之機，間不容髮，國內一舉一動，皆為世界所注目。近者奉軍隊伍，無故入關，既無中央明令，又不知會地方長官，長驅直入，環佈京津。錕以事出倉卒，恐有誤會，是以竭力容忍，多方遷讓。乃奉軍陸續進行，有加無已，鐵路左右，星羅棋布，如小站、馬廠、大沽、新城、朝宗橋、惠豐橋、燒烟盆、良王莊、獨流、楊柳青、王慶坪、靜海、以及長辛店等處，皆據險列戍，以致人民奔徙，行旅斷絕，海內驚疑，友邦駭怪。錕有守土之責，何詞以謝國家？何顏以對人民耶？向者國家多故，兵爭迭起，人民痛苦，不堪言喻，設戰事無端再起，不惟我父老子弟慘遭鋒鏑，國基亦將傾覆，言念及此，痛心曷極！頃據張巡閱使皓日通電，謂：「統一無期，則國家永無寧日；障礙不去，則統一終屬無期。是以簡率師徒，入關屯駐，期以武力為統一之後盾。」錕以為統一應以和平為主幹，萬不可以武力為標準。方今人心厭亂已極，主張武力，必失人心；人心既失，則統一無期，可以斷言。皓電又謂：「統一進行，如何公開會議，如何確定制度，當由全國耆年碩德，政治名流，公同討論。」似此則解決糾紛，必須聽之公論；若以武力督促其後，則公論將為武力所指揮，海內人心，豈能悅服？總之張巡閱使若以和平為統一之主幹，此正錕數年來抱定之宗旨，在今日尤為極端贊同。尤望張巡閱使迅令入關隊伍，仍回關外原防，靜聽國內耆年碩德政治名流之相與共同討論。若以武力為統一之後盾，則前此恃武力統一主義者，不乏其人，覆轍相尋，可為殷鑒。錕決不敢贊同，抑更不願張巡閱使之持此宗旨也。錕老矣，一介武夫，於國家大計，何敢輕於主張。諸公愛國之誠，謀國之忠，遠倍於錕。迫切陳詞，佇候明教。

## 直奉之戰已無可避免

張作霖獲悉曹錕兄弟態度轉變後，了解直奉之戰已不可避免；但因曹既然有通電，不能不答覆。張的漾電乃於廿二日發出，文曰：

頃接曹巡閱使通電，所指此次奉軍入關經過情形，多與事實不符，當再詳晰陳之。查從前奉軍原駐關內者，不過一師兩旅，直皖戰爭以後，因京畿地面空虛，酌增兩旅；並經曹使面告以南方不靖，請以兩師兵力援助，年餘以來，奸人挑撥，猜疑疊起。作霖鑒於各方情勢，為息事寧人計，即於今年一月決計撤回。乃甫經動議，大總統飭派鮑總長，曹使遣其令弟曹省長，先後東來，諄諄挽留，曹使來電，且有「弟如決計撤兵，兄即辭職」之語，電牘具在，可復按也。作霖當時以大總統既再三傳諭，曹使又情意殷殷，公義私情，無可諉卸，即允遵留駐。惟各軍久駐關內，訓練檢閱，勞逸不均，當擬先行輸入一部分換防，並與曹省長商洽，酌添少數軍隊，以資聯防。曹省長說出：「奉直兩軍駐在一處，且看有無衝突」一語，時有大總統所派之鮑總長在座，共見共聞。若謂「既無中央命令，又不知會地方長官」，然則鮑總長非大總統特派之總長，曹省長非直隸之長官乎？且此次所稱奉軍所駐地點，皆從前奉軍原駐之地，並未擾及人民一草一木。乃前隊甫經過津，而曹省長即棄津不顧，馬廠駐軍亦棄砲退走；涿州琉璃河方面則挖壕備戰，鄭州方面則積極增兵，將對奉軍決戰之陰謀，乃完全披露。此即奉軍進兵之事實，與曹使所謂「竭力容忍，多方退讓」之經過情形也。至於統一問題，作霖通電措詞，係「以武力為統一之後盾。」曹使顛倒其詞，稱謂「武力統一」，則此電文具在，乃欲以一手掩盡天下人耳目耶？總之奉軍如無益於直，則撤退可也，留之何為？留之而又誣其啟釁，誣其擾民，其心安在？種種事實，誰為啟釁？是非功罪，自有公論，決非口舌筆墨所能強辯。霖與曹錕亦決不作此無謂之爭。第恐真相不明，聽聞淆亂，用再通電陳明，敬希鑒諒是幸。

這時，趙爾巽等調人還在作最後努力，張作霖更於廿三日電復諸調人謂：「如仲帥（曹錕字仲珊）到津，自當即日就道，共商解決。」

## 張作霖通電痛罵曹錕

四月廿五日，張作霖終於翻臉了。他發表通電痛罵他的親家曹三爺，罵曹一生行事模仿他的「祖先」曹操，是個口是心非的奸雄。電報指摘直皖戰前吳佩孚痛罵段祺瑞實際是由於曹錕的指使，但曹偽裝不知情；後來曹張在天津見面時，卻又自己道出真情。這是張直接攻擊曹的開始，在此以前張只攻擊吳而不及曹，現在既然親家相罵，可見直奉之戰已經千鈞一髮了。張電如下：

對於奉軍入關一事，大意尚須奉質者，請再詳言。我兄來電所稱「不奉中央明令，不告本地長官」兩語，已將奉軍經過事實，明白通電，其是否不奉中央明令，不告地方長官，明眼人皆能明晰。弟姑援一成例言，為我兄弟相共研究之資料：前年直皖戰爭，我兄首統雄師，直趨畿輔，豈亦奉有中央明令耶？涿洲、良鄉、琉璃河附近，皆京兆尹地輔，並非直隸轄境，亦曾通知該管長官耶？至於武力為統一之後盾，決非「武力統一」四字所能解釋，即使斷章取義，為謀統一而興兵，較之為地盤而興兵，為公為私，豈可同日而語耶？昔賢云：「苟不欲人加諸我也，吾亦欲無加諸人。」我兄不此自責，而乃強誣奉軍以不奉命令，武力統一；何不稍加反省，乃竟銜口而出也？吳佩孚之罵段合肥也。吾兄曾嗾使之，此吾兄與弟親言，不敢相誣也。今則以施之合肥者，將施之於弟矣，猶對眾通電云：「事事退讓」。只許我負天下人，不許天下人負我，雖魏武一生得意之語，後世即以此為「奸雄」二字之歌訣，在漢魏專制時代則可耳，若大同之世，天下為公，一舉一動，皆當適合人民公意。項城晚年一用手段，則群起而指摘之，卒致敗亡，近事可為殷鑒。吾兄老矣！文字之間，或未暇詳究，一味以罪惡加人為快，不如俯採微言，自為更正，不失為改過不吝之英雄也。願吾兄三復之？

## 宣布張作霖十大罪狀

與奉系罵曹的通電同日，以吳佩孚為首的直系軍人齊燮元、陳光遠、蕭耀南、田中玉、趙倜、馮玉祥、劉鎮華等，聯名通電，宣布張作霖的十大罪狀。當天吳就到前方督戰去了。這封通電全文如下：

國民苦胡逆張作霖久矣，以國家多故，犯而不校，啟大盜自新之路，存上天好生之德，涵育包荒，以有今日，斯乃父老昆仲夙昔所怨責，而佩孚等所內疚神明者也。狼子野心，非我族類，德不能化，語不能感，矯命亂真，犯闕稱兵，罪惡貫盈，末日已至。長此容忍姑息，既無以拯國民水火之苦，更無以答友邦希望之誠，用敢厲兵秣馬，整飭戎行，直揭罪魁，昭告中外。張作霖包藏禍心，窺竊神器，盜取假謀統一之名，陰行破壞統一之實。曩歲國民大會，原期排難解紛，而張則力阻其成。比年西南北犯，無非增長內亂，而張則甘為作倀；近復勾結叛逆，四出構兵，障礙統一。其罪一。梁士詒洪憲禍首，張作霖則舉為總揆；張勳復辟罪魁，張作霖則邀求巡閱。倒行逆施，危害國體。其罪二。害莫大於禍國，奸莫甚於通外，張作霖兼而有之。嗾使耿玉田運械俄人，誘致蒙匪；袒護梁士詒直接交涉，斷送青膠。勾通外人，貽禍祖國，稍有人心，何此！其罪三。華府會議告終，友邦勸裁無用之兵，而忍出張作霖則招匪以為兵。青島收回，吾國視為新硎之試，而張作霖則運匪以擾魯，喪心病狂，負罪友邦，其罪四。國之與立，惟在法紀，破法亂紀，張實作俑。以法令為芻狗，視元首若弁髦，法紀盪然，政綱解紐。擅調軍隊，控制中央，壟斷政權。屢召會議於京津，威迫河間；突然進兵於浦口，茲復陳師入關，危及元首，破壞法紀。其罪五。京師首善之區，中外矚目，秩序森嚴，自張派奉軍盤據，白晝劫掠，跋扈恣睢。閭閻則一夜數驚；商賈則談虎色變。豺狼當道，狐鼠橫行。其罪六。設官守土，各有其責；疆域攸分，界限斯別。特別三區，原屬直省管轄，京兆、津沽，原為直軍駐守，乃以德報怨；任其宰割，既佔察哈爾，復據熱河。京畿首都，乃成盜匪之外府；津沽要地，盡為盜匪之防區。既讓小站、馬廠；又讓靜海、天津。彼竟得隴望蜀，佔據永清，進窺保陽，讓之不已，無所逃避，守土保民，義無反顧。彼先開釁，黷武逞兵。其罪七。昔截秦皇島軍械，今劫三家店軍火，攫取餉糈，則竭澤而漁，剽竊金錢，則囊括以去，致使陸海各軍，餉糈無著。曩昔葉恭綽長交通，則受賄三百萬；近今梁士詒入閣，又報效四百萬；命張弧發行公債，則更所入無算。劫掠餉械；行同盜匪。其罪八，帝制安福之黨，多盤據要津，所有作奸犯科，亡命盜匪，無不收納。其罪九。關外為胡匪發源地，遼藩為罪人逋逃藪，招亡納叛，殘殺同類。其罪十。綜其罪孽，擢髮難數，窮兇極惡，豺狼不食。作霖不死，大盜不止；盜閥不去，統一難期。若其肆虐，永為民害，則人道可以不存，國法可以不立。白山黑水之馬賊，得以縱橫一世，馳騁中原，國家之體面何在？國民之人格何存？佩孚等既負治盜剿匪之責，應盡鋤奸除惡之義，爰整義師，殲厥巨魁，以洩公憤，以快人心。罪止一人，脅從罔治。敵愾同仇，獨夫氣沮；人心厭亂，天意亡胡。從此殘暴既除，和平可睹；障礙既去，民國以安。謹此露布，中外共鑒！

時局演變到此，是不可收拾了，非一戰分勝負才能見得分曉，於是，第一次直奉戰爭，終於爆發。直軍獲大勝，奉軍敗退關外。

# 張作霖被炸殞命經緯

趙慶昇

## 張作霖之崛起

張作霖風雲際會之時，曾號令我國半壁河山，為國人心目中的一代豪雄。民國十七年六月四日晨五時三十分，張在瀋陽西北皇姑屯附近被炸重傷，十時正，於瀋陽帥府飲恨而歿。

張原籍直隸省河間府，清道光元年，其祖父因當地災變逃荒於關外，後流落至遼陽縣劉二堡定居。張幼年喪父，家貧，幫傭為生。

光緒二十年甲午之戰爆發，張時年二十歲，應募入北洋毅軍，與日軍轉戰於海州錦州一帶。翌年，停戰後加入當地地方武力，在遼西頭目董大虎旗下以勇悍著稱，不久竟成了擁有三十人之小頭目。

張作霖身體雖甚瘦弱，但精力充沛，機智超人，向上心尤為旺盛。光緒二十六年拳匪之亂，召致八國聯軍入據北京，慈禧太后挾光緒帝出奔西安，一時人心惶惶不可終日，張遂乘機佔領廣寧中安堡為根據地，奮力擴展其勢力；地方官自顧不暇，亦惟有視若無睹。

光緒二十八年，慈禧太后及光緒帝自西安回鑾，張作霖正式為滿清政府招安，出任新民屯管帶。光緒三十一年八月日俄戰爭停止，張乘機擴充力量，使所部遂漸邁向正規，武力大增。至民初，更因勢乘時，一躍而為二十八師師長，進據瀋陽。
民四年，袁世凱稱帝，頒予張一等子爵爵位。翌年帝制廢，袁憤卒。北方政局極不穩定，張之勢力舉足輕重，從而屢獲北京當局不次之遷，自師長一躍而為奉天省長，再而為東三省巡閱使，終於獨攬東北軍政大權；也由此激起了其逐鹿中原之野心。
民九年張作霖首次入關，聯合直隸軍戰敗皖軍。民十一年與直軍戰於京畿，敗北。民十三年復入關邀戰直軍，大勝，乃逼曹錕下野，推段祺瑞就臨時執政。民十五年北京政變，段祺瑞出走，張復入關進駐北京，就安國軍總司令，勢力竟延伸至大江南北。民十六年六月十八日，張為北洋眾軍閥所舉，就大元帥。從此，號令文武百官，召見各國使節，列鼎而食，氣焰之盛，是為張畢生事業之最高峯。

## 死亡之歸途

民十七年三月十六日，國民革命軍以擊滅北洋軍閥，統一全國為目標，第二次自南京渡江誓師北伐，一路勢如破竹，所向披靡，雖五月三日在山東濟南遭受日軍之強行阻撓，北伐行動亦未中止，其主力繞過濟南仍沿津浦路北上。同時馮玉祥之第二集團軍，及閻錫山之第三集團軍，亦奉命沿平漢路北上。
面對此一形勢之北洋軍大元帥張作霖，決心以滄州為中心與革命軍進行會戰，當以張宗昌、孫傳芳兩部配置於津浦線北段，張學良、楊宇霆兩部配置於平漢線北段，並派直屬第五師扼守張家口方面，以防閻錫山部之抄襲。但未幾德州失守，平漢線亦相繼撤退，雖冒兵家之所忌，陣前撤免了張宗昌，亦無法抑止革命軍之前進，戰火遂向京津迫近。

革命軍北伐行動之神速，使當時全國民心為之歡欣鼓舞，日本朝野亦為之震撼。一向敵視我革命行動之日本田中首相，鑑於出兵濟南仍未能阻止北伐行動，乃於五月十八日進而發表強硬之無理聲明，其大意為：「為保護帝國既有權益，維持地方治安，當戰亂擴及滿洲時，日本政府將採取有效措施。」

同時，駐北京公使芳澤謙吉亦向張作霖遞交日本政府之備忘錄如次：「一、容許奉軍於京津戰事開始前撤回滿洲。二、如京津戰事發生，一旦北洋軍被擊敗，則禁止撤出關外，日軍對企圖逃返滿洲之奉軍，一律解除其武裝。三、任何狀況下，嚴禁革命軍進入滿洲地區。」

芳澤並進而勸張道：「大勢既已如此，莫如急流勇退，能在戰火未波及京津之前，將軍隊集中撤回關外，既可保全實力，維護關外地區，復可作捲土重來之計。」

此時的張作霖，壯志未酬，豈肯鎩羽而歸，對芳澤的勸告及日本的備忘錄，不獨無動於衷，猶計畫以北京為中心佈成弧形陣地，與革命軍作背城借一之戰，以博最後轉機。然革命軍在蔣總司令領導下，士氣旺盛，民心歸向，雖各線戰況異常激烈，仍能長驅直入，至五月下旬，第二集團軍之韓復榘部及第三集團軍之商震部，已相繼越過石家莊直向北京逼進，大有犁庭掃穴之勢。張終為形勢所迫，於五月卅一日接受了楊宇霆（張之參謀長）及張學良之苦諫，決意撤回東北。行前將京城事務吩咐張楊兩人了辦，並請出段祺瑞向閻錫山等折衝。匆匆摒擋就緒後，旋於六月三日晨一時三十分於前門站登上豪華的特別專車，抑鬱地離開了故都，在沉寂的深夜裡，懷著捲土重來的幻夢，踏上了死亡之歸途。

## 在皇姑屯被炸

特別軍用列車，以二十節頭等車廂組成，張作霖身著大元帥服，昂然坐於第八節貴賓車廂之中央，身後帥旗飄動，隨員穿梭侍奉，威風一如往昔，豪情不減當年。

六月四日的清晨，東北天氣仍有春寒料峭之感，同車之黑龍江省省長吳俊陞（張作霖之盟弟）怡聲向大帥問道：「天兒有點冷，要不要加件衣服？」

「唔！」大帥漫應著。但略視腕錶，已經五時卅分，再數分鐘將到達終點——瀋陽，便接著道：「算了，馬上下車了！」

列車仍在平穩地急馳，車頭已進入了皇姑屯外之陸橋下。瀋陽車站的月台上，儀隊及文武官員已整齊地排成迎接之行列。

當第七節車廂駛入陸橋下之一剎那，忽然轟地一聲暴響，陸橋被炸紛毀，第七八九節車廂首當其衝，被陸橋之鋼樑鐵軌枕木等所撞擊，面目全非，列車之前半段亦同時脫軌前衝約二百公尺後傾覆，後半段則傾於路旁起火，轉瞬間，傷者呻吟呼救，生者豕突狼奔，左近並雜有槍聲，一時凄慘混亂之景況，猶如激戰後之戰場。

須臾，與張同車之日籍軍事顧問儀我少佐甦醒，見張大帥臥於身傍，雖失卻往日的神采，但受傷似不嚴重，遂探問道：「怎麼樣？」

「沒有什麼！」大帥倔強地應道。

「到那邊休息一下吧？」儀我少佐的目光略指附近日軍哨所後，向大帥說。

大帥緊綴著眉，搖搖頭未予回答。

不久，瀋陽憲兵隊長聞訊馳來，將大帥抬上汽車，立即向瀋陽疾駛而去。

同車廂之吳俊陞、潘復，及弁從多人均於爆炸當時斃命，獨張景惠重傷被治癒。大難不死，三年後偽滿傀儡登場時，竟出任了偽滿洲國總理。

少帥張學良當日於北京獲得急電後，立即兼程遄返瀋陽。

瀋陽城中的大元帥府警衛森嚴，對大帥之傷勢保持了高度機密，直到事發後第四日（六月八日），各方始獲得張作霖已經死亡的如下消息：「列車爆炸時，張胸部被撞，內出血甚劇，乘車返回瀋陽之途中，恐遭伏擊而多方迂迴，終於歸後未久之上午十時正不治身亡。」

民國十七年六月十九日，正式發表張作霖之訃告，二十三日於瀋陽舉行了盛大葬禮，從此一代豪雄與世長辭。

## 日方的狡辯

列車爆炸後，張作霖之死訊雖極度保密，但消息早已不脛而走。各地報紙對日軍拒絕共同調查肇事真相，深表不滿，並指責爆炸行為係日軍陰謀所為，一時輿論譁然。極受國際間之注目。日本政府因難以再保持緘默，乃於六月十二日以陸軍省名義發表事件聲明如下：

北寧與滿鐵①兩線之交點，設有陸橋，滿鐵線在陸橋之上方通過，故該橋應視為滿鐵線之一部，由日人管理之。

張作霖元帥返瀋之前日，中國憲兵曾要求於右述地點設置警戒，我滿鐵守備隊認為係適應時機之舉，遂予許可，惟中國軍方於配置警戒之際，進一步要求將哨兵配置於陸橋上方，因超出容忍範圍，未予認可；因此陸橋下方之警戒由中國軍方擔任，陸橋上方之警戒則仍由日軍負責，其警戒方式，晝間由分遣所瞭望台之哨兵行目視警戒，夜間則由分遣所人員行游動監視。

六月四日凌晨一時許，陸橋附近有可疑分子三名，攀登滿鐵線之路堤，幾經喝問，突遭射擊，我游動哨兵於還擊中射殺兩名，一名被遁逃。

經我軍檢查被射殺者之屍體，搜出手榴彈兩枚及書信三封，其中二封為私信，一封卻為國民革命軍東北招撫使之信件，並記有張之列車行動時刻。據此研判，死者顯係革命軍之便衣人員。

四日拂曉，我方警戒自游動位置撤回瞭望台監視中，北寧線上適有列車通過，當駛至陸橋之瞬間，突然發生爆炸，一時烟塵瀰漫，遮蔽現場，左近並時有槍聲，我守備隊不明真相，乃進入掩體注視狀況之發展並準備應戰，但未幾槍聲停歇，一切靜止。

---

①滿鐵線，即中長路南段，於日俄戰爭後割讓日本。

爆炸現場迄今仍在嚴密調查中，而且前所可判明者，為鐵線之雙軌橋樑被炸毀，橋腳上部傾坍，列車之部分車廂頂端被擊破，其破壞力顯非投擲性炸彈所可能，想像中必為大量炸藥預置於橋樑下引發所造成。

張之特別列車，行動時刻既屬機密，其前後並有警衛車二列，且連日軍隊移動頻繁，北寧路上兵車充斥，日軍豈能預知張之行動而行爆殺？

## 謀殺張氏之背景

以上聲明，顯係日軍搪塞性之謊言。在日軍嚴密警戒下安裝大量炸藥進行爆炸，談何容易？此一聲明為日軍掩耳盜鈴之行為，更昭然若揭！但是日軍何以突然對張作霖遽下毒手？事實真相又如何？此中祕密被保守了近二十年之漫長歲月，直至日本投降後之東京審判中，始由陸軍省兵工局長東宮隆吉少將全部揭露。（按：東宮隆吉於列車爆炸時任瀋陽獨立守備大隊上尉中隊長，駐於陸橋附近。）

溯自民國十六年（昭和二年）四月二十八日，政友會（日本政黨之一）擊敗若槻內閣取得政權後，由總裁田中義一領班組閣，田中為日本長州軍閥山縣有朋元帥之直系，於大正十四年（民國十四年）。四月繼高橋是清出任政友會總裁，積極主張「對華強硬政策」，甚合少壯軍人派之脾胃。組閣後，適值我國民革命軍第一次自南京渡江北伐，因鑑於中國之統一影響了日方既定之大陸西進政策，乃斷然向山東出兵強加干涉，並於六月十七日在東京霞關官邸召開震撼國際的「東方會議」。會後於七月七日發表對華政策綱領八條，其含義如下：

一、敵視中國之國民革命。

二、將滿蒙地區置於「特殊地位」，以為征服中國稱雄世界之基石。

並於七月廿五日依對華政策綱領擬具上奏文（即震驚國際之田中奏摺），懇請宮內大臣一木喜德郎代奏予日皇裕仁。

自此，日本政府悉改過去作風，對中國之國民革命行動強加干涉，各地駐軍更橫行無忌。也由此激起了我民族愛國意識，各地排日怒潮風起雲湧，抵制日貨運動如火如荼，即日本視為「特殊地位」之東三省地區內，排日事件亦層出不窮。張作霖身為東三省軍政首長，因久居京華，逐鹿中原，自顧尚且不暇，自無對日人積極負責之表現，有關日人權益待決案件，堆積如山，甚少過問，終於引起了日人之疑慮及關東軍不之滿。

民國十七年五一八田中聲明發表之同時，關東軍司令部密議乘張敗退進入滿洲之際，迫其下野；但在會中有高級參謀河本大佐憤然吼道：「殺掉張作霖豈不是一切問題迎刃而解？」並作進一步的解釋說：「迫張下野，誰能保證其繼承人改弦易轍，若較張更難控制又如何？殺掉張作霖，其子張學良必不善罷，其部下亦必騷動，我軍可籍維護治安名義，解除其武裝，一舉佔領滿洲，進而另覓屬意人員在我軍保護下組織政府，滿洲權益問題豈非一勞永逸。」

河本的言論既出，與會之少壯軍人群起響應，關東軍司令松岡中將面對激動之群情，又曾屢獲田中首相「放手而為」的明示，遂裁決照河本所述而行。爆斃張作霖及佔領滿洲之計畫於焉開始。

## 關東軍一意孤行

河本大佐在關東軍司令之授意下，開始協調督導列車爆炸及佔領滿洲之計畫：

首先派遣竹下及田中兩參謀，藉向北京武官處連絡之名義從事調查張之列車編組及行車時刻，並飭關東軍特務機關於山海關錦州等沿途各站密佈偵探，以傳遞張之行動情報。

爆殺張作霖之地點，經圖上研究後，選定於北寧與滿鐵兩線之交點；現場布置及執行，則交由駐於當地之守備隊長東宮上尉負責，並自朝鮮新義州調遣兵工一組，攜電氣發火之五百磅高爆炸藥箱兩個配屬其作業。

五月二十日，關東軍為配合佔領計畫，將司令部自旅順推進於瀋陽，並將獨立守備隊、第十四師團、第二十七旅團、外山旅團、安田混成旅團，及大刀飛行聯隊之一個中隊（戰鬥機十二架）等先後集結於瀋陽；又自滿鐵線調往瀋陽車站機車十部，客貨車廂百部，作業手兩百人，以便利關東軍自瀋陽向各地出兵。

在部隊集結之同時，關東軍向大本營呈出「滿洲佔領行動計畫」，其要旨如下：

一、將主力自瀋陽調至錦州義州方面，以拒止關內之中國革命軍，並適時解除撤退中之奉軍武裝。

二、以一部進出新民屯、新家屯方面，以掩護主力之行動。

三、請大本營增遣兵力，配合滿洲駐屯軍，相機向哈爾濱、齊齊哈爾方面出動，以完成滿洲之佔領。

然而，關東軍越出滿鐵沿線地區，形同向國外出兵，須奉日皇裁可之命令（日人簡稱奉勅命令），故關東軍於瀋陽集結後，因靜待奉勅命令之下達而並未行動。

關東軍預定向各地出兵之開始時刻（H時），計畫中已訂為五月二十二日夜十二時正，是晚全軍官兵床前待命，各部隊受領命令之軍官則徹夜守候於司令部內。但是，直到第二天早晨，奉勅命令始終未到達，雖經電詢大本營，亦未獲出兵之許可。

何以奉勅命令屆時未能下達？緣田中首相已暗中委派小川鐵相及町馬大佐（張作霖之顧問）與張作霖在北京密商滿洲鐵道借款條約。五一八田中聲明之後，日方已加緊脅迫張作霖接納條約中各項條件，待張作霖返瀋後將行換文儀式，如事成，日本將貸款與張，在滿洲地區增建五條鐵路，由日人管理並沿線駐軍保護，從而兵不血刃囊括全部物資，支配整個東北；但惟恐國際間之干涉，故未成事實以前極度保守機密。而關東軍既已準備就序，卻不見奉勅命令之下達，只認為中樞「對華政策」之躊躇，甚感不滿；而奉軍之撤退即將開始，可利用之機會稍縱即逝，密雲不雨猶感焦燥，乃決意單獨進行其列車爆炸計畫，以引發全面之軍事衝突。

河本大佐在進行列車爆炸計畫時，為掩飾世人耳目，並導演了一齣雙簧：

五月二十七日，河本於司令部邀晤日本浪人安達隆成，託覓願効死之華人三名，未幾，安達轉託於瀋陽黑社會之老大劉戴明，並介紹與河本相晤，商談之下以二萬元成成交。

當時瀋陽下流社會中，多嗜毒之無業遊民，些微之代價即可驅使其赴湯蹈火，劉與河本約定後之次日，即以五十元報酬覓妥吳貴生、張文才及查大明等三人，並簡單交付任務如下：

六月四日晨一時，往皇姑屯陸橋附近之日軍哨所，密將日人交付之信件取回。

當約定之時刻，查大明因腹痛未往，餘二人則按時出現於哨所附近，不意竟被伏於傍側之日軍刺殺，其屍體並被利用而變為國民革命中之工作人員。

虎口餘生之查大明，於事件發生後之第五天，被日軍特務捕殺，劉戴明則被押至旅順。但此一機密卻被劉早洩露於張學良左右，張深感事態之嚴重性，乃將祕密深藏於心底，並約束其軍隊勿與關東軍衝突。故於事件後雖然關東軍肆意挑釁，並驅使日本浪人在瀋陽濫製糾紛，亦未釀成事端，終於使關東軍之出兵計畫擱淺，預期之滿洲事變苟延了三年，也終於助長了東北易幟中國統一之大局。

一月後，日本田中首相洞悉事件之內幕，緬懷鐵道借款未成之憾事，對關東軍措指失當之妄為，痛心疾首，向宮內大臣意懶心灰地說：「唉！一切都完了！」

# 民初東北第二號人物吳俊陞

簾外風

民國初年東北是三雄鼎立的局面，這三雄是第廿七師師長張作霖，第廿八師師長馮德麟，與第廿九師師長吳俊陞。論實力、資歷、聲望，馮德麟與吳俊陞都比張作霖為強；但是張作霖善於把握機會，不旋踵就凌駕馮、吳二人之上，為東三省的首要人物。

## 張作霖效法藺相如

當張作霖以廿七師師長得任奉天督軍，而與其具有同等地位的馮德霖被任為其副手之初，馮德麟心中不服，屢思與張作霖尋釁火拼。張作霖聰明過人，效法藺相如、廉頗故事，反而處處對態度傲岸的馮德麟予以禮讓，因此博得心胸開闊、敦念老友的美名，馮反而無可奈何！嗣後馮德麟因擁護張勳復辟，被北京政府下令通緝而遁跡天津租界，張作霖得勢進關之後，特為關說，才免去通緝；但馮德麟由是一蹶不振。

早在日俄戰役時，吳俊陞已經崛起草莽，其部屬之多與聲勢之盛，都在張作霖之上；只以改編後為防區所限，當時張作霖駐東北政治經濟重心的瀋陽，吳俊陞則駐在外地，而影響其後際遇不同。

## 雖未讀書．頗富機智

吳俊陞字興權，因舌大，說話時有若干字咬不清，因而有「吳大舌頭」的綽號。為人粗豪，向未讀書，但頗富機智，做事重言諾，不但得友人信賴，也為部屬所敬仰。他在洮遼鎮守使任內蒙古一個王公受日本及滿清舊將蕭玉唆使，帶領數萬蒙匪在東三省發難，企圖使宣統復辟；但為吳俊陞的騎兵所擊敗而消滅。當時大總統袁世凱嘉其功，立命晉升為廿九師師長，並賞賜一把九獅頭鑲玉刀。一世梟雄的袁世凱，深知張作霖雄踞瀋陽，貌似恭順；但尤其所作所為，內心實不可測。亟思在張作霖、馮德麟之外，將頗不得志的吳俊陞培植為東北的第三勢力，制衡其間，以利其統馭指揮，其所以提吳，也就是所以抑張。

## 慮患深遠．處事坦誠

吳俊陞與張作霖並為一時瑜亮，兩人既無草澤同盟之誼，也無鄉里葭莩之親；他之與張作霖與馮德麟情形不同，也和張作霖與張作相、張景惠、湯玉麟等情形相異。但吳俊陞因見張作霖對待馮德麟的寬厚忍讓，對鄉友的義氣重信，對部下的德威兼施，自願與張作霖交納而下之，頗有惺惺相惜之意。其後，吳竟能與張共事業、圖功名。雖處境特殊，但尤其慮患深遠，處世坦誠，每值功高不賞之會，憂讒畏譏之時，他人必將無法相處或將賁事之際；吳俊陞不但能泰然處之，更每能以一言釋群疑，或裝糊塗以弭眾謗，以全交情、保令名，其智真為一般人所不能及。吳佩孚以第三師長資格，自湖南回師，通電干預大局，一時聲名大噪；但頗為當時執掌國柄的段祺瑞所不能諒解，終致釀成直皖戰爭。直皖之戰，吳佩孚奉曹錕命指揮全軍與皖系大軍作戰，數日之間就將段祺瑞基本部隊擊潰。

吳佩孚戰勝後，仍奉曹錕為領袖，自己則坐鎮洛陽訓練部隊，儼然以天下為己任，亟思統一全國。當時尚能與直系抗衡的，只有虎踞關外的張作霖所指揮的奉系軍隊而已。直皖戰爭時，張作霖雖未參與；但因不滿段祺瑞手下大將徐樹錚的跋扈，實暗中掣當時皖系軍隊之肘，所以皖系失敗後，奉軍兵力藉機擴充到關內，掩有冀東、天津、廊房及冀中部分地帶，並派一部分軍隊到北京西苑。張作霖以天津為奉軍關內總司令部所在地，派他共患難的老弟兄張景惠為總指揮，其欲與曹錕、吳佩孚分一杯羹之意，彰彰明甚。

## 張景惠泄沓誤大事

天津是我國略次於上海的第二大商埠，人口眾多，商業繁盛，華洋交會，有德、法、日、英、義、比、奧、俄等八國租界，奉軍處此金迷紙醉之地，恣意享受，大有樂不思奉之概。尤其總指揮張景惠，初涉此境，只知酒色徵逐，對於對手直軍方面之虛實，一無所知，以為只要時常聯歡，多加酬應，不慮其他；殊不知此時，張作霖與吳佩孚爭欲掌握北京政府，因分贓不均，而早已暗藏凶機，惟未表面化而已。其後，直系所捧的國務總理，每因奉系杯葛而下台；奉系推薦的總長，則常為吳佩孚所否決，終於演變到以兵戎相見。

直奉大戰未起之初，張景惠在天津泄泄沓沓，絲毫不知警戒，雖當時的情報說：「曹吳軍隊調動頻繁，聞將有事於奉軍。」張景惠毫不知警惕，還對當時的東北巡閱使兼奉天督軍張作霖說：「我與曹巡閱使（曹錕為直魯豫巡閱使）之弟曹銳相處甚得，吳玉帥對大帥甚為敬仰，直系諒不致欺我。」

一聲霹靂，駐北京西苑的奉軍鄒芬部隊，突被吳佩孚繳械，而地位僅次於吳佩孚的直軍大將王承斌、彭壽莘兩人，各率大軍分頭進擊；一支從保定穿越冀中腹地，指向關內奉軍總指揮部的天津；另一支則撲向北寧路平津段奉軍的腹部。不數日間，就以疾風驟雨之勢，將奉軍擊敗，驅逐於河北省境之外，吳佩孚威名此時大有不可一世之概。

## 拒吳佩孚離間之計

袁世凱之後，北京政府的總統，不論是黎元洪或者是馮國璋，都被國務總理段祺瑞視為無物；段祺瑞被吳佩孚擊敗下台後，則不論是誰當總統，也不論是誰做國務總理，都被當時控制北京的軍閥，玩弄於股掌之上，視同傀儡。張作霖兵敗退到山海關後，內心懊喪，並未返回瀋陽，乃在山海關駐守。吳佩孚一不做、二不休，授意北京的徐世昌總統，下令免除張作霖東三省巡閱使及奉天督軍本兼各職，並調黑龍江省督軍吳俊陞為奉天督軍，馮德麟為黑龍江督軍，吳佩孚這一殺手鐧相當厲害，國人預料此舉必將引起東北三雄的內鬨，然後直系窺伺機會，不難將東三省置於控制之下。

奉天是東三省的重心，遠較黑、吉兩省為重要，不但政治環境優越，與國內外關係良好，而且人才眾多，財賦富饒，是以國人每以有奉天就有東三省為言。北京政府免張作霖本兼各職命令一下，東北空氣頓形緊張，瀋陽城內更風聲鶴唳，草木皆兵。當時吳俊陞正逗留瀋陽小河沿住宅內，其幕僚無不彈冠相慶，而食指大動；吳的親戚故舊也紛紛奔走內外，冀求謀一好缺。這時吳俊陞默察內外情勢，深知這是吳佩孚反間之計，使他和張作霖火拼於東北。戰敗固無論！倖而戰勝，也不過被利用於一時，最後必使直系控制整個東北而後已。

於是，吳俊陞乃以一無所知姿態，故意終日昏昏睡夢，度其飲酒食肉、馳馬試劍、選色徵歌的生活，部下進言的也不作答。等北京政府正式命令到達，吳乃召秘書長，口授回電大意為：「俊升才具粗劣，一向追隨雨帥（指張作霖為巡閱使，他為督軍），黑疆之寄，猶感越是懼，況其他乎！」

秘書長擬完此電，大感失望，到手的升官發財良機，眼看著成為泡影，乃於稿末擅自添加了一句：「唯政府之命是從。」其用意為黃袍加身，將吳俊陞捧上奉天督軍寶座。此莫名其妙前後矛盾的電報是經瀋陽日本電報局發往北京，翌晨日人創辦的瀋陽《盛京日報》將電文登出，瀋陽的空氣遂更為緊張。吳俊陞騎兵軍的參謀長應善一當天就被奉天督軍署副官高金山暗槍打死，吳俊陞這才明白是怎麼回事，立即將秘書長革退。吳俊陞一面向各方說明實情，一面厚葬無辜被打死的應善一，但並不要求奉天當局緝兇，僅對外說：「參謀長平素做事太認真，得罪了人，被仇家給殺了。」

## 力排眾議·不就新職

瀋陽局勢並不因吳俊陞的解釋而鬆弛；吳乃召集所屬幕僚幹部，在小河沿寓所舉行會議，一堂俊彥，將今比古，陳說萬端。很多人都以為：人生不過圖功名享富貴，倘不為此，則與村野匹夫何異？良機在握，如不及時而圖，則後悔莫及！主張潛出瀋陽，等待黑省兵到就職者有之；主張與馮德麟立即合作者有之。因為吳不就奉督，馮亦無法就黑督。吳俊陞力排眾議說：「吳佩孚不過利用我們，焉能讓我們久於其位！況且乘友之危，取友之位，千秋萬世之後，我吳俊陞比曹操不如。」意乃決，眾皆默然。

吳俊陞毅然只帶副官張振之及衛士兩人，掛專車一輛匆匆北上，去會見張作霖。

當時張作霖兵敗退出河北省地盤，暫駐山海關天泰棧，收容部隊，整理殘軍，徐商對策，冀挽危局；同時對吳後升的心意如何，也正在疑慮之中。忽接吳俊陞來電說，已自瀋陽出發來山海關途中。更感難以猜測。

吳到天泰棧，兩人見面後，張正色而言：「你來此很好，我正要與你商量，國家命令不該玩忽，現在你就可回瀋陽，說我同意交代，馬上就職好了。咱們是老朋友，你出來幹不比別人強得多嗎？難道這點道理我還不明白？等我在這裡弄清楚，我就回瀋陽，以後你叫我怎麼著，我就怎麼著，完全聽你的。」

吳說：「大帥，你這是怎麼個說法，在東三省，我買的田比你多，銀行存款也比你多，已經夠我過幾輩子了，我何必一定賣友求榮。再說，北京政府這是玩把戲，咱們別叫人耍了。吳佩孚他們對付兩廣還不是這一套，今天撤陸榮廷，明天調陳炳焜，結果弄得大家誰也幹不成。大帥，你的肩膀寬，甚麼都擔得起，我如何能與大帥比？你叫我在黑龍江剿匪可以，如把我擱在奉天，與各省代表週旋，我卻嫌煩；與日本鬼子辦交涉，我更應付不來。大帥，咱們還是照舊幹吧！幹得好沒話說，幹糟了咱們一塊倒霉。」

吳俊陞幾句話，一天雲霧頃刻散盡，老弟兄倆就又喝起酒來。

## 不與俄酋單獨談話

吳後升坐鎮黑龍江，從不肯答允俄人任何要求；每值俄國領事、中東鐵路局人員、或其他過境俄人來訪，吳必事先請其他各國外賓領事作陪。吳說：「我絕對不與俄國老毛子單獨在一起談話，他們要見我，我就請些見證人，不然他們亂登報，說我答應了甚麼，那我豈不成了賣國賊？」

某次，哈爾濱中東鐵路局局長請客（俄人），推吳俊陞為首席，陪客是中東路局高等軍事顧問古比愛托爾。古比愛托爾曾任俄軍海濱省總督，年老退休，被聘為中東路局顧問，俄人對他敬重一如往時，為時他已成為一皤然白髮老翁。吳俊陞忽想起此人，在庚子八國聯軍之役，將我黑龍江東岸所謂江東六十四屯村民，盡驅入黑龍江中淹斃的元兇；乃起立說：「這個人還活著，他在這裡，我不能吃你們這頓飯了。」說完立即退席而去，因此益增俄人的敬重。故人每論及此，便認為張學良掌握東北時，年輕氣盛，只知愛國而不自量力，輕啟一九二九年中東鐵路中俄戰火，暴露了我國邊防軍事的弱點，致啟外人輕視之端。張學良是受過新式教育的人，還不及一草莽人物吳俊陞，反而能保存國家正氣於不墮，維護領土主權於似愚實智之間。

中東鐵路中俄戰爭後，不兩年，九一八事變就爆發，使東北整個淪陷於日人之手；而一九二九年的輕舉妄動，實為九一八事變一個重要引線。

## 只知剿匪．不願內戰

吳俊陞在黑龍江省用人行政，絕不受東三省巡閱使署干涉，張作霖也避免介紹私人，藉以表示對吳俊陞的尊重。直奉第一次大戰後，關內奉軍總指揮張景惠自天津鎩羽而歸，張作霖憤而未予作較佳安置，暫時無枝可棲，不得已只得做吉黑山林保安隊首領，企圖駐防黑龍江省境。吳俊陞以臥榻之旁，豈容他人酣睡，乃贈張景惠百萬元，請他移防吉林。

吳一向對內戰不熱衷，而對省內盜匪則剿撫不遺餘力。第一次直奉戰，藉詞黑龍江地處邊陲，不能不顧及防外而未出兵；第二次直奉大戰，他仍借故拖延。及軍情緊急，張作霖再三電催，但黑省騎兵仍遲遲其行。最後，吳俊陞在哈爾濱車站，偽作跌倒，即以傷重電前方返黑養病，張作霖對他也無可奈何！當第二次直奉大戰，因馮玉祥自古北口回師，攻擊吳佩孚後方的北京，使直軍一敗塗地，張作霖乃進駐北京，與馮玉祥僵持不下，共同控制當時的北京政府，張作霖乃再電吳俊陞晉京參與機要。

吳俊陞晉京時經哈爾濱小駐，當他在哈爾濱啟程抵車站擬登車時，忽得情報說送行人群中有刺客混入，有人建議吳暫返行館，吳未予理會，但他大呼：「我在日本銀行存款條丟了，你們趕快給我搜查。」吳乃乘軍警搜查及送行者彼此面面相對時登上專車。吳事後告人：「我那裡有甚麼存款條，這樣搜查一下，既不會擾亂人心出亂子，也可真的搜查一下，刺客想動也動不了啦！」足見他別有一番急智。

## 臨急出兵．郭松齡死

吳俊陞雖屢次拖延張作霖的參與內戰命令，但在郭松齡倒戈反向之役，他卻及時出兵，使屢戰屢勝的郭軍措手不及，挽救了張作霖敗亡命運。一九二五年，郭松齡是奉軍第三、四方面司令張學良的副手，他在山海關以奉張學良為領袖並清君側之名，向瀋陽進擊；一路上攻無不取，戰無不勝，佔錦州，取虎山，克新民，進駐白旗堡，外臨瀋陽外圍；這時郭軍旌旗滿天，鼓角震地，列陣於遼河西岸，威脅張作霖速作決定。瀋陽則風聲鶴唳，草木皆兵。張作霖在痛責張學之良餘，無計可施，並已作逃亡準備；東北巡閱使署樞要人物這時也只有面面相覷，一無善策。

吳俊陞適時出現，好整以暇的告張作霖說：「大帥！先不要急，挺一挺，看我弄弄，我不信沒有辦法。」

未出兩天，關內外已傳遍，吳俊陞黑省大隊騎兵，自黑龍江省越遼北進入科爾沁草原，衝到京奉路上的白旗堡一帶，一陣撲擊猛打，郭軍紛紛敗退，一舉收復白旗堡。郭松齡部秘書長，被國人目為才子的林長民，為吳俊陞騎兵打死在專車上；郭松齡及其夫人韓淑秀，急坐大車化裝而逃，仍為吳俊陞騎兵軍長穆春，在蘇家屯認出捕獲，立即予以槍斃。郭松齡之變平定後，吳俊陞告訴張作霖：「所謂郭軍盡係大帥的部下，現郭已死，請勿追究。」張作霖乃下令，罪在郭松齡一人，其他的一概不究，並盡皆官復原職，就是參與郭松齡機要，最賣力氣的張振鷺，也被任用如舊。張作霖做安國軍大元帥時，張振鷺復為張的重要幹部，大陸易手時旅居巴西，其後赴台定居，數年前逝世。

## 張大帥大做元首夢

張作霖疲竭東三省人力物力財力，輕舉入關，翺翔京津，心營四海；導官僚以腐敗，教子弟以奢華，實為捨本逐末，自陷敗亡。張作霖於一九二七年，在北京就安國軍大元帥職，儼然自居為一國「元首」，此實乃北洋軍閥最後迴光返照之一幕。

此時，各地失敗軍閥，如孫傳芳、齊燮元、何豐林、靳雲鶚、張宗昌，都群集張作霖旗幟之下，仍圖與國民革命軍一拼，藉挽敗亡厄運，只有吳佩孚拒絕參加，逃亡四川，依附老部下楊森去了。

張作霖既就安國軍大元帥職，自不能再兼奉天督軍；此虛懸已久的職位，論資歷，自應為與張作霖同時崛起的吳俊陞；論勳勞，也應為在兩年前郭松齡倒戈之役，旋轉乾坤、力挽危局的吳俊陞。但張作霖親信橫阻其間，與張作霖同時結盟的老弟兄如張景惠、張作相、湯玉麟等也竭力反對。並有人造謠中傷說：「吳俊陞自恃功高，視大帥如無物，已在籌謀不軌。他雖平郭亂，但終將成郭之第二。」一若真有其事。張作霖因有民十一年（一九二二）吳俊陞不就北京政府派他為奉督的舊事，復念他敉平郭松齡的勳勞，對左右之言不予理會；但終覺吳非自己嫡系，奉天乃根本之地，倘其人一有變故，他將無家可歸，是以遲遲不肯輕委他人。

此時，適吳俊陞在東北剿匪成功，又建一大功。吳剿匪完畢返北京覆命時，路過錦州，有人向這位東北第二號人物攔車告狀；控告東北第三號人物，張作霖的盟兄弟、吉林督軍張作相之叔張洛東等「仗勢欺人，窩藏土匪，公然聚賭，擾害地方」。吳俊陞勃然大怒，不容分說，下令將張洛東等捕獲，送押奉天監獄審訊，地方百姓莫不稱快。但張作霖左右則群情憤慨，在張面前不斷說：「姓吳的算甚麼，他看不起張輔帥（張作相），難道也敢看不起大帥？至少應向大帥知會一下，由大帥下令辦也可以，他如作奉天督軍那還了得！還有咱們自己人活的路嗎？由此可見他早有不軌之心。」

由是，張作霖耳朵裡灌滿了吳俊陞閒事閒非。從自古以來功高震主者，多難得好下場的歷史觀之，吳俊陞至此，嫌怨日多，陷於危殆局面，已是步履維艱。

## 生死與共全始全終

吳俊陞到北京中南海會晤張作霖時，因見張作霖面色不豫，他馬上有所警覺，對張作霖說：「我追隨大帥多年，甚麼事都得替大帥著想；張督的叔叔仗勢欺人，地方上民怨已深，我稟告大帥，大帥如何處理？我轉告張督，張督又怎麼去處理？大帥安民愛民之心，全被這幫人給破壞了。我吳俊陞做壞人，以平民憤，還不是為大帥著想。大帥如不看重我，我敢嗎？」

吳又說：「大帥現坐鎮北京，為一國『元首』，就等於民國的皇上，我能坐著汽車一下子開進中南海，不比當八千歲在紫禁城騎馬還威風？這都是托大帥之福，我一個賣馬出身的人，當到督軍，我還想幹甚麼？」

張作霖本來知吳的為人，現在又被說得心花怒放，不禁莞爾說：「好了，好了，我說你甚麼來著，看你這一大套。」於是心中一切不快盡成過去，仍親密如初。

民國十七年（一九二八），國民革命軍渡黃河逼近平津，張作霖自知不敵，並拒絕日本的必需與國民革命軍在關內作戰的要挾，乘北寧路專車擬東返瀋陽。張作霖左右人員，分別坐在專車其他車廂內，只有吳俊陞，陪張作霖在貴賓車內閒談；車過皇姑屯，日本關東軍預置炸藥爆發，吳俊陞骨肉橫飛，立時斃命，張作霖也身負重傷，不久即行過世。這一對老朋友，在東北風雲際會多年，同享富貴，最後又同在一起死去，可以說是全始全終了。

# 張少帥為什麼要殺楊宇霆？

金人俊

## 呼「阿斗」．氣煞張少帥

「東北王」張作霖在國民革命軍北伐前的那一兩年中，誰都知道他身邊有一位最紅的人，是總參議楊宇霆。早在張學良（漢卿）建議乃父張老將實行軍政改革的時期，便由楊宇霆兼任了瀋陽兵工廠總辦。迨第二次奉直大戰，吳佩孚一敗塗地，奉軍大舉入關以後，楊宇霆且一度充任江蘇督軍。他當時在東北軍中的人望之高，無出其右者。

自張老將在皇姑屯被炸身死，張學良子承父業之後，楊宇霆更以東北元老自居，居常倚老賣老，並不把漢卿看在眼內。

有一次楊宇霆的老太爺做七十大壽，東北的要人紛紛趕到楊府稱觴祝嘏，張漢卿因為同他的關係不同，所以那天去得很早，上午十一時便到了楊府，楊宇霆把漢卿招待在內室小客廳裡之後，便又忙著到大客廳招待其他的客人去了。

漢卿那時已是東北軍政的最高負責人，能夠隨便陪他聊天的人也不多，有資格的，也只是到小客廳向他敷衍幾句，又出到外面玩鬧去了，誰也不願意同他坐在一起，受些無謂的拘束。

這時，張氏父喪未久，心情鬱悶，加上彼時身體健康欠佳，一個人悶在小客廳裡，不知不覺就睡覺在沙發椅上了。正當張氏小作瞌睡的時候，楊宇霆同常蔭槐（彼時的黑龍江省省長）一同走了進來，此時張氏其實已經醒了，不過迷迷糊糊地不願意立即睜眼而已。不料就在此時，張氏卻聽得楊宇霆對常蔭槐低聲地的說：「阿斗！」這兩個字雖然聲音低，卻說得清脆有力，不消說，楊宇霆所說的「阿斗」，意思當然是指張氏而說的了。這個時候張氏反而只好裝睡到底。楊、常二人張望了一下，也未再說什麼，又相將走出了小客廳。

張氏是一個有作為的人，而今居然被人把他指為「阿斗」，叫他如何受得了！他內心對楊氏的憤恨，當可推知。而在事實上，楊宇霆這個人，也並非對東北毫無野心者，平常又有依附氏楊的人從旁推波助瀾，楊氏那時對張，也就存有取而代之心。

自從奉軍退出關外，張作霖被炸身死後，對於未來的決策，當時在內部顯然分了兩派：一派是以少帥張學良為首，主張擁護國家的統一，以犧牲小我。另一派則以元老重臣楊宇霆為首，主張憑藉日本的勢力，以閉關自守，不再接受中央的命令。

## 「小爺」把楊、常幹掉了

那時，中央、兩廣以及閻錫山、馮玉祥等各方面，都派有代表前赴奉天做聯絡工作，中央派去的大員是吳鐵城；兩廣派去的代表是劉震寰（劉氏為民國初年四大總司令之一）；閻錫山派去的代表是趙戴文；馮玉祥派去的代表是他的參謀長邱斌（邱氏於數年前病歿於九龍新界）。在這些位代表之中，張氏的左右似乎對吳鐵城氏都抱有相當好感。

楊宇霆當時為了阻止張氏歸順中央，便積極的發動倒張運動，在當時的東北軍中曾有好多高級人員接到楊氏的任命狀。

有人把這種情況報告給張學良，張氏覺得這件事非常嚴重，但為了避免洩露，又不便同旁人去商量，其間，只會把他的兒女親家鄒作華將軍請了來，同他祕密的商討過一次。

隔了沒有多久，楊氏的陰謀，終於被張氏偵察得清清楚楚了。張並且知道參預楊氏陰謀的人，在高級人員方面，只有常蔭槐一人。

張氏此時的心情，最為痛苦，他如果不剷除楊、常兩人吧，他本人就隨時隨地有被打倒的危險；倘如對楊、常採取斷然手段吧，他又投鼠忌器，怕引起東北內部發生問題，而變生肘腋。

我記得有一天晚上，我同張氏左右親信的一班朋友們如黃顯聲、張振鷺、譚海等人，在奉天國民銀行有一個小小的聚會，時間大概是當日下午五點鐘左右，不久張氏的承啟官裴某，慌慌張張的走了進來，一見黃、譚二人就說：「總司令到處找你們，還不快去。」

黃、譚二人就這樣，被裴承啟拉走了，我們只是四五個人的小聚會，他們兩個人一走，其餘的人再也鼓不起興緻了，只好一面吃酒，一面等候他們兩人回來。

黃顯聲那時的職務是宣傳總隊的總隊長，譚海則是張氏的副官長兼衛隊旅長，都是經常不離張氏左右的人，所以張氏特別派人把他倆找回去，原是常有的事，我們再敏感也想不到是發生了旁的事件。

一直等到了八點鐘，還沒有消息，張振鷺打電話一問，得到的答覆，都是說他們到總司令辦公室去了。那時張振鷺身任財政廳廳長，也是張氏左右紅人之一，此刻有點忍耐不住了，就對我說：

「你在此等一等吧，我去把老黃和老譚拉回來，你可千萬不要走，我們要在這裡玩個通宵才能散場的。」

振鷺去後，我一人等到了十點鐘，才見張振鷺興冲冲的跑了進來說：「我們玩不成了，我告訴你一個消息，小爺（指張學良）把楊宇霆和常蔭槐已經幹掉了！」

我因為這時在教育機構服務，任東北高等軍學教育班教育處處長對於楊、常的事，事前所聞無多。所以乍這聽項消息，覺得非常訝異，立即問道：「為什麼事？」

張說：「我剛才跑到帥府，等了一會，才看見老黃出來，他說小爺找他和老譚回去，是叫他們辦一件大事。」以下是張振鷺述黃顯聲告訴給他的話。

## 一塊銀元向天「打卦」

原來，當張學良證實了楊、常兩個人的陰謀以後，經過了兩三天的考慮，卻不知如何處置的好。直到了出事這天的下午，楊宇霆陰錯陽差地忽然給張氏打來了一個電話，說他準備在下午四點鐘，同常陰槐省長一起來見，要和他談談。

楊宇霆這個人，身體矮矮胖胖的，上半身生得特別長，下半身就顯得格外的短小，他坐在椅子上，雙腳時常懸在空中擺來擺去，因此有人說，這是主賤之相，似乎註定了橫死的命運！

另外也有人說，楊宇霆這個人雖頗有才幹，但就他被殺這件事而論，他自己確實有「取死之道」。據譚海事後透露，自張老將死後，楊宇霆根本沒把張學良看在眼裡，他每次同張氏見面，都是大言不慚的，指摘張氏左不對、右不對、氣燄之盛，常使張氏受不了。他這次和常蔭槐一起來看張氏，在言談之間，又和張氏頂撞了好一陣，使張氏難堪之極，終至使張氏忍可忍，拂袖而起。

張氏氣呼呼地回到內室，臉部蒼白，一言不發，在無可發洩的情形下，只好抱著老帥的牌位，號啕大哭一場！

黃顯聲和譚海這時已被召回府了。譚走進內室，親眼看到張氏哭了一陣，又見他跪在地上，拿著一塊銀圓向天打卦，也真是巧得很（據說張氏跪下卜卦的意思，是暗中禱告天地，楊、常二人該死則為陽面卦，不該死則為陰面卦）。

這個時候他便住了哭聲，整了整衣服站起來，當面交代了黃顯聲和譚海，要他兩人負責處決楊、常的任務。

當時張氏向黃、譚兩人說：「我已經證實楊宇霆和常蔭槐兩人連結一起，圖謀不軌！我命令你們兩人，現在就到小客廳裡面去，把他們兩人當地執行槍決，執行之後，速來回報。」

黃、譚兩人奉命後，立即走了出來，除派人把楊、常帶來的衛士先解除武裝外，他們兩個就每人手裡拿著一挺手提機關槍，站在樓梯上，用一陣亂槍，居高臨下，把楊、常兩人當場擊斃在小客廳裡沙發椅子上。

張振鷺講完了這段故事，還特別的給張學良加上一個評語，說他「有擔當，有魄力」。

## 吳鐵城手腕靈活

我在前面已經說過，在張老帥被炸身故以後，各方面派在東北的大員很多，他們的主要目的，都是想來爭取張學良的合作。但論起作風來，各方代表卻各有各的一套手法。

先說閻錫山的代表趙戴文，趙氏在山西做過省長，山西人的節儉是有名的，趙戴文到奉天來只帶了一千銀圓的旅費，連吃帶用，兩三個月下來，所餘也就有限了，這個時候正趕上張氏卅六歲的壽辰，據說趙氏連致送一筆壽禮，都得向太原去電請示。這種寒酸相，還談得上什麼對外交際和拉攏。

邱斌是馮玉祥派來的代表，他只帶來五百銀圓，景況比趙戴文還差，他住在商埠地一家小旅館裡，每天都是省吃儉用的維持著，更說不上對外展開交際工作。

兩廣的代表劉震寰雖比較好一些，但也說不上什麼從心所欲，和揮金如土。

其中唯有中央派來的吳鐵城，據說吳氏在臨到東北來的時候，帶了一個交通銀行提款的摺子，只要他認為有價值的用款，是不限制數目，可以任意支取。氣魄之大，一時無兩。

這時各方面來到奉天的代表，有的人是光桿一個人，有的人也只是幫一兩名隨從人員，只有吳鐵城帶來的有隨員、有秘書、有譯電員、有副官，陣營強大，儼然是一個小型的「外交代表團」的姿態。

吳鐵老這次住在張氏招待他的一家賓館裡，一到傍晚，這裡常常是賓客如雲，東北的大員，除了張學良本人外，幾乎都成為吳鐵老座上的嘉賓，參謀長榮臻、省長臧式毅、師旅長王以哲、何柱國、工兵司令柏桂林、輜重兵司令牛元峯、屯墾督辦鄒作華、財政廳長張振鷺、機要秘書朱光沐、電話局長康瑞符、軍長胡毓坤等，都是每天必到的客人。

當張氏壽誕這一天，張本人老早就跑到北陵別墅避壽去了。我們一群部下，自然也是追踪而往，我記得就在這一天早晨，我同譚海副官長正在北陵別墅大門口眺望風景，看見吳鐵老遠遠的坐著一輛汽車，從城內風馳電掣而來。

他到了門口，先同我們兩人打招呼，這時他看見了大門上懸掛的國旗，此時還是掛的五色旗，便笑著對譚海說：「這旗子是誰掛的，告訴他們趕快向上拉一拉，喜慶的事，怎成了下半旗啦！」老實講，我同譚海站在這裡很久，都未曾注意到這個問題，一被吳鐵老指了出來，都覺得有點不好意思！

由這件事看來，可以說明這時吳鐵老和我們的關係已完全打成了一片，到了無話不說的地步，彼時東北雖未改懸青天白日滿地紅的國旗，但東北的未來動態如何，已經可以從這件小事上看得出來了。

## 「易幟」會議喜氣洋洋

張氏壽辰過後不久，為了東北的易幟問題，張學良還特別召開了一次會議，以聽取大家的意見。但誰都知道，這時的東北易幟，已成定局，所謂會議，不過是一個形式而已。

張氏這次在會議席上說：「自從老帥歸天以後，我認為老帥被害這件事，雖是我張學良的家仇，但也是我們的國恥！日本軍人為什麼必須要把老帥置諸死地？說穿了，還不是因為老帥有強烈的愛國心，不肯做日本軍人的走狗以出賣國家。刻下經過我長久時間的考慮，我覺得我如果想要報仇雪恨，就必須擁護國家的統一，你們大家都是追隨老帥，和同我共事甚久的袍澤，我希望聽取你們寶貴的意見。」

張氏的開會詞說完後，我當時曾暗中察看了一下與會各人的神色，見大家的面孔上都是喜氣洋洋的，沒有人顯出不同意的樣子。

沉默了一段短時間，屯墾督辦鄒作華站起來說了幾句話，他說：「各位先生！總司令對楊宇霆、常蔭槐處置的內幕，雖已公布，但其中楊、常最主要的一項罪名是：『勾結敵國，破壞統一。』當時考慮外交上的因素，並未對外公開，我今天特別把他提了出來，是為的與使大家明瞭總司令擁護政府統一的決心。」經過鄒作華一解釋，就是內心裡有點疑慮的人，此時也不便表示異見，立刻會場中的空氣，又顯得沉默起來了。

參謀長榮臻此時卻站了起來說：「各位如果對總司令提出來的意見，和鄒督辦補充的報告沒有意見，大會就按照總司令的指示去執行了。倘各位有持不同見解的，請現在發言。」可是，在會議席上，並沒有任何人提出反對的意見。

這次會議以後，張氏立即採取了左列三項重大措施：第一、立即下令取消東北自行宣布的「東北保安總司令」名義。第二、立刻通電聲明懸掛青天白日滿地紅國旗，擁護政府統一。第三、同日宣布就任中央所任命的「東北邊防司令長官」職務。東北易幟問題，就這麼完滿達成了。

# 北洋官場現行記最後一幕

薛觀瀾

近來作者文思索然，且復記憶力銳退，即從前身歷其境之事，亦竟無從著筆，前塵如夢，洵不虛也。本篇係作者回憶錄之一，此一部分包括北洋政府崩潰之前夕，可謂民國十六七年北京官場現形記，形形色色，極富幽默。其中掌故較有價值者，係述伍朝樞夫人，被張宗昌逮捕之經過，當時伍朝樞適任南京國民政府外交部長，故此事當時曾轟動國際，列為頭條新聞。伍夫人現仍僑居香港，觀瀾則為此案內幕人物之一，迄今事隔三十載，觀瀾所能記憶者，亦僅此案之輪廓而已。

## 國民革命軍勢如破竹

回溯民國十五年夏，段執政（祺瑞）被馮玉祥脅迫下野。繼之，馮又被張作霖、吳佩孚、張宗昌、李景林、靳雲鶚五路圍攻，逃亡蘇俄。旋經徐謙介紹入國民黨。此時吳佩孚與張作霖言歸於好，惟張氏獨為北方之主宰，吳氏坐鎮武漢，部下離心，猶再實之木，其根必傷。適逢唐生智在湖南逼走趙恆惕，自任湘督。吳乃助趙攻唐，唐即投降廣州國民政府，此為國府開始北伐之良機。今總統蔣公爰於民十五年七月一日下動員令，測其方略為打倒吳佩孚；聯絡孫傳芳；暫且放棄張作霖。用離間之法，採各個擊破之戰術。吳佩孚為北方唯一良將，擁兵十萬，坐鎮中原，大有可為。惜有輕敵之嫌，自率勁旅北上，全力對付馮玉祥。殊不知彼時困處南口之馮，早如甕中之鼈，僅以奉張之力，即足以消滅之，而大敵當前者，實為南方革命軍也。

按國民革命軍出師之後，半月之內，遂克長沙、趨武漢，北廷震驚。吳佩孚再自北方率援南下，以疲師與國民革命軍苦戰於汀泗橋。而當時之五省聯帥孫傳芳，昧於情勢，竟圖收漁翁之利，坐視不救。蔣先生既得兩湖，乃先發制人；夾擊江西。繼定閩浙。至十一月中旬，孫傳芳退至吳興，無可再退，始隻身赴天津，乞援於張作霖。孫氏即在津參加所謂「討赤會議」，所謂「討赤」也者，實指當時之革命軍也。

先是張作霖設「安國軍總司令部」於北京順承王府。觀瀾曾在機要室服務數月，其中組織散漫之至。張老帥喜熬夜，整個下午為老帥晝寢時間，吾輩不敢高聲，老帥好睡，可比美國柯立治總統。當時僚屬之中，最有服從心者為義威上將軍張宗昌。至於行藏毫無檢點者，首推副官長楊毓珣，他敢當面說：「老帥真是朽木不可雕也。」老帥亦未喻其意。他又敢對張漢卿說：「你兇甚麼？你還不是靠你老子張作霖。」老帥初聞革命軍浩蕩出師，心中不安，第三軍團原是奉軍的基本隊伍，因在河南作戰失利，早無鬥志。故張氏父子竭誠願與革命軍謀和，張且自稱為中山先生之老友。惟楊總參議宇霆對此反對甚烈，易幟更非所願。張宗昌圖保兩省地盤，故亦表示反對。觀瀾當時以安國軍外交參議之資格，曾正告楊氏曰：「內戰最失人心，但與革命軍妥協，恐為日人所不容耳。」迄今思之，此係現實看法，觀瀾未為失言。

## 政局如麻共產黨蠢動

迨孫傳芳來歸，張老帥大喜過望，勇氣陡增，遂命張宗昌、褚玉璞南下。布防滬寧。革命軍猛將白崇禧則沿滬杭鐵路北進，白得海軍總司令楊樹莊之援助，逼近上海。上海工人便衣隊在閘北起事，竟將張宗昌部下健將畢庶澄包圍繳械。民十六年三月下旬，白氏遂接收上海。繼之南京亦告失守，此時國民革命軍軍事進展雖極順利，然後方政治卻甚混亂，由於汪精衛派結納共黨以自重，政權遂落於共產黨之手。國民政府遷武漢後，兩湖變成共黨巢穴，竟無國民黨插足之地。至是年四月中，清黨委員會成立，國府始正式宣告遷南京，下總攻擊令。迅克徐州，進窺山東，孫傳芳部狼狽北竄，同時馮玉祥東出潼關，豫陝兩省入其掌握。閻錫山自稱北方革命軍總司令，與奉軍激戰於平綏線。

如右所述，奉軍形勢險惡已極，為振作人心起見，張作霖爰於是年六月十六日被推為海陸軍大元帥，下轄孫傳芳、張宗昌、張學良、張作相、吳俊陞、褚玉璞、湯玉麟八個軍團，約四十萬眾。而能上前線者，只靠孫傳芳與褚玉璞二十人。噫！甚矣憊。此際國內局勢渾沌已極，史太林認為時機已至，故於六月一日密令共黨在武漢組織赤色政權，中國共產黨奉命之後，立即推行全國性的暴動，約略言之，計有一、第二方面軍張發奎部受周恩來煽惑，於是朱德發起南昌大暴動；二、廣州大暴動殺人如麻，係張太雷、葉挺所指揮；三、陝西暴動乃劉子丹所為；四、兩湖秋收暴動，係瞿秋白、毛澤東指揮，目的在佔武漢；五、海陸豐暴動係彭湃率領，殺人逾萬。

## 唯一肥缺直隸交涉使

觀瀾默察當時民眾心理甚為微妙，上海一帶為觀瀾家鄉所在，老輩提起「長毛」，猶有餘悸；後輩目擊赤禍，更加恐慌，公妻公營，黎民懼焉。夫孫傳芳仍係軍閥作風，自命不凡，然其為政，稍具社會思想。於是，江浙兩省有口皆碑，由此可知吾國為政之易。亦見人民要求之低。至於當時革命軍紀律尚佳。滬寧易幟，皆獲安然渡過，民眾並無恐慌心理，此殆北伐軍所以成功，而昔義和團與太平軍所以失敗歟！盱衡北方民眾，渾渾噩噩，更甚於南方。平津人民對於內戰消息，懵然無知，對於共黨陰謀，更無絲毫認識。知識分子僉謂自古戰略，由西東下，成建瓴之勢；由北而南，成破竹之勢。今革命軍逆流而上，必蹈太平軍之覆轍無疑矣。至於吾輩身居官職者，在當時則視國民黨與共產黨為同流合污。此因汪精衛嘗與共黨總書記陳獨秀聯名宣言之故也。

張大元帥就職之後。政府全面改組。觀瀾外放直隸交涉使，仍兼安國軍外交參議之職。此一兼職對我有拯溺功用。

先是安國軍總司令部因籌餉事急。命觀瀾遄赴保定，輔助褚玉璞，將官產旗產一律變賣，以充軍糈。觀瀾當時年輕無知，擔任此事，實有不合，誠以籌餉固屬要圖，然而地方公產豈可恣意變賣，迄今思之，追悔無窮。按辛丑條約規定各省設交涉司，以直隸省居首，首任交涉使為王克敏。在晚清之際，曾由北洋大臣李鴻章親定章法，唯有直隸交涉使，特授頭品頂戴，俾與外國使臣分庭抗禮，位居布政使之下。按察使之上。故民初祭孔大典，禮備三獻，樂成七均，以省長祭孔子，政務應長居右祭孟子，交涉使居左祭曾子。但於政府授勳典禮，則以交涉使領銜，居政務廳長之上。我初不知直隸交涉使係北方唯一肥缺，等於蘇松太兵備道係南方首屈一指之肥缺，此因交涉使兼任全省會丈處總辦，職掌稅契之事，以天津租界內田地房產之賣買為大宗收入，觀瀾於交涉使職務交卸之時，曾將海洛英粉四大櫃移交於後任蘇體仁。但蘇卸任時並無交代，此係韓人販毒，沒收所得。

## 奉軍將領的荒廢生活

褚玉璞聞觀瀾調任交涉使，甚為滿意。惟國務總理潘復知此為優缺，故出面阻撓。當外交總長王蔭泰提出國務會議時，潘復攢眉不快云：「歷任直隸交涉使皆重應付日本，薛某係美國留學生，恐不相宜。」王答：「此係楊總參議（宇霆）意思，目的在儘速收回英租界。」潘氏無語，畢竟將案擱起，王總長以電話問我：「你有八大山人畫軸否？」我說：「沒有」王說：「好啦！我來替你送一幅給潘總理罷，哈哈哈！」觀瀾當時如墜五里霧中。不久，王氏調司法總長，我往道賀，王氏適入浴，竟使我坐候一小時，王為北方官吏之中最開明者，猶有官僚習氣，奈何！國人一做高官，性格隨變，賢如顧維鈞（少川），是我老上司，我到總長室見他，他必做出看公事模樣，佯裝不理，待我走近桌邊，始起寒暄。上司之中無官僚作風者，只有羅鈞任，全係書生本色。王亮疇亦無架子，令人起敬。他如段芝泉、徐又錚之輩，雖無架子，威不可測。

當民十六夏秋之交，徐蚌已在革命軍掌中，孫傳芳部敗退山東，北軍前線端賴褚玉璞與徐源泉掙扎於徐州碭山一帶。褚徐兩人當時皆隸直魯聯軍，實非奉軍嫡系。奉軍將領則麕集於北京孟公府韓麟春邸，每日徵歌選美，意態逍遙，張宗昌穿中裝，張學良穿軍裝，手持馬鞭。二人興致最濃。楊宇霆旰夕辦公，永不參加。孫傳芳卑躬屈節，心事重重，然其賭術最精，收獲不菲。褚玉璞貌寢而家有美妾，目的只在賭博，在場美女視彼為瘟神。楊毓珣深染奉軍習氣，罵人「三字經」脫口而出。總理潘復則態度蘊藉，貌如潘安，最得神女之歡心。憲兵司令王琦儼若跟班，專拉皮條，令人搖首太息！

## 侏儒褚玉璞驍勇善戰

某夕，這一群奉軍高級將領在韓麟春邸大賭牌九，張宗昌做莊，叫觀瀾坐在門下，他說天門包輸。我因不善賭，只押上交通紅票十元一紙，寒酸之極。宗昌當場怫然曰：「得啦，你請開罷！俺情願賠你十塊錢。」幸而潘復為我解圍。他說：「薛交涉使不會賭牌九，並不是觸你霉頭。」頃之，賭局大開，賭注驚人，莊家張宗昌拿著一副「別十」。乃是「虎頭」和「紅九」；孫傳芳在天門豎旗桿，出入浩大，一摸也是「別十」但是「長三」和「板凳」。孫雀躍大叫：「這是吉兆。」張說：「好！既是吉兆，俺也輸得服貼。」循察二人之意，實指龍潭之役，必告成功，因此快意當前。益堅孫氏背城借一之心。

褚玉璞係侏儒，身高五尺二寸，體重一百十八磅，在鄉孝母，且諳技擊，故為張宗昌所器重。褚氏識字無多，形同鄉曲，然其聲如洪鐘，口才便給，顯達之後，居然滿口新名詞，演講滔滔不絕。故貌雖粗獷，人實贍智，論及北方之勇將，褚固首屈一指。如李景林、姜登選、靳雲鶚、劉玉春、傅作義之儔，皆不能望其項背。民十三年第二次直奉戰爭之前，齊（燮元）、盧（永祥）又起衝突，奉張派李景林、姜登選、張學良、郭松齡、張宗昌分五路入關。宗昌時擁綏寧鎮守使虛銜，急於表功，乃在綏芬河盲目戰爭，褚玉璞受傷得升團長。當時張宗昌係奉方客軍，下皆白俄殘部，張作霖不加信任，陰謀解決之，定計先調宗昌移防輝南，令與第一猛將李景林部隔蚱蜢河作秋操，張作霖親臨觀陣，意謂景林必勝，然後以不能作戰之罪解除宗昌武裝，不料演習之際，褚玉璞身先士卒，率宗昌部亂糟渡河，李部節節後退，一軍皆驚，作霖愕然，回顧楊宇霆曰：「這個矮子許能戰勝正規軍，咱們正在用人。」於是立委李景林為第一軍軍長，張宗昌為第二軍軍長，共同布防山海關。期年之後有南口之役，褚氏以旅長躬冒矢石，雙方砲火曾震聾其耳云。

## 殺人魔王終被人活埋

褚玉璞滿面皺紋，橫肉深刻，相書指為「殺紋」。故褚氏一生，殺人無算，長蘆鹽運使韓君，在會議席上，竟因餉項關係，被褚當場拔槍轟斃。觀瀾有一次遭遇險惡，亦不亞於此，事緣褚部因軍餉支絀，褚氏從妾父宋雲同之言，欲假全省稅契，追溯以前賣買當事人，令其一一補繳稅款。我以領事團為後盾，拒絕此議，此固大有造於河北民眾者也。褚督辦為之怒不可遏，以雙手擢髮，猛摑其頭，詈觀瀾曰：「憑你一言，斷送軍餉四百萬，該當何罪？」語甚嚴峻，財政廳長任師尚亟拉予袖，一同退出簽押房。厥後予詣簽押房謁褚，唐副官長必站褚背後，預防其拔槍也。此誠駭人聽聞，事卻千真萬確，迄今思之，觀瀾當時若非楊總參議宇霆所保薦者，必不能免殺身之禍矣！

褚玉璞雖性情暴戾，不得人望，然平心而論，彼以直隸督辦身分，猶能身先士卒，躬冒矢石，為奉方火中取栗，與革命軍東路司令何應欽、白崇禧相拒十八個月，試問北方芸芸眾將，誰能及之？如褚氏者，可稱忠孝無虧，蓋小眚不足掩大德，修國史者，輯掌故者，尚其鑒之哉。褚氏始終無投降之心，最後退至膠州，作困獸之鬥，被劉珍年所殺，或云槍斃，或云活埋，劉乃張宗昌部屬將，不戰而降革命軍者。按：褚生前置妾四人，其中二人與滬伶私通，幽會於津租界內國民飯店，一係海派京劇名旦趙君王；一係二路鬚生劉漢臣。不料東窗事發，劉被褚玉璞活埋而死，趙伶適赴北京遊覽，幸免於難。張恨水所著《啼笑因緣》。疑即影射此案。厥後褚亦活埋而死，豈非天理有循環乎！

## 孫軍入徐州遲了一刻鐘

按張作霖於民十六年六月就位大元帥時，內有閻馮蠢動，外受革命軍之追擊，大元帥正感徬徨無計之際，忽接報告，謂革命軍武漢政府經已發令，自河南撤兵，並高唱「東征」口號，以驅蔣為目的。於是津浦路上之革命軍，不得不向南撤退，此誠革命政府自殺政策，奉軍既得喘息機會，遂由張宗昌、孫傳芳聯合反攻，克復徐蚌。孫自前線凱旋抵津，即「劉先主之得荊州」亦不足以喻其喜。當時觀瀾擔任第一軍團（即孫氏所部）與總部聯絡事宜，因此大招直魯聯軍張宗昌、褚玉璞之猜忌。孫傳芳揚揚得意，謂觀瀾曰：「蔣介石是俺唯一對敵，此人膽識，誠不可及，慶父不除，魯難未已，我們且慢些慶祝，此番俺進徐州，只差一刻鐘即可生擒蔣介石，當時俺真氣得發昏之第一章！據說蔣是最後一人退出陣地，蔣的部下勸他從容逃走，他都不聽，敵人遂得保全實力，依計撤退。」瀾按：孫氏談吐甚雋，誠如彼言，其部下行軍，若能爭取一刻鐘，民國歷史必須整個重寫，而蔣之大勇大智，與孔明借東風時初無二致，亦即《三國演義》所謂「一氣周瑜」也。

十六年八月十四日革命軍蔣總司令辭職，返奉化。國民政府頓失重心，大江以北復入北京政府之掌握。褚玉璞時任前敵總指揮，在徐州以西之碭山奏捷，直魯聯軍乃乘此機會大事慶祝，舉行於北京那家花園。京劇名伶余叔岩即因此次演戲受辱，憤而輟演。在彼心目中。軍閥視老伶工，曾不如北里名花，此而可忍，孰不可忍！

## 楊宇霆專車過天津一幕

在一片祝捷聲中，孫傳芳腦筋較清，彼知蔣之去職，實予北政府收復失地唯一機會。故於蔣公辭職旬日之後，孫即發動攻勢，以三萬五千人潛入龍潭棲霞山一帶，於八月二十六日乘霧渡江，成破釜沉舟之勢。何應欽、白崇禧率第一第七兩軍應戰，陷於苦鬥，孫軍甚銳，而革命軍幸賴海軍陳紹寬率艦助戰，在江中發砲，絕孫傳芳後路，北軍猶掙扎一週之久，孫始潰奔臨淮關。此為南北雙方最稱劇烈而有決定性之一戰，可謂「二氣周瑜」。

孫傳芳狼狽回津，其殘部留在魯東，大成問題。當是時，張老帥以悶氣難消，回駐瀋陽。楊宇霆接踵而往，路過天津，孫乃囑我向楊氏先容，約在車廂晤面。迨楊之專車到達天津東站，楊未下車，穿一套劣質西裝，站在公事桌前，鄒作華、于芷山等皆戎裝站立楊氏兩廂。孫傳芳則姍姍來遲，已過約定時間猶未至。楊鄰帥（楊字鄰葛）不悅，吩咐立即開車。我說：「孫已啟程，請稍待片刻。」楊說：「好！再等五分鐘。」於是，目不轉睛，注視其手錶，五分鐘瞬息即逝，孫猶未至，我又說：「孫馨帥說有要事，請督辦不要叫他失望。楊氏負氣說：「他的鬼八卦我都知道，你可代表我跟他接洽好啦。」我無奈，匆忙下車，已見孫氏汽車風馳電掣而至，專車已嚅嚅動矣。孫只搖頭歎息，並無怨言。

## 張老帥為人大事不糊塗

我與孫氏同車返其私邸，我說：「楊督辦接到老帥急電，是以兼程而往，下星期即可回來。」孫開口即說：「薛參議！我有何面目見江東父老？」言時欷歔不置。我答：「江浙人士對於聯帥之感情，可說始終不渝，此番咱們吃虧在海軍之手。」孫說：「豈但如此，就是陸軍方面，布置亦並不合理，直魯二七兩軍團與少帥三四兩軍團若能助我，作犄角之勢，則一鼓作氣，何懼廣西軍隊？敵之海軍究屬有限。」孫馨帥又說：「廣西軍隊雖善戰，然體力不充，裝備欠佳，士兵皆穿草屨，且遠路而來，亦憊甚矣，天喪予！天喪予！」觀瀾聞之，感慨良深。夫龍潭之役，為北洋政府生死關頭，可惜文武官員掉以輕心，將領之間，尚鬧情緒，此時若傾全力，決一死戰，則津浦、滬寧兩線，可一舉而收復之，人謀不臧，此之謂也！

以上觀瀾追溯往事，旨在分析當時顯要人物之心理作用，首述張老帥，高高在上，善於將將，小事糊塗，大事不糊塗，既遇勁敵，無心戀戰，只圖保住關外，以貫徹其「大奉天主義」。但為日人暗中把持，不許輕言罷兵，遂使老帥進退失據，最後且因此殉難而死。少帥張學良，似乎小事精敏而大事糊塗，凡事做了再說。彼所統率第三四方面軍，為奉派精銳之師，乃北洋政府安危所繫，故少帥所負責任，實大於楊宇霆。然有客至瀋陽，只知有楊宇霆，不知有張學良，此亦時人之錯覺也。時人又不知學良所率軍隊，早為當時左派人士所滲透，迄在豫省受挫於唐生智、李宗仁之後，渠與部屬已早無鬥志，且求和之心最亟，渠見馮玉祥屢次倒戈，皆獲實利，不禁油然而生忻慕之心，故其一生作風，全師馮氏之故智，良可慨也！

## 張宗昌是刺宋教仁兇手

按張宗昌一生軼事甚多，民初武士英殂擊宋教仁於上海北站，張宗昌係幫兇之一，此其自承不諱者。瀾按：刺宋（教仁）一案，係當時國務總理趙秉鈞面囑洪述祖主其事，洪為內務部秘書，即編劇名家洪深之父。渠命應桂馨購兇行之，尤以一萬元為酬，應以千金使武士英動手，武又以五百元分給張宗昌，因張善槍法，能左右手並發。張顯後，不諱言，首槍中宋教仁左腹者，實為彼所發。厥後宗昌任李純部下之團長，繼充馮國璋之侍從武官。馮李既歿，張更潦倒，爰於民七請纓，協助攻湘，大敗而歸。孑然一身，後曾西走洛陽，吳佩孚不予收容，遂至瀋陽見張作霖，老帥聘為高等顧問，適逢奉軍在關內大敗，楊總參議（宇霆）姑命宗昌赴哈爾濱招兵，宗昌以是感激楊宇霆。無何，宗昌抵哈，張長官煥相適為孟恩遠之甥高士儐所逼。勉予宗昌步槍五百枝，宗昌大喜，立即糾集白俄八百名，一鼓作氣，向北衝去。宗昌部隊只拋幾枚手榴彈，高士儐所部竟不戰而潰，退至綏芬河，宗昌遂膺綏寧鎮守使之命。迨第二次直奉戰爭，張宗昌與褚玉璞大顯身手，二人寖寖大用矣。宗昌乃打著「山東人不打山東人」口號，大收直系殘軍。自是厥後，宗昌一帆風順，拜領兼圻，晉位上將軍，因此大招張少帥之忌。迨吳佩孚東山再起，張作霖當面呼吳為二哥，親熱非常，暗中則深予掣肘。張少帥尤鈎心鬥角，謀奪吳佩孚之地盤。惟宗昌大唱擁吳論調，李景林和之，宗昌特派熊炳琦赴漢，歡迎吳大帥回魯，宗昌願改為魯軍，服從命令，此亦長腿將軍十足夠味之處也。

## 吳大帥與張老帥之會見

觀瀾憶起民國十五年六月間，吳大帥抵北京，下榻於王懷慶公館。張老帥率鄭謙先至王宅拜會，吳降階迎。翌日吳率張其鍠至順承王府還訪，張亦降階而迎。吳下車即見「紫氣東來」四字直條，吳氏昂首，凝視有頃，觀瀾在旁頗為老帥汗顏，而老帥神色自若也。是日吳張義結金蘭，喜氣洋溢，攝影之際，吳張端坐前列，宗昌、學良站在二人背後。惟攝影師良久無動靜，吳大帥坐著等拍照，連打呵欠，若不耐煩。原來學良用手做「忘八」姿勢，悄悄放在張宗昌頭上，宗昌不覺，覺後宗昌伸起巨靈之掌，摳學良手心。大概京劇中的《烏龍院》與《梅龍鎮》二劇，二人看得太多之故。其時張老帥略一回頭，嚇得二人假裝正經，「拍」的一聲，攝影告成。魯督張宗昌與直督褚玉璞隨遞兩份門生帖子與吳大帥，帖係山東狀元劉春霖所寫之館閣體，吳大帥遜謝，改送兩份蘭譜。

瀾按：上述吳張聚首之一幕，曾經吳之代表張其鍠與張之代表鄭謙在津籌商二月之久，吳初不願晉京，張亦不肯先拜吳氏，吳欲顏惠慶組閣，張說：「顏曾將我通緝，何顏為總理乎？」。由是觀之，吳張合作，係經導演。非心願也。

## 北洋軍人居安不能思危

觀瀾以為：張宗昌與褚玉璞，可與為善，可與為惡。二人皆極聰明，而患學識不足，迨居高位，驕奢淫逸，不能居安思危，常為宵小所包圍，由於諂媚者眾，漸與忠實部下脫節。蓋自袁項城起，北洋政府之執政者，皆坐此弊，言之可長太息者也！惟張褚二人，皆孝於其親，忠於其上，叛逆二字，非彼等所知，故於北洋軍閥之中，愚對張褚二人，評價極高。夫張褚待我甚薄，觀瀾之言，決非循私，彰彰明甚。但就我所閱歷，在北洋軍閥中，最稱忠心者，允推徐樹錚與楊宇霆二人。回憶第一次直奉戰爭，奉軍既潰，土崩魚爛，幸有參謀長楊宇霆在灤河趕搭浮橋，殘部始獲渡河整編，此乃楊氏投奉第一功。張作霖知舊軍無用，此後專練新軍，始重用楊宇霆。夫張既以國士待楊，而楊亦以國士報之，忠貞不貳，固其宜也。然楊對於張學良，亦嘗矢忠不渝，死而無怨，此楊思想頑固，觀瀾則以為「不值得」、「無意義」。蓋學良自始以「陪臣」豢楊，至終以「家將」視楊，愛之欲其生，惡之欲其死，而楊心理，則視奉督一席儼為張氏世襲之職，故對小張處處迴護，以盡其愚忠，良可哀也！

## 有震主之威無戒備之心

觀瀾未至瀋陽，在天津任職之時，即遭楊督辦（宇霆）一度申誠，我對楊說：「漢帥（指學良）僚屬是我至親好友者甚眾，自我追隨督辦之後，昔之至親好友，對我即起戒心，我覺漢帥部下與督辦部下儼然劃有一條鴻溝，彼此心境愈來愈左。……」措詞未竟，楊即正色誥誡觀瀾曰：「你要曉得漢卿從小坐我膝上，騎我背上，我和漢卿歷來不分彼此，心情一致，爾等切勿庸人自擾。」我唯唯，但心中暗想：「你老是開口漢卿，閉口漢卿，當面漢卿，背後漢卿，人家是否願意，你都茫然無知！」自是厥後，我見聞愈多，然當楊氏之面，不敢直言矣。我對徐總司令又錚，可與直言談相，對楊則不能，此因楊氏學問稍遜，坐是主觀太深，誤事大矣。

夫張漢卿有鋤楊之意，遠在民國十一二年，正當楊氏勢力高張之秋。迨漢卿之副手郭松齡暗中勾結馮玉祥，事前徵得漢卿之同意，所標榜者為攆走張作霖，殺卻楊宇霆與姜登選。郭氏之倒戈雖失敗，而張漢卿誅楊之意益堅，此為彰明較著之事，幾乎路人皆知，而楊不知不覺，猶處處迴護漢卿，此因楊督辦昕夕辦公，言不及私，無人敢直言也。老帥既歿，漢卿繼位，觀瀾曾謂王蔭泰曰：「楊督辦有震主之威，而無戒備之心，自古威能震主者，禍必及其身，吾公職位崇高，理應警醒楊公，俾獲善處一切。」王總長僅云：「老兄所說震主二字，可圈可點。」吾是以知王總長亦有難言之隱也。由上觀之，大人物左右若無直言敢諫者，大則亡國，小則喪其元。

## 張學良繼位果然露鋒芒

觀瀾所云「楊對張漢卿矢忠不渝」，事亦有徵，瀾聞張老帥在皇姑屯慘死之後，亟辭交涉司職務，迂迴赴瀋陽，路過大連，獲晤關東廳下村長官。瀾問：「老帥殞亡，何人繼位，君有消息否？」下村答云：「林特使（林權助男爵）與內田總裁（南滿鐵路總裁內田康哉伯爵）皆曾主張以楊宇霆督辦繼任，亦惟楊督辦有收拾殘局之能力。」瀾按：日人素來尊敬楊氏，且知張漢卿早與左派通款，且有易幟之企圖，故日人願為楊氏後援，無可獻疑。當是時，奉軍有新舊兩派，舊派只知錦上添花，善於事後附和。新派則以楊宇霆為首領，久握奉方之實權。此際楊若出面爭取領袖地位，頗有成功希望，誠以當時日人在關外究有舉足輕重之勢。同時張漢卿精神不濟，萬難勝任。且自郭松齡叛變後，漢卿之信譽畢竟大為降落。不料楊宇霆與漢卿同車，由錦州遄返瀋陽時，二人竟在車中抱頭痛哭，信誓旦旦。楊下車即發表宣言，竭誠擁護張漢卿，領袖問題於焉解決。

迨張學良登台後，鋒芒不可一世，楊始踧踖不安。回想歷年轇轕，能無不寒而慄。從此楊宇霆採取消極態度，退藏於密，不問政事。吾輩至其私邸，彼亦不與謀面，惟彼每日讌請王蔭泰、吳晉、翁之麟、朱文黼、羅文榦等。愚亦叨陪末座，菜肴甚豐，地點在瀋陽最佳酒樓，楊僅偶爾列席，觀瀾至今不明其用意。楊或雄心猶在，因此益招他人之忌，亦未可知。今夫少帥個性，向來欺善怕惡，倚勢凌人，故楊氏葳蕤自守，適足以速其死而已。當時少帥吸毒，澳人顧問端納反對最烈。少帥誘殺楊宇霆之後，即告端納曰：「我率第三軍團，在河南打硬仗時，我父親麾下有一大將，即楊宇霆，他勸我打嗎啡針，今日思之，他實不懷好意。」洋人信之不疑，此語可十足表示少帥之人格，吾故嘆息而言之！

## 張作霖口中的「老總統」

茲論楊宇霆一生之功罪：對於國家則功少而罪多；對於奉系則功多而罪少。若修一部《奉軍志》，應以張作霖與楊宇霆二人事蹟為一經一緯。溯自小站新建之軍，分裂為皖系、直系、奉系、晉系及國民軍之後，楊宇霆個人之重要性，實不亞於吳佩孚與馮玉祥，舉凡北洋政府之重要決策，常操於茲三人之手。惟楊舉措較為隱秘，例如梁士詒得任國務總理，王蔭泰飛升外交總長，即係楊宇霆所推薦。如上所述，楊之發跡，在「搭浮橋」與「編新軍」兩事。故於第一次直奉戰爭，楊氏不負慘敗之責任。厥後楊在軍事上且有三大奇功：其一為第二次直奉戰爭，與孫中山、段合肥三角聯盟以破吳佩孚；其二為南口之役，聯吳以驅逐馮玉祥；其三為大凌河之役，借重關東軍以殲滅郭松齡。按楊氏之策，無非遠交近攻，能以機智取勝，有足劭者。然楊最大功績，不在軍事，而在對日交涉之得體，此誠當時奉方當務之急也。

楊氏派觀瀾至天津，予覲見張老帥請訓，老帥不談公事，句句皆屬私事，他說：「民國四年老總統（指袁項城）喚我進京，我想以一區區師長，喚我進京，必定是拏問我。你想京兆尹王治馨是老總統最得寵的，只因拿了人家五百塊錢，老總統就將他槍斃了，我所以要求老上司雷振春陪我保我，方敢覲見，就在這懷仁堂，老總統接見我，我非但不害怕，反覺老總統可愛極了。臨時還賞我掛錶一隻，哎！人家做總統，才有帝王之相呢！」弦外之音，是他若居總統之位，苦無帝王之相。我見張學良時，陸軍次長楊毓珣在一旁儘開玩笑，楊每遇見我必唱「猛虎下山要喫人哪」（余叔岩派《汾河灣》劇詞）。常使我為之笑啼皆非。我見楊宇霆，楊只寥寥數語曰：「對日外交最關重要，日人最重感情，故宜未雨綢繆。」予韙其言，當時日駐天津總領事加藤外松，君子人也，予以小女認彼作義父，因此感情甚洽。楊謂觀瀾曰：「老兄不諳日語，不無吃虧。」予答「不然，日人喜以英語會話，又講不好；愚以英語與彼周旋，可佔上風。」楊氏點首稱是。然自蔡公時被戕之後，日人已揭開其假面具，於是雙方心地磨擦，漸至不堪收拾。

## 楊宇霆一生最恨馮玉祥

楊宇霆律己甚嚴，與煙賭皆無緣，言不及私，治事最勤。徐樹錚任奉軍副總司令時，楊任參謀長，徐乃深器重之，蓋二人作風相同之處甚多，故惺惺相惜耳。夫楊有超人之智，覇國之資，獨惜主觀太深，近於剛愎，虛懷之氣，亦自不免。伊生平最恨二人，即馮玉祥與孫傳芳也。在其客廳之古董架上，特置磁罎一件，上繪二馬（暗指馮玉祥），楊氏見客，每指二馬痛詈之，謂其背叛吳佩孚，不忠；私通郭松齡，不義；暗殺徐樹錚，不仁；勾結李大釗，不智。彼若不能消滅馮玉祥，寧解職歸田以謝國人。其恨孫傳芳，程度稍差，當伊奉命督蘇，正在耀武揚威之秋，孫乃興兵五路，突施襲擊，繼以追奔逐北，毫不留情，實予楊氏一生以最大打擊。按孫能屈能伸，有大丈夫氣，惟其城府太深，令人難以捉摸。洎乎投奉之後，孫固委曲求全，對楊執禮甚恭。楊則始終貌合神離，時或不假詞色。愚在一旁，老大不平。然聞張學良加害於楊之後，孫竟拂袖而去，大不謂然，階斯為觀，孫亦振奇人也。

陳孝威先生前為《春秋》半月刊撰文一篇，題為〈張漢卿錯殺楊宇霆〉。內容精彩，大旨如次：宇霆蔭槐既被誅，學良悔恨交集，繞室徬徨，莫知所措。軍政廳長榮臻首先人見，力稱：「少帥有魄力，有決心，做得對，殺得好。」吉林省長張作相聞訊踵至，婉責學良曰：「除卻這種手段外，難道沒有其他手段可以替代嗎？」頃之，祕書廳長鄭謙至，見學良而頓足大罵曰：「中人反間計，而自毀長城，抉吾目懸諸南門，以視敵兵之入也！」卒因刺戟太過，不及回廬，中風於路上而死。未幾孫傳芳自大連至，學良慟哭告之曰：「我今日放一大砲。」翌日傳芳不辭而行，既抵津，聳肩語人曰：「好夠厲害的大砲！」瀾按：榮臻之徒皆屬騎牆派，只知逢君之惡。張作相素以忠厚長者著稱，然舊派人物過於遷就現實，益使學良肆無忌憚。常蔭槐係老帥所識拔，夙具幹才，死得冤枉！鄭謙卓爾，體正心直，民十三四，伊與王瑚、陳陶遺先後為江蘇省長，三人皆有清廉之名，其處學良與宇霆間，不能於事前彌縫其闕，此非鄭謙之過也，何則，張楊二人皆懻忮予雄，有馬士英之風，故僚屬無能為力，抑鯁直之士亦無法可施。

## 祝捷堂會戲．苦煞老伶工

回溯民國十六年四月初，汪精衛自法回國，抵滬即與共黨總書記陳獨秀發表聯合宣言，遂使國民政府內部分裂，寧漢雙方相持不下，今總統蔣公被逼下野，直魯聯軍乃乘此機會，奪回徐蚌，至雙十節前，褚督辦（玉璞）自前線凱旋回京，直魯兩省文武官員特在那家花園舉行祝捷大會。蓋蔣公下野，不啻為北京政府之續命湯，吾儕心情愉快，自不待言。祝捷大會之日，演堂會戲，戲提調為憲兵司令王琦，做事不擇手段。尚未入席之時，京劇名伶余叔岩與錢金福、王長林、裘桂仙等聯袂而至，這幾位名角既相偕而來，不問可知其戲目必為《瓊林宴》（即《打棍出箱》）。叔岩前在袁雲台家當差，愚與過從甚密，彼此影形不離者逾十易寒暑。未幾，楊小樓携其外孫劉宗楊亦至，名伶畢集，獨缺梅蘭芳。此時劉宗楊不過舞勺之年，因時已投暮，憊不能興，小樓頻以扇柄猛擿其光頭，宗楊假寐知故，予亟止之。小樓喟然太息曰：「說也可憐，他剛唱完夜戲，小孩子頂不住啦！」吾知小樓心中怏怏，第懾於威勢。不敢不來耳。

是夕筵開五桌，愚與張宗昌褚玉璞同坐一起，各人背後坐一堂差，侑酒之外，唱曲助慶。楊小樓與余叔岩亦坐我等背後，與名妓紅情、綠意、亞仙、愛之花等比肩，楊余面發赬，踧踖如轅下駒，妙在其他角色如小翠花、錢金福之輩，尚無坐在席邊之資格耳。我坐席上，五內如焚，竊思楊余兩位老伶工，非但藝術蓋世，抑且率性清高，而今辱沒至此，將難為顏乎？叔岩瞥然眴愚，愚會意，不待散席，乘座間武夫得意忘形之際，挈叔岩揚長而去。無何，楊小樓仍無法擺脫，愚意慊焉。我送叔岩回家，默坐車中，彼此不交一語。叔岩知我如此作風，委實不顧一切，差幸是夕堂會草率之至，褚玉璞不懂戲，張宗昌則只知豪賭，亦無心聽戲，彼等對余叔岩、梅蘭芳二伶之缺席，狂狂若已忘也。

## 余叔岩受辱從此不登台

既至椿樹下二條胡同「羅田金寓」，叔岩憮然為問曰：「二爺！今天你拚著烏紗不要了。」我則問叔岩，梅蘭芳今晚何以不到？叔岩說：「人家精靈得很，他諉稱赴津演劇，實際逃往湯山去了。」予聞言，不禁感慨係之，深覺捧梅之人士，最有腦筋，叔岩雖有二三益友，得力不多。至於楊小樓得友之助，更屬微乎其微。當時叔岩見我悶悶不樂，乃乞靈於留聲機。以資歡娛。叔岩曰：「此我新灌《戰太平》中〈頭戴著紫金盔〉一段，調屬二黃正宮，要算我的唱片中最好一張了。」此可證明余叔岩輟演之時，嗓子異常結實，我聆唱片後，謂叔岩曰：「近來你的嗓音越唱越好，真是可喜之至！」叔岩緘默半晌，忽而引愚至其臥室套間，撥開電燈，正色謂愚曰：「您看這些青花磁器和鼻烟壺，都是先君（指余紫雲）留下的。此外鹽業銀行尚有存款六萬餘元，足夠我半生溫飽，我今心如止水，此後決計不再唱戲了。」予瞿然驚視權岩曰：「是何言哉，是何言哉！君之前途，若初日之未央，現今軍閥習於驕恣，世人莫不睊之，此曹尚足置胸臆哉！正宜一笑置之。」叔岩攢眉曰：「吾意已決，息壤在彼，吾豈肯再在傖夫之前出乖露醜哉！」吾知叔岩心高氣傲，不能受刺戟，遂事不可諫，從此叔岩杜門息轍，毅然摒絕一切舞台生涯矣！

## 伍夫人被捕英領事抗議

正當北洋政府軍事得利，張宗昌得意洋洋之秋，伍朝樞夫人忽有北上遊覽之舉，掀起軒然大波。伍朝樞時任南京國民政府外交部長，伍夫人一行十數人既被邏者所逮捕，大有生命危險。蓋當時北京政府乃堅決反共，對於國民黨與共產黨固視同一體者也。予與伍氏伉儷素不相識，伍夫人為香港爵紳何啟之女，今之啟德飛機場即由香港政府命名以紀念何啟者也。戊戌政變之前，何爵士特撰《新政真詮》一冊，獻於光緒皇，內凡主張七端：一曰擇百揆；二曰清賄賂；三曰廢捐納；四曰宏學校；五曰昌科學；六曰行選舉；七曰開議院。如何氏者，要亦當時憂國志士之一也。

民十六年九月某日，英國駐津總領事傑美生爵士訪愚於交涉公署，渠當先祖庸庵公駐英時，嘗在中國使署研習漢文，故予以「老伯」尊稱之。然此公戴單照眼鏡，老氣橫秋，常喜面折張（宗昌）褚（玉璞）兩督辦，故予對渠感情平常。當時我二人以英語對話，約如下述：

傑：閣下見過伍廷芳博士否？

我：見過一兩次。

傑：閣下認識伍朝樞博士否？

我：不認識。

傑：君知伍夫人已被天津祕密警察所逮捕否？

我：完全不知，但天津沒有祕密警察。

傑：伍夫人一行廿餘人，係從南京到天津，夫人現押在軍警督察處，事態嚴重無比。（瀾於事後始知，伍夫人一行並無廿餘人之多，夫人同伴皆屬女流，內有親屬數人。裝束不一，有穿洋裙者，有御旗袍者，惟全體皆剪短髮，故巡邏者一見即疑為共產黨。當夫人一行路過濟南，暗中已受監視，後抵天津，徜徉市中，遂被憲兵所拘捕。當局者初亦不知其為敵方外交部長之夫人也。）

我：此事確屬嚴重，但不在我職權之內。

傑：軍警督察處本有「森羅殿」之稱，凡羈押在內者，大部不獲再見天日矣。敝國總領署原不欲過問此事，但為人道觀念，不得不提抗議覺書（言時即從袋內取出覺書）。

我：何以關人道觀念，我不明白？

傑：伍夫人被囚，今已第三日矣，彼心臟素弱，偶一聽到囚犯慘呼之聲，幾乎魂不附體，而最無法忍受者，乃三日之內，夫人竟未如厠一次，蓋斗室之中只一土坑，坑外幾無隙地。且室門常開，門外站崗二人，若須如厠，只能赴田野間，且在二卒監視之下。今以夫人高貴身分，此事必不可能，據醫生說，此種情形若予延長至三日之久，生命必無保障，君意云何？

我：我乃百分之百同情於伍夫人，我必盡力拯救之，然此事不涉外交，請老伯收回覺書。

傑：褚（玉璞）督辦現在前線，此事除與吾君交涉外，實無他法。

我：褚督辦不在天津，此與伍夫人大大有利，我當盡力幹去，然因種種人事關係，恐無確切把握耳。

## 大元帥帽子壓倒上將軍

英總領事既滿意而去，予召秘書主任金元植。金係韓人，據說是北洋大臣袁世凱所親委，金君聞悉之後，大不謂然。伊云：「公與張褚兩督辦關係如此微妙，尚欲多事乎？」予囁嚅無語。適有名士邵瑞彭來訪，邵係國會議員，詩詞兩絕，昔因暴露曹錕賄選而得名，伊聞伍夫人之事，力主觀瀾不可遊移，伊云：「君若出爾反爾，非但失信於人，英人且笑我全無人道觀念矣。」予意遂決，立即晉京，四小時後已與外交總長羅文榦晤面矣。羅係粵人，饒有膽識，伊云：「爭取時間，綦關重要，君可速晤潘總理暨楊總參議，今日適開國務會議，予當吩咐李錫之（外交部總務科長）為君繕就呈文一件，即以英領之言為根據，繕就即由李君代兄攜往國務院，會議席上予可負責。」談畢羅公出大厦，送予上車，彼一生從未以上司自居，此固偉大之表現。

予至潘宅，見潘馨航，請其疏通張宗昌，曉以利害。蓋潘張二人交誼最密也。予見楊總參議，只須寥寥數語，伊對部屬無不信任者，予謂此事與內政、外交、軍事、司法四大前提，皆有關係，楊無異辭。於是，予呈外交部，由外交部轉呈國務院，經國務院定奪後轉呈大元帥府，即由帥府發令「將犯人移交外交部特派直隸交涉員，審問之後，呈報一切，以憑核奪。」如上所述，一切經過，未按正常手續，因辦此案實與時間競賽，抑亦後果重大，層峯未嘗不知，此事欠妥之處，即以大元帥帽子硬壓張上將軍（指宗昌）。

## 張宗昌來急電言所欲言

予返天津，即携公文至軍警督察處，處長厲某不肯交出犯人，伊云：「且等上將軍命令。」兩日之後，命令始至，然在此數日之內，關於伍夫人之待遇，已有改善，情勢顯見好轉，此乃英總領事之功德也。張上將軍之命令，即係致予急電一通，張果大發雷霆，電文積千餘言，極嬉笑謾罵之能事，開頭即云：「人言伍廷芳係令先祖得意門生之一，此貴特派員所以苦心孤詣以支援其家人也。」又云：「人言偽外交總長之妻係粵省鉅富之長女，此次携鉅款北上，實欲煽動人心，以利反攻，貴特派員亦有所聞否？」此後接連十幾個如何如何「惟貴特派員是問」。最後還來兩個「該特派員」，以示嚴厲申飭之意。惟張督辦究屬豪爽之輩，索性將伍夫人交我看管，但若犯人逃走，則「該特派員不得辭其責」。又若犯人真係共產黨，則「該特派員不得辭其責」。嚴格而論，特派員並非督辦之屬吏。

## 伍夫人赴天津為了省親

我憑張督辦來電，始將伍夫人接出軍警督察處，此殆潘總理疏通之力居多。伍夫穿絳色旗袍，身材瘦小，態度嫺靜，可謂廣東婦人之典型。交涉公署建築巍峨，共有洋樓四進，我將伍夫人安頓於最後一進，我則住在第三進。伍夫人飲食起居，皆由內子親自照料，警察廳長常之英問我：「要加警站崗以資戒備否？」我說：「不必。」我問伍夫人曰：「你們為什麼來到天津？」伍夫人謂其母夫人住在天津，此來無非省親而已。我始恍然大悟，我說：「我若早知此項關係，公事還要好辦得多。」伍夫人說：「此行原想遊覽北京頤和園與故宮博物院。」我說：「不必了，等天下太平再說罷。」夫人頷首稱是。伍啟老夫人特來致謝，我說：「不必，現要想法，乘褚督辦未歸，請張督辦從速釋放。」

## 雙十節觀劇幾釀大風波

伍夫人在我後室小住匝月，渺無音信，中外記者亦幾淡忘此事矣。至雙十節國慶之夕交涉署例須設宴，邀請各國使領與武官，且有劇團助慶，署內本有戲台一座，頗具規模，是夕藝員登台者，憶有劉寶全、白雲鵬、何質臣、元元紅、吳鐵庵、尚和玉、薛鳳池等。伍夫人喜觀京劇，當由內子陪同看戲，端坐一隅。褚督辦妾父宋雲同時任政務廳長，見此大不謂然，幾又掀起軒然大波。正在此時，予接到來函一件，封面赫然有「上海地方法院」字樣，此係該院院長鄭毓秀所寄出，內容略稱：「外交部特派江蘇交涉員郭泰祺現已內調外交次長，閣下係南方人，家在無錫，願即歸來接任郭職，切勿遲疑不決。」函中對於伍夫人事，並未提及，予閱竟大驚失色，因此係軍事時期，此函須經過濟南，若被張宗昌部下拆開檢查，我命休矣！厥後我與鄭女士在滬晤面，鄭亦自認鹵莽，但彼責予「不會做官」，以至錯過機會。

## 小花瓶一對作永久紀念

一日潘復總理召予進京，潘云：「關於伍梯雲夫人一案，張督辦已尤網開一面，擬予罰款四十萬元，此屬限最低限度。」予答：「此事萬不可行，徒使張督辦負不義之名。」潘乃聳肩微笑，以示無可轉圜。予辭出，往見國務院秘書長夏仁虎，懇其疏通潘氏。夏之資格甚老。伊云：「此事不知效坤（宗昌別字）又聽那一個小子的讒言。」總之，幾經風波，煞費唇舌，伍夫人始獲無條件釋放，但已羈留四十餘日矣。夫人臨行之日，予乃代表北京政府，深致歉意。伍啟老夫人對我落淚，送我銀製小花瓶一對，以作紀念。她老人家說：「你是清官，所以我送的禮物只值四十元，人家就更無話可說了。」予感其意，至今不忘。

竊按伍夫人幸運之好，洵屬不可思議，當伊被釋後，不到旬日，褚督辦已自前線歸來，褚聞妾父宋雲同之言，對我措施，大表不滿。褚於進京之後，即嚴厲地參我一本，謂我在津「人地不宜」。此案提出國務會議時，司法總長王蔭泰發言云：「薛某是我任外長提出任命的，人地不宜四字，我不承認，褚蘊山說國慶之夕奏國樂時，薛某竟未率先起立，這是不可能的，薛任外交官多年，並隨徐又錚周遊數十國，難道褚蘊山懂得此禮而薛某反不懂嗎？」褚之提議，遂成泡影。此乃王孟群親告觀瀾者。

## 事隔卅一年前塵如夢幻

宦途險巇，往往如此。民國廿年予在家鄉守制，伍朝樞、陳策等三人抵錫，專訪觀瀾。予偃楊家燈船以歡讌之。伍陳二公勸我至南京當差，我婉卻之，二公即偕觀瀾同至上海。當是時，正值「九一八」動亂之後，汪精衛之改組派與西山會議派助陳濟棠，合力攘外。於是，寧粵議和，內定汪為行政院長，汪因參加大世界共和廳之「四中全會」而抵滬，下榻於戈登路觀渡盧，此即伍氏私邸，梯雲先生引我進見汪先生，汪先生說話，神氣十足，語氣之間，帶些天真色彩。他問起袁雲台（即克定），我答：雲台曾至無錫，暢遊湖山，彼除研究德文與光學之外，世事早已不掛懷抱矣。

以上所述為伍朝樞夫人獲釋經過，報章雜誌從未登出，惟因事隔卅一年，其中曲折，觀瀾不復盡憶矣。

## 濟南慘案中的一個插曲

民十六年八月蔣委員長下野之後，革命軍頓呈群龍無首之象。翌年元月，寧漢合作，蔣公復出，任北伐全軍總司令，部下改編為四大集團軍，於十七年四月上旬發動總攻擊，蔣公自率第一集團軍，由津浦路北上；馮玉祥率第二集團軍，由平漢路北上；閻錫山率第三集團軍，自平綏路及平漢路西，作側面攻擊；李宗仁率第四集團軍，西上平定兩湖之共黨，再與馮軍會合。各路直指北京，此役可謂蔣公在軍事上天才表現，其成功關鍵，端在迴避日人之挑釁，設若心中有所忿懥，則革命之局無成矣。當時第一集團軍長驅入魯，先敗許琨，收復濟寧。五月一日，王棟敗績，濟南失守。許王二軍長即張宗昌部下之哼哈二將也。許王既垮，張宗昌無能為矣。於是日人悍然稱兵，在濟南殘殺蔡公時，革命軍乃撤至濟南城外，與日兵相持一星期之久。蔣公令部下渡河前進，直指德州、滄州，此屬英明之舉，若稍猶豫，即中日人詭計矣。

當日人攻佔濟南之後，日本駐屯軍司令新井幸次郎中將，立即在津向北政府提出強硬要求，欲從津浦路運日軍三千至濟南，以期「懲膺」國民革命軍，予即援引辛丑條約，抵死力爭，日人銜我次骨，威嚇利誘，無所不至。我告楊總參議曰：「此事關係國家命脈，此風一開，則列強援以為例，後患何堪設想！」無何，雙方正在相持之間，交通總長常蔭槐忽奉張大元帥手諭，親至天津總站，料理日兵開拔之事，差幸兵額減至五百名，已屬敷衍性質。予之抵死力爭，尚非徒勞無功。不久，革命軍攻克馬廠，大元帥感覺大勢已去，隨下密令，凡簡任職以上實缺文武官員一律準備，退出關外。當時吾等心情沉重，雖處混冥之中，並無與革命軍妥協之意。

## 直隸督辦公署一片凄凉

當閻錫山的第三集團軍傅作義部抵津之前四十八小時，張宗昌狼狽不堪，宿於直隸督辦公署，侍衛盡撤，僚屬謁張亦不用傳達。其左右只有予與褚玉璞、吳光新三人，跬步不離。此種現象，令人難以置信！張之老師劉春霖來過一次，未發一言，劉係山東狀元，前任教育廳長。新任直魯聯軍軍長張敬堯來過數次，同進午餐，此人雙目含血絲，毫無用處，然在皖系執政時，段總理視彼為當代驍將，授為湘督，以致引起吳佩孚不平之鳴。其他直魯兩省文武官吏，蹤跡全無，甚至幫辦直隸省軍務之徐源泉，亦不知去向，皆棄張宗昌褚玉璞如敝屣矣。嗟乎！勢之所集，從之如歸市；勢之所去，棄之如脫遺。世風然也！

張宗昌穿淺色西裝，領帶甚為注意，丰度仍佳。惟因失眠，兩目浮腫，已失威稜。褚玉璞仍穿三星上將制服，端坐張宗昌之側，執禮甚恭，惟垂頭喪氣，如鬥敗之雞，此公與革命軍作戰，已代奉軍支撐一週年矣。論將才，南方將領如何應欽、白崇禧、劉峙、賀耀祖、方振武等，皆優於褚；若論義氣與勇氣，則褚可膺冠軍之選無疑矣。吳光新穿藍袍馬褂，神采奕奕，伊為張宗昌義兄，情誼素篤，此人宅心忠厚，可與共患難者也。曩昔段執政為馮玉祥所困擾，不得下台，即由吳光新出面，保駕赴津，吳實疏通張宗昌，事始有濟。

## 張宗昌自撾其頭罵該死

午飯後，張宗昌覆一軍用地圖於客廳地毯上，遂與吳光新蹲伏地上，熟商逋逃之計，起死回生，已不可能矣。吳光新問宗昌曰：「許琨的十萬兵到那裡去了？王棟明八萬卒又在那兒去了？」宗昌忸怩而對曰：「弟兄們帶槍逃回原郡去了。」吳乃戟指詈張曰：「效坤！你真是天子第一號糊塗蟲，你為張雨亭獨力支撐一年多，傻氣真夠瞧，試問奉軍軍團幹些什麼？……我單質問你，革命軍攻打山東，你的廿多萬軍隊，跑到那裡去了？到如今，還要研究軍事地圖，來不及啦！目下還剩多少兵卒，一個是一個，咱們自己收拾起來，再作計較罷。」宗昌悔恨交集，連說：「我張宗昌該死。」言畢，自摑其頭不已。

瀾按：張學良早想妥協，自願易幟，張宗昌則渾渾噩噩，一時頗欲利用日人，以固其圉。惟宗昌素具忠義之忱，絕對服從張作霖，故予對宗昌，亦有絕對服從之心，不忍捨旃。厥後宗昌擬率徒眾，退出關外，竟為張學良所峻拒，此乃奉方有負於宗昌，而宗昌可告無罪於奉方者也。

## 患難見交情・臨別灑熱淚

如上所述，張吳二人在地毯上察視地圖之後，暫時得一解決辦法，即將殘部撤至冀東，稍獲喘息之機會。此時予璩一桌，權充秘書而兼副官，為張褚整理文件，應付外事，駐津之各國總領事與武官，齊來探聽消息，亦有表示願助張褚者。荷蘭總領事王爾德意尤誠摯，予謂張褚二督曰：「至不得已，吾等應隨大元帥出關，無須仰求外人之庇護也。」吳光新聞言，深以為然。予穿西裝，領帶歪斜，宗昌親手為愚撥正之。譯電之頃，予襟染香烟灰，宗昌躬自為愚拂拭之。此時宗昌頗有懺悔之心矣。褚玉璞知予拒絕傅作義之邀聘，謂宗昌曰：「危險時候，文的比武的可靠！」宗昌無言。

觀瀾想起最後兩天，我與張宗昌之間，前嫌盡釋，無所不談。臨別之頃。不覺悲從中來。然吾在天津任職交涉使一年有餘，張褚二督自始即以奸細視愚也。張宗昌說我私通革命軍，由於囚禁伍朝樞夫人一案，認為我是對他搗蛋。褚玉璞怪我討好楊宇霆，又說我阻撓稅契之事，使彼餉糈無著。處茲驚濤駭浪之中，吾得安全無恙，只能說是奇蹟而已。吾嘗切悲張宗昌，人極聰明，粗通文墨，風雲際會，不可一世。惜其得意忘形而無賢輔，不能順時而謀，卒招破敗之重災，生為世笑，死為愚鬼，不亦哀乎！顧宗昌一生雖多慚德，然忠義二字，當之無愧。予於一篇之中，三致意焉。且自其失敗以至被害於韓復榘，數年之間，張宗昌伈伈俔俔，未受日人之利誘，所作所為，尚無愧對國家之事，可謂知恥近乎勇也矣！

## 張作霖炸死．北政府淪亡

津濟既失，北京震動，張作霖居懷仁堂，進退失據。統兵大員，相視褫氣，奉軍三十萬，跼蹐關內，而日人犄其後，裝彈弓，佈陷阱，鷸蚌相爭，彼乘其敝，張氏處此，信亦危矣！非獨力屈道窮，亦將無路還鄉，因循至十七年六月二日，張大元帥不顧日人反對，出走關外，六月四日終被日人炸死於皇姑屯，北洋政府遂告淪亡，故鄭重書之。六月五日，革命軍第一集團軍已抵馬廠，六日馮玉祥之第二集團軍到達南苑。

先是閻錫山之第三集團軍自晉攻入直隸省，五月底已克保定，對北京包圍勢成，奉軍撤退山海關，革命軍爰於六月八日接收北京。十一日接收天津。按白崇禧率第四集團軍，係於四月底肅清兩湖共黨，集中新鄭一帶，旋助閻軍取保定，駐京津附近，當革命軍接收京津後，張宗昌與褚玉璞仍率殘部，盤踞冀東，蔣公遂令白崇禧組織右路軍，沿北寧路從事掃蕩，白係「真將軍」，迅即克佔開平、唐山，褚乃退竄魯東，無路可尋矣，然無投降之意。當是時，張學良所率奉軍，對革命軍早無敵意，故白崇禧好整以暇，與奉軍相持經月，雙方僅隔山海關，遲至九月中旬，革命軍始佔灤州。

## 樹倒猢猻散．天津成死市

自大元帥遇難之訊傳播至津之後，風聲鶴唳，謠諑繁興。或疑日人蠢動在即，咸云閻馮火併，勢所必然。此時天津「三不管」地帶不斷發生劫案，金剛橋斷絕交通，駐津各機關首長早已銷聲匿跡，惟予仍守崗位，直至九月間始卸仔肩，遭遇之奇，得未曾有。誠以觀瀾職司外交，地位比較超然，因辛丑條約關係，革命軍不能入租界，亦未便貿然接收天津。美國總領事高思以領袖總領事資格來見觀瀾，祈勿擅離職守。六月二日，第一集團軍次於滄州，蔣總司令之代表蔣作賓特派邵參議瑞彭來見觀瀾，囑愚負責到底，留任不成問題。此時南京國民政府外交部長仍屬伍朝樞。觀瀾鄭重聲明，決無戀棧之意，但尤暫留一時，以待伍部長派出後繼之人。蓋津埠衝繁疲難，不能一日無外交人員也。

## 官場如戲場．自嘆是庸才

當革命軍順利接收京津後，馮玉祥即派何其鞏為北平市長。閻錫山與傅作義為天津警備總司令。閻馮原有金蘭之誼，為爭平津地盤，雙方竟作殊死鬥。觀瀾介於其間，困難重重，傅作義人極坦白，伊欲拜會各國總領事，特地召我至督署，我不肯去，且謂來使曰：「我不能於上一星期陪張督辦去見各國領事，下一星期又陪傅總司令去見，外人將笑我無骨氣，傅總司令亦失面子矣。」迄今思之，觀瀾年輕任氣，真庸才也。無何，閻公妹倩薄君來見觀瀾，對愚出處，提出兩項辦法：一、留任交涉司；二、專任總司令部外事處長。觀瀾皆敬謝不敏。直至九月中旬，後繼無人，觀瀾心焦，於是一面登報聲明，旬日後愚當掛冠而去；一面致電伍朝樞部長，懇其從速派員接替，疇知登報之後，南京外交部暨閻馮雙方，各派一人，閻公所委蘇體仁首來索印，我不肯交出，閻公即下令通緝我，措詞相當嚴厲，然我行藏如常，每日乘車自小白樓袁宅至河北交涉公署，照常辦公，並未遭逮捕，亦奇事也。官場如戲場，寧不信然。

# 北洋成敗縱橫談

射陵外史

## 北洋係指海疆而言

世人動曰：「北洋政府、北洋軍閥、北洋系（派）。」籠統稱之曰「北洋」，本文亦遂因之，究竟北洋之定義何由解？其範圍何所指？而名稱何自昉？似不可不考其原始，加以詮釋；然後本文方有所傅麗，分別論列；雖似費辭，抑亦掌故之一端也。

查北洋係南洋之對稱名詞，而洋又海洋之通稱，其始本由於與外人通商。清廷於同治五年，加兩江總督（轄今江蘇、安徽、江西，駐節南京）以五口通商事務，授為南洋通商大臣；嗣於同治九年，又加直隸總督（轄今河北，兼巡撫，駐天津，冬季封河，移駐保定）以三口通商事務，授為北洋通商大臣。此為北洋一詞，見於明文之始；蓋當時僅指海疆而言，而非泛指北方地域之稱也。

自民元而後直至民十七，國民革命軍北伐完成期間之北京政府，完全恃北洋軍隊之武力控制國內；故謚之曰「北洋軍閥」（太史公曰：「功有五品……明其等曰閥，積日曰閱。」閥字本係美稱，今成惡謚，意盖謂其把持軍隊，如閥閱世家也）。今欲論列其成敗，姑先溯述其淵源：

## 北洋六鎮與袁世凱

自髮、捻既平，曾文正（國藩）以危疑而裁湘軍；甲午戰後，李文忠（鴻章）憂讒畏譏，淮軍亦不復振。袁世凱本受知於李鴻章，但自朝鮮歸國，李已不便保薦；因即夤緣步軍統領（一稱九門提督，相當於今之首都衛戍總司令）榮祿，奏保袁在天津迤南之小站督練新軍；將「定武軍」七千人改編訓練，逐漸擴充，名曰「新建陸軍」。時袁之職銜，僅浙江溫處道耳。榮祿尋復以兵部尚書、協辦大學士節制北洋陸海軍，增練新軍；蓋袁實利用榮以掌握練兵大權，而榮祿亦恃袁之新軍以見重於清廷；兩者正如狼狽之相依，宜戊戌政變中之譚嗣同見拒於袁也。

光緒三十年，始劃一軍制。在北京設「練兵處」，總理全國練兵事宜；各省設督練公所，分掌各省練兵；又訂軍區制，全國成三十六鎮（實際上只成立二十六鎮，終有清之世，並未完成）；每鎮（相當於師）轄步兵兩協（旅），協轄步兵兩標（團），每標步兵三營，每營四隊（連），另騎兵礮兵各一標，工兵、輜重兵各一營；計每鎮一萬二千五百人，相當於國民政府之甲種師；當時在北洋轄下精練已成之軍，分布如下：

第一鎮：駐京北一帶。

第二鎮：駐保定、永平一帶。

第三鎮：駐奉天（今遼寧，後駐南苑，即民元袁氏嗾使兵變，借口不赴南京就職之部隊）。

第四鎮：駐馬廠（在天津迤南，即後來段祺瑞馬廠誓師之所）。

第五鎮：駐山東濟南、濰縣一帶。

第六鎮：駐北京南苑（一部駐石家莊，統制吳祿禎被刺後，始為袁用）。

以上共約七萬餘人，即當世所稱之「北洋六鎮」，亦即袁世凱取得總統之最初本錢，更是後來形成所謂「北洋軍閥」之基本部隊也。

## 鼎革後的南北形勢

從辛亥起義，到孫大總統讓位袁世凱，撤消南京臨時政府，改以黃興為南京留守；這時南方形勢，並不弱於北方；只因黨人內部，一派過於天真，對袁估價太高；一派過於激烈，對袁逼迫太甚；故初步失敗，有如下之原因：一、孫、黃兩派，意見不一。二、忽視南方龐大之實力，不能聯合調整運用。三、過份重視政權，爭取國務總理席位，致逼出「毀宋酬勳」一幕。四、對名義上首義之領袖黎元洪，侮弄太甚，致令變節投袁。五、辛亥讓袁，對其估價太高，未免處處失著；癸丑二次革命，又未免估價太低，以致孤注一擲，授袁以平亂藉口，此為最大之失算。凡此皆為世人所共見，而為民黨所諱言；不知爾後北洋勢力之完成，與夫袁世凱之敢於稱帝，乃至擾攘十數年歷經護法、護國、北伐各役，徒苦吾民；均緣始基之壞階之厲也。今姑分述當時南北形勢之比較如次，庶不河漢吾言：

## 南方形勢

一、江蘇。首長為：南京留守黃興，衛戍總督徐紹楨（原第九鎮統制），江蘇都督程德全（原江蘇巡撫），上海都督陳其美，鎮江都督林述慶，揚州軍政分府徐寶山，淮安軍政分府臧在興。原有軍隊：第九鎮駐南京（世稱「南洋第九鎮」），人才輩出，聲名赫奕，因徐固卿起義猶疑，遂不能與北洋並駕），二十三混成協駐蘇州，十三混成協駐清江浦；此皆清室部隊。民軍改編為章梓、陳之驥、洪承點各師（隊號記不清）駐南京，章駕時師駐蘇州，冷遹師駐徐州，滬軍第十師（由都督府參謀長黃郛兼師長，蔣介石任團長），徐寶山亦號稱一軍；這是京滬一帶的實力。

二、湖北。原有首義之第八鎮及黎元洪所統之二十一混成協；後擴充改編為八個師，師長為石星川、劉佐龍、黎天才、黎本唐……（記不全）等。

按以上寧漢兩方面形勢，恰如一對蟹螯，在南可以屏蔽大江以南；對北可以控制淮黃以北。所以癸丑（二次革命）發難，袁氏以全力派張勳、馮國璋取南京，段祺瑞、王占元取湖北；惜黨人不能和衷共濟，早固吾圉也。

三、浙閩。浙江原有步兵一協，及本省軍隊三個師，甚完整；師長似為童葆暄、周鳳岐、呂公望。都督朱瑞，後附袁。福建都督孫道仁，晚清本已成立第十鎮，惟裝備尚未齊全。

四、兩廣。廣東都督胡漢民，有清室最後成立之第廿六鎮，惟未齊全；另有水師；此為民黨策源地，瞬已擴充民軍甚多。廣西都督王人文（似為藩司被推戴者），清室亦曾在桂成立第廿五鎮，不完備。

五、雲貴。雲南都督蔡鍔，原任步一協協統，另有陸軍第十九鎮。貴州都督唐繼堯，本蔡部；貴州貧瘠，僅有步兵一標（團），後擴編黔軍甚眾。

六、皖贛。江西都督李烈鈞、安徽都督柏文蔚，皆癸丑發難之人。江西原有步兵一協，安徽有步兵二標，馬、炮各一營，均改編擴充。

七、湖南。清室原編有步兵一協、砲一營，都督譚延闓，辛亥漢陽之戰，曾派出王隆中師，隸黃興部下對抗馮國璋軍作戰。

八、四川。原有清室成立之第十七鎮。熊克武駐守重慶，為革命中堅。尹昌衡任都督，在成都攬哥老會（袍哥），川西較為紛擾，川人雖志在本土，無意向外，然尚不失為南方之強也。

綜觀以上情形，南方在咄嗟之間，取得晚清訓練有成之部隊，可謂得天之倖；如果把這些部隊整理起來，以一部分守本土，一部分備調遣，其勢真不可侮；措乎癸丑二次革命一役，均視若秦越，無一被髮攖冠出兵相救者，一盤散沙，可慨也夫！現在讓我再談談那時北方的形勢：

## 北方形勢

一、山西原有步兵兩標，閻錫山以民黨，首先獨立，任都督，復成四個旅，以商震、張培梅、趙戴文、孔繁蔚分任旅長。閻潛沉獨運，以三晉四塞之地，東可以控制幽燕，西可以屏障秦隴，實為民黨在北方之砥柱；此為袁氏臥榻之側，難吐難茹之一種力量。

二、東三省方面：張作霖羽毛未豐，原駐奉天（今遼寧）之第二十鎮，已由統制張紹曾在灤州獨立（馮玉祥即其部下）；其他如吉林之二十三鎮，奉天之第一混成協，新民府之第二混成協，皆在關外訓練，並非小站嫡系；且有清室餘孽，隱懷觀望之思。

三、陝甘新方面；陝西都督張鳳翽，有步兵一協；甘肅張廣建，有步兵兩標；新疆楊增新，有步兵一協。此皆僻在西陲，對於中原，率以大勢為依歸；所謂「看風頭」也。

四、袁氏自始所能確實掌握者，實只布防直、魯、豫三省之北洋六鎮耳。

## 二次革命氣走黃興

就此兩種形勢比較以觀：則南方擅江海之利，據財富之區，得方張之民氣，有練就之師干，人才眾多，幅員廣大；如此得來之易，宜懍締造之艱。對於袁世凱，應採虛與委蛇態度，以觀其變而養其惡；對於黎元洪，應尊重其首義之功，以諱其短而固其心；對於黃興，應發揮其留守職權，奉為南方執政之領袖，以團結各省整頓軍隊。乃不此之圖，置偌大地盤，而不知勵精圖治，反集中全力於北京政局，日從事口舌之爭；紛紛擾擾，不切實際。袁氏則反是，以其敏捷手腕，安撫黎元洪，卵翼張作霖，刺殺吳祿禎，溫慰閻錫山，內調張紹曾。鞏固東北，安定中原，然後暗殺宋教仁，以消滅政敵，激怒民黨；而民黨果墜其術中，發動癸丑二次革命，予袁以討伐「亂黨」之借口；所謂授人以柄，失計之大者也。

宋教仁案發生之始，中山先生及陳其美力主速戰，並促南京獨立；黃興則反對用兵，主靜待法律解決；而箭在弦上，已非黃所得主持。於是陳其美以上海發難於前，李烈鈞、柏文蔚以贛皖獨立於後，孫先生並欲親赴南京，結果仍由黃興前往；不旋踵間，張勳、馮國璋大兵壓境，章梓（時任第一師師長，最為孫所信任，曾直接檄其獨立）何海鳴等無法撐持，遂致全盤瓦解。自此袁氏底定長江，成北洋統一之基，僅兩閱月耳（民二年七月初至九月底）。

此後黃克強即憤而東渡，並反對孫所擬改組之「中華革命黨」，陳其美曾以四千言長函加以疏解；孫先生亦續致一函，於婉勸之中，多指摘之語；黃氏皆未置覆；旋於民五偃蹇以歿，年才四十四，蓋終未與孫合矣。微聞黃氏臨終對子弟有「勿參加革命，勿入仕途」之囑，是其於二次革命之鹵莽從事，革命事業之功敗垂成，遺為憾何如耶！

## 中山先生致黃興函

余於此所以不憚繁言者，實以北洋勢力之長成，乃拜癸丑二次革命之賜；一九五九年一月份余曾在香港天文台報寫〈黃克強外傳〉，對此記載較詳，茲摘錄中山先生致黃克強函，藉資印証：

（上略）前由英士瀝陳近況，遲遲未得還雲，甚悵甚悵！……癸丑之役，文（孫氏自稱），主之最力，所以失敗者，非袁氏兵力之強，實同黨人心之渙。猶憶遯初（宋教仁）死後之五日，英士、覺生（居正）等在公（孫對黃之尊稱、以下同）寓所討論國事及遯初刺死之由；

公謂民國已經成立，法律並非無力，對此問題，宜持以冷靜態度，而待正當之解決。時天仇（戴傳賢）在側，力持不可，公非難之至再；以為南方武力不足恃，苟獲發難，必致大局糜爛；文當時頗以公言為不然，公不之聽。及其後也，烈武（柏文蔚）、協和（李烈鈞）等相繼被黜，靜山（閩督孫道仁）觀望於八閩，組安（譚延闓）反覆於三湘，介人（浙督朱瑞）盤踞兩浙而分南方之勢，以掣我肘；文不勝一朝之忿，乃飭英士奮起滬濱，更檄章梓倡義金陵；文於此時，本擬親統六師，觀兵建康；公忽投袂而起，以為文不善戎伍，措置稍乖，貽禍匪淺，文雅不欲於兵戈擾攘之中，啟兄弟同室之鬩，乃退而任公。公去幾日，馮（國璋）、張（勳）之兵，聯翩南下；夫以金陵帝王之都，龍蟠虎踞，苟得效死以守，則大江以北，不致聞風瓦解；而英士、惕生（鈕永建），亦豈致一蹶不振？乃公以餉絀之故，貿然一走，三軍無主，卒以失敗。堯清（即章梓）、海鳴（何海鳴）難為善後，而如火如荼之民氣，於是殲滅無遺。推原其故，文之非歟？公之咎歟？固不待智者而後知之矣。……（下略）

## 宋教仁之死與民國

觀此函可見事前對於法律解決與宣告獨立之爭持，及事後對於失敗責任之諉卸，見仁見智，曉然紙上。夫獨立豈足以屈服袁氏，必須準備戰爭。言戰爭則宜有完備之計畫，諸凡：敵我之估計、軍隊之集中、餉械之補充、統帥之任命、意志之統一，與夫南方各省之態度，皆應事先考慮；豈是一室片言，而可貿然從事。且以一人之死，而以國家為孤注，其代價毋乃太高！總緣辛亥成功太易，遂於癸丑掉以輕心！吾於克強先生，實佩其見解之遠大，而憫冥孤掌難鳴，與夫遭際之周章焉。

民元冬，段祺瑞解散保定軍校第一期全體同學一千六百餘人，宋教仁與各省都督代表出而解決糾紛，時余奔走其事，曾於北京西河沿中西旅館（宋那時寓此）與宋數度接觸，對其熱心毅力，未嘗或忘。後此每過滬北宋園（宋葬此），輒想其以一身之死，竟引起南北之兵爭；於是想及其一身之生，將否能啟國家之偏廢？當袁氏組府之始，即擬畀宋以某部總長，在袁老於政途，對此新人物，已算刮目相看，何不小試牛刀？乃黨方必欲以責任內閣屬之宋以淩袁，於是袁乃忌之深而必其死矣。夫以諸葛之賢，尚未嘗於東吳政權，一思染指；蓋不特個人恐遭吳忌，且慮先主難獲吳援也。一個書生，即令天才卓絕，仍恐經驗無多；充其能力，富其閱歷，斂才以養望，小就而大成；上之上也。為宋計，何不以謙沖態度取袁之信而因勢利導，以入於正軌；退一步想，又何不輔助黃興留守，收拾大江以南之局面，保有此半壁山河，以徐圖完成革命。蓋南方勢力一日存在，北洋軍閥即不易長成；爾後之帝制，更談不到。吾故曰北洋之成就，二次革命為之也。

自昔中國大勢，在成敗絕續之交，完全依當前之形勢為轉移。形勢盛者，則如風捲殘雲，所向無敵；大有不戰屈人之概。形勢一去，雖有百萬雄師；而敗者敗，逃者逃，降者降（美其名曰「靠攏」），觀望者觀望；其能終始不渝，抗志成仁者，曾不數數覯。半世紀來內戰各役，其最後勝負之分，皆不出此軌範；蓋不獨癸丑一役為然。外人不明就裡，往往重視現實，坐失事機；乃如今日隔海相望，守株待兔之僵局；誤乃公事，誠匪淺鮮；此其觀察之錯誤，實乃東西心理之不同也。

## 北洋軍閥極盛時期

自刺宋教仁案發生，長江三督（江西李烈鈞、安徽柏文蔚、上海陳其美）倉卒獨立；南方各省，既未詢謀僉同；江左一隅，亦無充足準備；於時鄂督黎元洪、浙督朱介人（瑞）輸款於袁，閩督孫道仁、湘督譚延闓反覆觀望；雲南、貴州、廣西、四川皆作壁上觀，不予響應；只廣東胡漢民、重慶熊克武（熊駐渝，以川東所轄獨立，成都之尹昌衡，未予合作），通電獨立，然亦一紙空文，無助於長江下游之戰局。

袁項城（世凱）覷定南方之一盤散沙，無能為役；乃以泰山壓頂之勢對南京，調虎離山之計對湖北；一面以段祺瑞率王占元之第二師威脅鄂軍，誘送黎元洪入京，坐擁副總統虛名，而以王占元督鄂；遂不費一彈，而輕取鄂州。一面以張勳之定武軍，與馮國璋之第一軍（由清末之禁衛軍改編，即辛亥攻漢陽、焚漢口之部隊；馮任該軍總統官，清制軍長稱總統也），攻取南京；金陵城中，主將出走，一國三公；餉糈不繼，後援無望；終致全部崩潰。蓋自是而長江上下游兩大名城，盡入北軍之手；雖有陳其美挺峙於上海，紐永建死守於吳淞；而強弩之末，孤掌難鳴；其終於失敗也，蓋早已注定於發難之先矣。

嗣是不二年間，北洋勢力，逐漸推進於南方各省。除馮（國璋）部在寧，第二師駐鄂外；又以鄭汝成（留英海軍出身）率海軍一部，及楊善德之第四師，為淞滬護軍使。鄭旋被刺，楊善德與盧永祥、何豐林繼之；楊復取伐朱瑞，與盧永祥先後督浙。李純以第六師督贛，倪世冲以安武軍督皖，張勳以長江巡閱使率定武軍坐鎮徐州；李厚基以海軍及北軍一部，與第十四師師長幫辦軍務杜持，控制福建（杜字志遠，浙江青田人，今副總統陳誠入保定第八期，即為其所保送；後以電袁建議軍民分治，被明令斥為軍人干政，予以免職處分）。至此蘇、皖、贛及閩、浙所謂東南富庶之區，全入北軍掌握。對於西南方面，袁項城知滇督蔡鍔之不易與，乃將其調京位以經界局督辦虛名；而以黔督唐繼堯督滇，劉顯世督黔。另以湯薌銘督湘，佐之以後起之猛將第七師師長張敬堯。兩廣方面，則利用酋長式之土軍閥龍濟光、陸榮廷、供其驅策；最後乃以參謀次長陳宧率熊祥生、馮玉祥（馮為第七混成旅長）入蜀；由是而西南及粵、桂邊遠之區，亦復底定。至於淮、黃以北；則以張鎮芳督豫，張懷芝（第五師）督魯，安定中原；何宗蓮、潘矩楹輩、都統察、綏、屏藩塞北；東北奉、吉、黑（清代奉天省，今改遼寧，合吉林、黑龍江稱東三省；又改為東北九省）之張作霖、馮麟閣羽毛漸豐，而以遺老趙爾巽（清末東三省總督，為招安張之恩帥）及孟恩遠、鮑貴卿等周旋其間為過渡；西北陝、甘、新之張廣建、陸建章、楊增新輩，更屬闒茸之徒，籠中之物。民黨之在北方能始終保持其地位者，惟有「鄉愿式」之閻錫山一人而已。

## 由式微中興到破裂

以上所述，實為北洋軍閥之極盛時期，也是北洋末分派系以前統於一尊之形勢；換言之，實乃自袁世凱小站練兵以來發展到極端的情形。記曰：「日中則昃，月盈則虧。」又曰：「滿招損，謙受益。」盈虛消長，盛極必衰，其中有至理存焉。民三以後，袁乃躊躇滿志，以為民黨熸消，天下莫予毒也已。遂乃作帝王之夢，龍飛九五，興高彩烈；孰意百密一疏，半途殺出一位程咬金；蔡松坡微服出走，間關起義，驀爾滇池之水，能動天下之兵，袁氏殂謝，人心渙散，此為北洋之式微時期。段祺瑞以反對帝制，東山再起，收合殘局，重振旗鼓，起衰勢於不敝，爰成北洋中興之業。嗣是而府院爭持，段馮齮齕，黎元洪挾印出走，議員南下，啟國民革命之基；徐世昌坐享其成（徐繼馮國璋為總統），陰謀牽制，為助直倒段之主；而吳佩孚通款粵府，衡陽撤兵，致啟皖直之戰，實為北洋顯著分裂之始，亦啟北洋逐次戰爭之端，而又引致北洋歸於消滅之源也。

講到北洋派系之分，其始正如微風起於青萍之末。蓋當袁氏手建北洋新軍之時，其高級幹部，多為北洋武備學堂出身；而發達較早者，則為王士珍、馮國璋、段祺瑞三人，各皆任軍令、軍學司正、副使，及步、炮、工各學堂總辦；統兵亦各由統帶、協統乃至統制；雖升遷先後，或微有猜忌競爭；而終袁之世，並無若何痕迹；更談不上軍中派系問題。至所謂「北洋三傑」之腴辭，亦僅成軍之初，偶見鷄群之鶴；其時功業未顯，初不似漢三傑、周十人也。惟是同學少年，質有狂狷，交有離合；王性恬退，無介於爭；段質而少文，剛而多僻；馮以秀才從戎，在當時軍中，自屬鳳毛麟角；且性又圓滑，與段相反，亦只個人行徑之不同耳。直至黎氏出走，馮以副座正位總統，段任國務總理，每視馮如無物；明爭暗鬥，而直、皖兩系之分始顯。馮氏繼黎之任期既滿，新國會選舉總統，段氏既不自為，在勢非馮莫屬，乃捧出項城之國務卿徐世昌為總統；至是馮尤憤憤，而皖、直之結怨愈深。馮既去位，尋亦偃蹇以終；駐防衡陽之第三師師長吳佩孚乃擁曹錕為直系之傀儡領袖。吳亦秀才也，自比武穆，不可一世；至此而皖直之分愈著，遂至兵戎相見。此北洋破裂，肇分兩系之始末也。

## 各派系名稱及領袖

查北洋軍隊所有官兵，多係直、魯、豫、皖四省人士，初無皖直之分。只以段為安徽合肥人，皖為安徽之簡稱（潛山縣有皖公山，古有皖國），故稱皖系。馮為直隸河間人，曹錕為大沽人，馮死曹繼，故稱直系（直隸本幽燕舊壤，今改河北省；明成祖遷都北京，稱為「北直隸」，而以南京為「南直隸」，清代因以「北直」為直隸省。吳佩孚本山東蓬萊人，因其掌握直系實權，故為皖直戰後直系之實際領袖）。自北洋分為皖直兩系，而干戈迭起，異軍朋興；大小派系，各樹一幟；有如：奉軍之勃興於東北，而有兩次奉直之戰。西北軍胚胎於直系，而倒戈投奉，出入南北，起多次之風波。盧永祥、齊燮元以皖直餘部，盤據東南，而有蘇浙之戰。孫傳芳崛起東南，稱五省聯軍，而與國民革命軍作存亡之殊死戰。張宗昌、褚玉璞之直魯軍，卵翼於奉軍，而盤踞冀魯，蹂躪江淮，無異潢池之盜。凡此皆因皖直分裂階之厲也。至閻錫山之晉軍，周旋於北洋之間，屹立於北洋以外；其老謀深算，誠為不可及者。

為便於明瞭及寫作起見，先將北軍各派別名稱及領袖，簡述如次：

| | |
|---|---|
| 皖系 | 段祺瑞。 |
| 直系 | 馮國璋→曹錕→吳佩孚。 |
| 奉軍 | 張作霖以奉天省得名；張曾授鎮武上將軍，故亦稱「鎮武軍」；以在東北，最後稱「東北軍」。 |
| 直魯軍 | 張宗昌、褚玉璞本隸屬於奉張，而另成一派。 |
| 五省聯軍 | 孫傳芳轄江蘇、浙江、福建、江西、安徽。 |
| 西北軍 | 馮玉祥由第七混成旅逐漸擴大，先隸直系，後與奉軍合作倒直，以久駐西北得名；最後加入革命軍，為第二集團軍。 |
| 皖系失敗後殘存勢力 | 浙江盧永祥、上海何豐林、福州王永泉、厦門臧致平。按此為段氏參加「孫段張三角同盟」的本錢。 |
| 直系游離部隊 | 江蘇齊燮元，此為李純被害後所留之第六師及其擴編部隊。 |
| 安武軍 | 倪嗣冲，此為老巡防部隊，後由張文生、馬聯甲接統。 |
| 定武軍 | 張勳，此為巡防部隊，俗呼辮子兵，復辟時被消滅。 |

## 北洋群雄‧各有短長

概論北洋各領袖：袁世凱首練「新建陸軍」，自係北洋開山之祖。段祺瑞三造共和，袁死段繼，應是不祧之宗。馮國璋入民國後，焚漢口、攻漢陽、取南京；曹錕率部兵變，劫掠京畿；是皆服從亂命，負咎民國；竊取大位，均屬非分。吳佩孚通款粵府，抗命撤兵，啟北洋分裂之端；而又利用庸主，雄踞洛陽，御下無方，高視濶步；兩戰奉張，終歸毀敗；在北言北，吾意此妄人也。張作霖起家草莽，逐鹿中原，本北洋螟蛉之子，成北府殘局之王；尤能生為敵國之仇，死飲皇姑之彈；餘部弛驅於戰壘（參加抗日），遺孤一鳴而驚人（西安事變）；如在五代殘唐，其或為太祖高皇帝乎！後起之孫傳芳，不旋踵而奄有五省，汔可小康，猶存民望；形勢一去，其亡也忽；乃復收拾餘燼，行險龍潭；雖云強弩之末，亦足豪矣。倒戈將軍馮玉祥，叛離於北方，反覆於民國；希寵紅朝，葬身黑海；知之者多，不必具論。惟終始三晉之閻錫山，寄生於北洋，歸宗於國府；可謂民元以來，獨能應世變、富理智、審利害、運權謀之一人；雖最後臨危出走，偷活台中（年前已死），不免有負於五百從亡之士；然較之諸鉅公，總算高人一等。自檜以下，不足論矣。

自袁世凱稱帝不遂，而吾國近代史上，南北各得一偉大之人物焉；蓋即南方之邵陽蔡松坡鍔，與北方之合肥段芝泉祺瑞是也。蔡氏以去任滇督，在袁氏疑忌偵騎防閒之下，困處燕都，而能運用機智，微服出走，間關跋涉，洱海興師，伸大義於天下，敗篡竊之逆謀。段氏更為袁股肱之一良臣，開創之大將，而又申之以姻婭，重之已高位；竟能竭忠民國，抗志不渝，渙內部之人心，啟盲從以明鑑；此實為當代能旋乾轉坤起衰振敝之傑出雄才。迨袁氏殂謝，此二人者，果能各徇所部，振導群流，謀一統之長策，定兩戒之山河。則南北之形，始雖因討袁而分；而二賢相遇，終可由袁死而合。此或頌禱之瞑想，實亦事理之常然。

## 蔡松坡死・護國軍散

然而不然：民四、五年之交，蔡氏率滇黔之眾組護國軍，分三路向川、湘、桂出發，並親自麾兵入川；成武將軍川督陳宧，既背袁而獨立；湘督湯薌銘，亦通電響應；不旋踵間，天下從風；袁既羞愧以歿，蔡亦瞬集大勳；方謂規定川、湘，調和南朔，中興大業，指顧可期；乃以殷憂致疾，東渡就醫，藥石無靈，大星遽隕；當靈輀西歸之日，白叟黃童，皆知飲泣，武侯所謂「創業未就，中道崩殂」者，天實為之，謂之何哉！

自蔡氏之歿，廣東七總裁之軍政府徒擁虛名，中山先生更與岑西林不合，拂袖而去；而川、滇、黔軍之糾紛以起。先是滇軍軍長顧品珍退出成都；繼之，黔軍司令兼四川省長戴勘循若被迫自戕，其參謀長張承禮被殺於麻店子；黔軍旅長熊其勳，憤而縱火於成都；川軍劉存厚積之，遂自川南入駐川西，旋拜段氏四川軍務幫辦之命；此皆蔡氏入蜀之所部也。元戎一去，而紛擾軋轢至此；蓋護國軍之結果，其於南方之所收穫，亦僅矣！

當蔡氏起義之初，即於上海北浙江路蔣自由（蔣尊簋伯器之父）宅，密設辦事處，以伯器先生及蔣百里主其事，劉文島、李勉堂、張襄、汪翊唐等佐之；余亦銜命入川。因松坡與百里皆梁任公門下，為具有理智、步驟、中和性之軍人政治家；預計第一步，能以最優形勢之正義壓力，一舉倒袁，進而謀政治軍事之統一；次之，則統一南方，與北洋分庭抗禮，和衷商洽；尤以整頓軍隊、擴充軍校、一新幹部，為百里先生所持之原則。及蔡氏歿、川局變（張承禮字耀庭，為百里先生長保定軍校時之教育長，聞耗至引為痛），粵府陵夷；南風不競，失去重心；主客之形，一變而受北方之壓迫；於是一切皆成畫餅，而段祺瑞乃為擎天之一柱，北洋局面，遂由一霎之頽勢，駸假而躋於中興。

## 段祺瑞與三造共和

合肥段氏，性雖剛愎，而守正不阿；可謂臨大節而不苟者。其一生倏起倏伏，有似星象家所謂「竹節命」然。究其功業成敗之間，或關乎運數，或由於人為；今試就其犖犖大者，一為綜覈；實有足資當世之楷模，而垂歷史之殷鑑者在。姑列舉段氏攸關左之各節，分別言之：

| | |
|---|---|
| 第一 | 三造共和 |
| 第二 | 總統問題與府院之爭 |
| 第三 | 參戰問題與邊防軍（即參戰軍） |
| 第四 | 皖直之戰 |
| 第五 | 三角同盟與臨時執政 |
| 第六 | 所部人才之月旦 |
| 第七 | 與蔣先生之關係及其他 |

## 三造共和

所謂三造共和，蓋指辛亥段氏在漢口領銜四十二將聯名電請清帝退位，與反對帝制，及馬廠誓師是也。辛亥起義，徒有振奮之人心，並無成功之實力；假令袁世凱忠於清室，一如曾國藩之於洪楊；則民國肇造，或須俟諸異日；徒以袁氏早有成算，利用民黨方張之勢，為本身篡竊之謀；故密令段氏聯名通電，以示軍心動搖，冀威脅孤兒寡婦；此當然非段氏之主動，乃能為其易而享其名；斯固不足為段氏盛名之玷，然亦不得謂為特出之功。至反對帝制與馬廠誓師二者，真足見段之身犯大難，珍惜民國，乃實為其難而應居其功。夫反對帝制者多矣，類皆心違而面從，或依違而觀望；如徐世昌之標準馮道，於中取利；馮國璋之擁節金陵，婚媾自娛；王士珍之龍德（謂三傑之龍）而不隱，在位而鳴高；甚至從龍稱臣之輩，未嘗無腹誹慮敗之心；惟段氏以數十年心腹之重臣，億萬眾軍中之宿望，一旦退位幽居（在南苑大紅門），本親者所痛之態度，矢忍死須臾之決心；危疑震撼，天下屬目；正氣所在，帝黨終傾；此其難能者一。復辟一役，本非偶然；各省督軍，多有在徐、蚌參加盟約者；重以王士珍之昏愚，竟獻策黎總統召張勳入衛；此引狼入室也。茲事體大，苟無後台撐持，雖以張勳之荒謬，遺老之糊塗，斷不敢輕於發難；而段氏能當機立斷，隻身遽入馬廠李長泰所部之第八師，誓師出發，進攻北京；以迅雷之勢，撲燎原之火，飛彈霆擊於皇宮，群醜鼠竄而入甕；遂使同盟者不及馳援，與謀者爭相掩飾；反掌之間，國本以固。此其難能，謂非有造於共和耶！

## 總統問題與府院之爭

袁死黎繼，恢復約法，此正辦也。段為辦事負責之人，故亦有執掌權位之癖；自民九直皖戰失敗以前，始終迷戀於約法上責任內閣之國務總理一職。民六，因參戰案黎免段總理職，而府院之爭，竟至不可收拾。嗣是而督軍團擁段、而復辟、而黎氏引咎辭職、而馮國璋代理總統、而舊國會議員南下廣州，組非常國會，成護法政府；而北府另組新國會，世稱安福國會，紛紛擾擾，皆緣是而起。

黎、馮先後所代理之袁世凱第一任總統六年任期，既已屆滿，即由新國會選舉總統。此時形式之選舉雖由國會，而予奪之操持，實在段氏；段既不慊於馮，則總統自非段莫屬；乃聽宵小之計，薄總統而不為，異想天開，捧出一長樂老人徐世昌而自任總理；意蓋謂徐得此儻來高位，可以傀儡視之；不知徐乃一老官僚，權謀百出，尋至挑撥皖直，玩弄段氏；當皖直衝突，箭在弦上之時，竟將院會通過之「免河南督軍趙倜職，特任吳光新督豫」一令，留中不發；致令爾後吳佩孚所率之第三師長驅北上，虎視洛陽（時段之舊屬靳雲鵬任國務總理，因吳、趙任免案，終身不見諒於段系）；此段氏對總統問題之失計也。夫內閣雖有實權，而任免仍在總統；縱以傀儡視之，何難遇機牽掣。吾不知段氏於極盛時期，放棄總統而不為；迨民十三於二次奉直戰勝利後，竟對於牽強滅裂之臨時執政，而優為之，誠不知何居而前後矛盾若此？時移世易，盛時之所不屑為者，衰時雖降格以求，夫豈易得！甚矣！成敗之變，中興之艱，可不警懼乎！

## 參戰問題與邊防軍（即參戰軍）

段祺瑞當政之另一重大事件，為第一次世界大戰中國參戰問題。因參戰國策之爭，而發生黎段破裂，議員南下，復辟倏起而倏滅，段被免職而復職，而日軍攻德於青島，而組織參戰軍，而巴黎和會我於山東主權竟未得直，而五四風潮，以外交失敗，蔓延到全國罷學罷市的地步；寖假而步驟錯亂，形勢衍變，致有皖直大戰之敗；蓋至是而國內之阢隉不安，與段氏之焦頭爛額，於斯極矣。

歐戰對於我國，原屬風馬牛不相及。然以德軍據守青島，及佔有山東一部主權，日人乘機攻取，終不可免；我若參戰，尚有置喙餘地；雖云國無實力，而華工千萬，遠渡重洋，有助於協商國，不無裨益；是雖參而不戰，遠勝於不參之為愈也。此案經梁任公以遠到之眼光，多方主持，段氏獨能當機立斷；雖群言龐雜，實未可厚非。黎氏以府院之爭，誤於群小；致對國家大計，藉為遷戮之端；尋至元戎一去，清孽復來；苟無馬廠之誓師，將任群魔之竊國；段之功罪，自有千秋。歐戰結束，德終熸敗，我乃列席巴黎和會，德國在山東主權之由日本繼承，早已為列強所前定，弱國無外交，固非當國之罪，更非經辦外交者之所能旋乾轉坤也。平情而論，得失有間矣。

至於民八所謂「五四運動」，鑑於外交之失敗，激於愛國之熱誠；青年義憤，赤血一腔，新帳舊帳，籠統發洩；始之則蘊而如密雲不雨，終之則滙而為群流澎湃；當事者固受而無辭，揭竿者亦快然自足；雖無補於已失之國是，尚振導於既死之人心。影響所及，政風於是瀰漫於學校，遊行乃為輿論之指歸；積是成非，反客奪主；蓋自大陸變色，而學校乃掩旗息鼓；此其結果，當非始料所及。贈炙人口之五四運動，其代價顧不重歟！

以言參戰軍——邊防軍，自是段氏假參戰之名，為整軍之實。蓋自小站以來，擴充轉戍，師老兵罷，項城已思補救，故有模範團之成立；繼之擴編為李魁元之十一師、陳光遠之十二師；雖說為帝制計，亦實有其必要也。段合肥承項城之後，威望雖隆，究不迨於袁氏；派系已見，終難免於分崩；組編新軍，亦固其所。當時成立邊防督辦署，自為督辦，而以靳雲鵬翼卿主其事；計編成三個師，以曲同豐、馬良、陳文蓮為第一、二、三師師長；在中，日陸軍共同防敵協定之下，借日債、購日械，穰裕械精，固應為勁旅也；然皖直之戰，未及交綏，而潰敗隨之；非人謀之不臧耶？

## 皖直之戰

講到皖直之戰，既為北洋分裂之始，亦為北洋消滅之源；既為段氏失敗之始，更為段氏事業之終。至於爾後直、奉之縱橫，與執政之再起；猶之爝火不息，而迴光返照也。休徵咎徵之見，固無待於蓍龜！

當民六至民九之交，西南方面護國之役，早已失去目標；而護法之役，陵夷至七總裁，亦失重心所在。惟段氏挾討平復辟之餘威，遂有掃蕩西南、武力統一之宏願；先後命曹錕為兩湖宣撫使，及川、粵、湘、贛四省經略使，率領第三師及其他重兵南下；期於平定湖南後，進窺兩廣。時吳佩孚已由第三師第六旅旅長，升代第三師師長，駐兵衡陽。衡陽居南北之衝，因得與湘軍譚延闓、趙恆惕、桂軍陸榮廷等所派代表不時接觸。旋於民七、民八歷次通電，主張和平；並與南方領袖聯名通電息爭議和；醞釀至民九夏季，吳乃逕率其所部第三師旅長董政國、張福來及混成旅長王承斌、閻相文、蕭耀南等一師三混成旅正式由衡陽撤退，駐紮洛陽，並分兵扼駐直、豫兩省。至是段氏乃於七月六日（民九）以段芝貴為討逆軍總司令，率領邊防軍第一師（師長曲同豐）、第三師（師長陳文運）、第九師（師長魏宗瀚，時邊防第二師師長馬良所部在山東，而第九師本不在邊防軍序列，此節當另記之）討伐吳佩孚；同時並由總統徐世昌下令免佩孚師長本職，曹錕亦革職留任，而皖直之戰以起；此其經過之大略也。

當戰事開始之頃，段氏編併京漢沿線及京畿附近各師旅為定國軍，自任總司令統率全局；段芝貴以邊防軍之三師在京漢線涿縣迤南向保定推進為右翼；徐樹錚以奉軍副司令名義，率軍在天津為左翼，預定消滅曹鍈後，與右翼軍取鉗形攻勢向保定急進；同時曹錕亦任吳佩孚為總司令向涿縣迎戰。論當時形勢，皖之於直，有似泰山壓卵；而直之於皖，不過背城借一。然而交綏以後，曲同豐以與佩孚同鄉（皆魯籍），輕往勸和，致被俘而以獻刀於曹而貽笑；段芝貴以庸懦失機而自退（其司令部之列車，南北兩車頭，怯而備逃）；徐樹錚以與曹鍈戰於楊村，牽掣誤時，致失鉗形作戰之利（本來鉗形應以兩翼軍與保府距離同等為有利，而津保相距過遠，右翼又不能速進以控制敵方，早失呼應之効）；以此自七月六日發難至十八日不過十三天，自十五日至十八日作戰不過四天，而戰局已定。皖之敗與直之勝，固皆非始料所及；然而段氏以鈞天之勢，挾新銳之師，居崇高之望，有必勝之形；而竟挫於後起抗命之將，倉卒應戰之師；此中得失，豈無故哉！易曰：「履霜堅冰至，其所由來者漸矣！」鄙見所及，其縱論之。

立威必於盛時，懲貳宜於亂始；權柄下移，威信日替；非一朝一夕之故也。佩孚以偏將戍守，先有河上之吟，復有通款之實；不論在南在北，就軍中紀律言，舉屬非分。段氏以反帝承項城之後，以復辟有誓師之勳；位望既隆，聲華遠播；不於此時杜漸防微，懲一儆百；而乃養虎遺患，坐令猖狂；此一失也。衡陽撤戍，公然抗命；〈滿江紅〉之歌聲，響徹洞庭（吳有〈滿江紅〉軍歌）；革命將軍之稱號，名傳黌舍（學生對吳有此稱）；虛譽已成，厚將得眾。此時吳光新（段氏元配夫人之弟）以長江上游總司令，擁有第二十師（師長范國璋、吳亦曾任該師師長）、第十九師（師長楊春普）、第十三混成旅（旅長李炳之）、第一、二、三、四、四個獨立旅（旅長劉文明、費國祥、段其澍……等，以上駐宜昌荊沙一帶）、第二混成旅（旅長劉耀龍駐漢口）約逾五萬之眾。而第二十師，駐防岳州，扼洞庭之咽喉；縱不截繳其北歸之部隊，而羈留吳氏，猶反掌也。豈意吳光新輕離防地，投身虎口，於武昌之八旗會館，宴請鄂督王占元以下文武百官；欲以口舌之空言，作和平之呼籲；而王早與佩孚同氣，光新猶懵懵，竟為王所扣留，幽禁年餘，幾置之死；遂令數萬之眾，一夕之間，盡入王督掌握；此軍事上所稀聞，而為段方之又一失也。南北和平，美名也。武力統一，陳調也。證以佩孚後此之行徑，何嘗與南方協調，何嘗致力和平；但於此時能竊取美名，得西南各方之響應，北軍部分之同情；在宣傳方面已佔優勢。段氏則能剛而不能柔，知孤行而不知巧用；此在號召上又一失也。在戰略上以地點言宜討吳於鄂、豫之交，不宜作戰於國門之外；此孤注也，能勝不能敗，敗則無可退矣。當民八之際，國務會議通過吳光新為河南督軍，以代趙倜，竟為徐世昌所擱置，留中不發；靳雲鵬以段之替身，任國務總理乃不能為段故而力爭。假令河南地盤，早歸段有，佩孚更何能雄視洛陽，內為樞府所掣肘，外失重門之鎖鑰；實逼處此，固早無迴旋之餘地矣！不敗何待！比段氏失計之大者也。至於身任定國軍總司令，自儕平等之地位，有玷元戎之等威；此不識大體也。諸將除徐又錚較為英明，而倉卒成軍，又非宿將，且只幕僚人才；餘如段香巖之聲名狼藉，吳自堂之輕率而驕，曲偉卿之局陋寡識，陳郁臣之娘娘腔，魏海樓之頭巾氣；此又段氏用人之失也。若乃參戰軍之成立，只知因襲「用舊人」之老調，水漲船高，升遷照例；不知訓練幹部，補充新人。尋至組織薄弱，一敗塗地；寧不重可惜耶！吾為段氏哀亦用以哀後人也。

## 三角同盟與臨時執政

大凡政治上之離合，以義者蓋寡，以利者實多；相需則相合，利盡則交疏；自春秋戰國已來，其揆一也。三角同盟之終始，殆不能出此窠臼。

所謂「三角同盟」，蓋由南方之孫（中山）、天津之段（祺瑞）與奉天之張（作霖）共同致力，以打倒直系之曹（錕）、吳（佩孚）。其時廣東方面七總裁之軍政府，中山先生已飄然遠去，由上海而日本，岑春煊在粵主持，非復革命面目，民黨不得不另闢蹊徑，以待復興。段合肥挫於皖直之戰，息影析津，百足之蟲，壯心未已。而奉張又以第一次奉直之戰，新遭挫折，情尤不甘；以是三方面皆有相需之隱，乃形成此三角同盟。其始，則奔走絡繹，甚囂塵上；其卒，則同床異夢，各懷鬼胎。迨二次直奉大戰結束而後，奉張以勝利而得其實。段氏以執政而得其名。孫先生空受招邀，未償宿願；昊天不弔，病逝舊京；睹北府之涼薄，留遺囑於千秋；蓋民黨則一無所得。以言同盟，真乃烏合也。

論當時經過，奉張自為主角，彼雖退保關外，仍挾有東北四省（奉天即今遼寧、吉林、黑龍江、熱河）之地盤，勵精圖治，整頓新軍，登用楊宇霆、姜登選、韓麟春等，訓組基本軍隊；財政則予取予求，軍儲不匱；又以張宗昌率一班黨羽，在青島花笑町謀取山東；對其他方面，亦多以金錢接濟為運用。

段合肥則以浙督盧永祥、淞滬護軍使何豐林、第四師長陳樂山、福建軍務督辦王永泉、廈門總司令臧致平等所轄閩浙淞滬地盤為再起之資本。時吳光新已賄通王占元之軍法處長崔承熾同逃至滬（吳氏為段合肥之重臣，一度被鄂督王占元幽禁於武漢），段氏即命吳與劉詢（前十五師長）、陳樂山在上海同孚路設立機關，代表段氏與民黨及閩浙各方連絡。安徽方面與皖督張文生及其所部安武軍統領徐州陳德修、蚌埠楊瑞文，經常接濟軍費，互通情報。其時孫中山先生之代表汪精衛，亦為滬杭兩地座上貴賓。蓋自滬、杭、閩、廈、青島、大連、天津、奉天間，信使往還，密商大計；皆同盟期中活動之範圍也。

政治活動，不外金錢。三角同盟之結束，為二次奉直之戰；戰爭之勝利，為賄買馮玉祥之倒戈；此為奉張較大一筆金錢之支出。其他游離部隊之收買，以及各方代表接觸所需之一切舟車旅費、程儀津貼、地下機關之祕密費、奔走人員之生活費等等，浙盧、閩王、與吳光新皆所費不貲，而奉張東北之軍費不與焉。民脂民膏之耗於內爭，此其一也。

兩次奉直之戰，當俟另文詳寫。茲先述「臨時執政」一幕。

「賄選總統」曹錕既被禁於延慶樓，元首人選，自為當務之急。法統既早經破壞，另起爐灶，亦事實所難免。但既係同盟之勝利，自應由三方領袖合議行之；或以孫、段、張為三人委員制，亦屬事理之平，乃段、張、馮等一面邀請孫先生北上共商國是；一面由張、馮公推段為臨時執政；另由齊燮元、孫傳芳、蕭耀南等通電擁護段氏出山；段遂於民十三年十一月入都，組織執政府，未及待孫先生之蒞津也。

孫先生於是年十二月底抵津，主張開國民大會，及廢除不平等條約，段氏率先公布召集善後會議，於孫所建議，蔑如也。京中要人，承段命專車赴津迓孫，眾中談笑，語多侮慢，北洋人對民黨之成見，竟牢不可破。迨翌年三月，孫先生病逝舊京，停靈社稷壇，中外同聲哀悼，段氏竟托辭足腫，臨期不祭，不誠無物，失禮之尤，段氏亦狹矣哉！

段就任執政後，適以齊（燮元）、盧（永祥）之戰，盧永祥敗北，而浙滬之地盤以失。孫傳芳巧取閩督王永泉，而閩中之地盤以失。臧致平、楊化昭所部流散編併，而漳廈之地盤又失。雖改任盧永祥為蘇皖宣撫使，然已無兵可用。而孫傳芳蕭耀南之擁護，亦只徒託空言。至是而段之外援，已無可恃之腹心。循至徒擁執政之名，乃不得不周旋於東北（張作霖）、西北（馮玉祥）兩大之間。於是執政府中，又分東北與西北兩派。東北派吳光新（段之妻弟）、曾毓雋、梁鴻志、段宏綱（字運凱、段姪）等屬之，以仰承奉張鼻息為主。西北派段宏業（字駿良、段長子）、賈德耀等屬之，以聯絡馮玉祥為主。恰如左右派互相對立，奔走聯洽，權謀策劃，各不相能。而吳自堂（光新字）與段駿良以舅甥分途，駿良與運凱又以弟兄立異；本同舟而齮齕，恍殊途而同歸；合肥或亦知之而默運之耶？其實兩姑之間難為婦，雖曲突徙薪，亦焦頭爛額矣！

## 兩大之間

段之左右，徐又錚（樹錚）以才見信，吳自堂以親見信。又錚或不愧為智囊，然執政一幕，彼以使歐未返，固未預聞，及其歸來，已成無可挽回之局。匆遽出都，而又遇害於廊房。馮之不臣，固非段之所能堪，而又錚之死，斯段之股肱折矣。自堂貌嚴肅而性和厚，大德不踰閑，而小德出入；忠實不貳，而志大才殊；驟見之若拒人於千里之外，此為段氏之良臣，而非能臣也。

段於子侄輩，素愛宏剛；駿良善奕而嗜好甚深，向不預聞政事。比執政期間，所居小樓一角，大張旗鼓，竟欲與虎謀皮，折衝西北；段氏似亦佯為不知，而放任之，豈其垂老而深舐犢之情耶？抑亦每況愈下，私其所親耶？自餘一班祿蠹者流，明知爝火餘光，或妄造從亡奔走之報銷，沾金佛郎之餘潤；或攀赴張、馮之門下，分小朝廷之杯羹；甚至如賈德耀，亦以馮故，而任國務總理，真可謂蜀中無大將矣！

段氏於民十三年十一月就任執政，初行總統制，自任國務會議主席；翌年七月開全國善後會議，西南各省，均派代表參加；雖不同於孫先生所主張之國民代表大會，然開始半載之內，尚覺小具規模。嗣是而廣州成立國民政府，宣布與北政府斷絕關係；湘軍之趙恆惕，實行聯省自治，翼護吳佩孚於岳州，尋以十四省聯軍總司令名義，再起漢皋；同時孫傳芳又以蘇、浙、閩、贛、皖五省聯軍總司令通電聯吳討奉；既而奉軍節節失利，退出蘇境，內部又有郭松齡之倒戈；因郭與馮勾結，而奉、馮之爭又起；當民十五年一月之間，北方局面，已到不堪收拾之地步。執政府本寄生於兩大之間，「皮之不存，毛將焉附」。於是段乃倦動，通電辭職；雖一時未果去位，似此雞肋，已無迴旋餘地；因又改總理制，初任許世英（靜仁、後入國府任部長、省主席、駐日大使多年，現居台北，已屆大耋之年），許本皖系之清流，辭未就，而熱中名位，附庸馮系之賈德耀，乃粉墨登場；是年三月，段氏為馮軍之京畿衛戍司令鹿鍾麟所逼，遂通電下野，還寓天津蓋自民十三冬季至此，為期僅一年零四閱月耳。以趙孟之貴賤，受二憾之利用；群魔飛舞，宵小侵凌；為段氏計，誠不值也。語云：「知進而不知退，知存而不知亡。」又曰：「善始者實繁，克終者蓋寡。」一般貪戀權位之大人先生，每不肯於功業鼎盛之時，急流湧退；及至時違勢易，乃為僉壬所侮弄，識者所齒冷；豈非愚之至耶！

## 晚年吝佛

段素性剛愎而嚴肅，不善辭令，不怒而威；鼻端微敧，老部屬多以「鼻爺」稱之。無他嗜好，惟一局圍棋、八圈麻將以為常。生平無積蓄，石家庄之正豐煤礦，及北京吉兆胡同空府之公館，皆其部下積貲而成。寓津既久，已捉襟見肘；蔣先生待以賓師之禮，時有餽遺。迨九一八後，鑑於北洋舊派之思逞，及日寇方面之利用，始迎段南下，時左右亦有持異議者，然終不勝。抵滬後寄居霞飛路陳調元所置之巨宅，月致三萬金。段氏以其半數為生活之需，餘半則分贈其所部。計：曹汝霖、王揖唐、吳光新三人月各二千；曾毓雋、梁鴻志、魏宗瀚、姚五、姚六（二姚偶忘其名）、陸宗輿、章宗祥、段宏業（長子）、段宏剛（侄）月各一千，以此安居滬濱而終老焉。

段晚年吝佛，署正道居士。偶亦作五言古為佛家言，鏗鏘可誦，蓋已尤其文學侍從之臣潤飾之矣。抗戰前一年，歿於滬寓（似為七十一歲，記得先一年在上海玉佛寺渡七十壽，章太炎曾到祝）。時有主張國葬黃山者，以段之功業，點綴名山，且山屬皖南，更無背首丘之正。戚屬多人，皆韙其議，獨嗣子宏業堅不同意，遂移靈北上，厝於北平之西郊，而宏業亦歿已多年。故國滄桑，淒其風雨；元老壯猷，魂歸何處；言念及此，重有慨焉！

段之喪，自國府主席以下，南北要人，門生故吏，聯語繽紛，弔者絡繹，極榮哀之至。時租界尚未收回，出殯之日，中外儀仗，備極崇隆；執紼者千人，佇觀者萬眾，自黃克強、蔡松坡兩次喪儀以來，未之有也。國府並飭備移靈專車一列，自上海北站直駛北平（時南京下關、浦口間，有火車輪渡，可將列車分拆接軌輪上運車渡江）。沿途大站，皆有祭奠；國府亦明令褒揚，飾終典禮，可謂盛矣！

段氏一生在北洋，而終老於南國；歸真在七七之前，未見淪胥之痛；其順受正命，正天之所以厚遇之也。若復假以數年，則北洋舊侶，既多擁段再起之人；日寇謀華，難免聳段出山之想；彼時段氏，其早已隨國府西行耶？其終流寓淪陷區耶？其坐視所部親日派之獵位於南北耶，其將被挾持擁立而跳入火坑耶？吾意段氏必有以善處之，然而煩惱多矣。故曰正天之所以厚遇之也。

自昔國事之成敗，要視人事為轉移；而人才之聚散，又依領袖為去就。此固老生常談，實亦不刊之論。雖然，人才登庸之標準，亦難言矣！飭內政者崇文教，勤遠略者重干城；好大喜功，則捭闔之說興；規行墨守，則謹飭之士見；好貨多掊克之臣，喜諛進僉壬之輩；得於此者必失於彼，此世亂之所以終無紀極也。

## 徐樹錚──器小易盈

北洋人才，項城承遜清之舊，合肥承項城之舊。言思想，則有專制而無民主；言政策，則有武力而無文治；故皆亟亟於武力統一，而忽視地方建設；只求消滅敵黨，不作政治競爭。而所謂人才，亦投其所好，消磨精力於無用之地。此皆攘內一念為之也。曩余嘗為揚州竹枝詞，因感於內戰，有句云：「何事營營戰不休，風流天子本無愁；迷樓往矣邗溝在，為弔雷塘土一丘。（邗溝即運河，雷塘在揚州北，煬帝葬處。）」語雖無倫，意者同一勞民傷財，與其用於內爭，毋寧留點成跡。始皇築長城，何嘗不膾炙人口。縱觀五十年之往事，不免令人想入非非耳。

閒言少敘，今且一述合肥左右人才，以畢余所談段氏一節。

自項城崇尚權術，培植私黨，尤重用不學無術之武臣，供其驅策。故北洋人才，自李文忠而降，一代不如一代。總而言之，少讀書耳。偶有一二特出之士，秀才如馮國璋、吳佩孚，便覺不可一世。至徐樹錚以得君之專，驕橫專擅，自誤以誤其主；其未能斂才就範，適見其器小易盈，皆非謀國之士也。余意合肥之所謂三造共和，皆千載難逢儻來之機會，而其成就不過爾爾；實乃人事不調協有以致之。而人事之所以不調協，則源於重用徐樹錚。

今之言徐者，莫不盛贊其才之優、謀之遠、辦事之敏捷，余於北府軍部，亦深聆悉其言行（京中人皆以「小徐」稱之），並嘗觀其所著《建國詮真》一書，竊以為當屬戰國策士之流。段氏宜用之為謀臣，而不應致之於當路。蓋所謂樞要之重臣，應具鑪火純青燮理調和之氣度，斷不能出之以生吞活剝強制橫行之手段。其於歷屆總統，據薛觀瀾先生所寫〈目擊記〉：「袁世凱、徐世昌皆厭惡徐樹錚，當年項城欲免徐職（按係陸軍次長），段竟當面與袁頂撞，生平只此一次。嗣後徐世昌免徐之職，即引起直皖戰爭。黎元洪尤恨徐次骨，徐曾硬拉黎手，使其蓋總統印罷免內長孫洪伊。馮國璋則畏徐如虎，民八待靳雲鵬組閣得段保障之後，始敢進京。」云云，試觀以上情形，尚復成何體統。縱得段之同意，猶且不可此不第陷吾君於不義，抑且重當國之忌；深府院之爭，以段氏之強梁，益之以輔臣之專横，是猶厝薪於火也。餘如操縱安福國會，干涉靳閣用人，親者相鬥，齮齕多端，致令段氏多年心腹之靳雲鵬，生心外向，終釀皖直之敗。尤其以奉軍副司令，擅殺陸建章；陸誠可殺，何不付諸司敗，明正典刑。雖事後由段氏以府令宣布罪狀，但明係段氏愛徐，代為負責，終難免擅專之物議。迨民十四馮玉祥嗾使張之江假手陸承武以殺徐於廊房，正復自食其果。至於西北籌邊使之威震蒙疆，西北邊防軍與奉軍副司令之異軍突起，固足徵徐氏驚人之才氣與雄毅之魄力。然內外交謫，樹敵過多，本之不固，榮於何有；其如曇花一現，實無足異。故段之愛徐，適以害徐。而徐之忠段，亦以誤段也。世之愛護人才與夫為人信臣者，允宜三復吾言！世之論人論事者，或不河漢吾言！

## 靳雲鵬——貪戀高位

段合肥之第二信臣，當為靳雲鵬氏。靳字翼青，山東濟寧人，炮兵出身。畢業小站炮兵學校，與段有師生之誼。發跡後，嘗自謂「三十年前一炮兵」。段氏初極器重，曾以國士目之（書札有稱翼青國士）。每自卸陸軍總長及國務總理，多以靳氏承乏，在職位上，靳不啻為段之繼承人，故前後歷任總理達七年之久。又嘗外任山東督軍。以厄於徐樹錚，每乘瑕抵隙短靳於段，因之漸謀外結奉張、曹、吳，內對段氏虛與委蛇，迨至皖直交訌期間，徐世昌擱置國務會議通過之吳光新督案及令免徐樹錚西北邊防總司令職，均在靳閣任內；靳不復爭執，竟對段系毫不留情。雖經段氏強制徐世昌發令討伐曹、吳，然處處已在下風。故段系認為靳氏背師賣友之罪狀已鐵案如山矣。

靳氏性本中和，善待之決不致叛段。然學養有限，利害之見動於中，加以樹錚之咄咄逼人，遂醞釀而成此尷尬之局面。後此段氏寓津，每壽誕靳仍執弟子禮往祝，輒為左右拒於門外。段歿於滬，靳亦遠道赴弔，但無與接談者。余見其局促坐於駿良（孝子）門後，意良不忍，輒與周旋，至有人戒勿理。靈車北返，竟不為留一席地，靳乃購客車票回京。是直視為大逆不道，而不以弔客待之。噫！亦過矣！世之受人知遇而逼處於無可奈何之境地者，似不宜貪戀高位，以避開是非，靳氏誤在戀棧耳，直系勝而位亦不保，何其謬哉！

靳於詩書，本少所誦讀，然驟見之，則口誦孔孟之言，滾瓜爛熟，有似老師宿儒，再三見則仍舊那一套；余留心觀察，屢試不爽；然後知老粗出身之好掉文，亦曾痛下工夫也。又其寓邸之所謂古董瓶兒鼎兒，沿壁腳皆是，恰如上海白相人之陳列銀盾然，竟無一毫書卷氣，諒皆苞苴贋品也。觀人於微，確有至理。余曾與靳氏雀戰多次，見其勝則云頭痛，或託故而去，敗則徹夜不休，必勝而後已；知其局量之小，而又利害之見甚深也。以此當國，於以見段氏銓衡人才之失當矣。

## 吳光新——嗜賭有癖

段氏之第三信臣，當為吳光新。吳字自堂，畢業日本士官，蘇之宿遷人。宿遷古之下相，西楚霸王項羽產地也。合肥微時，嘗寄居於此，聘吳姊為夫人生駿良，舅甥年相若，合肥視吳猶子弟行，吳亦終身恭謹，如對嚴師父，蓋段之不貳臣也。民初，未三十，即任第二十師師長；項城傳見，曾以少年得志為戒。民六，值松坡死後，州、滇、黔各軍積不相能，成都燒殺，川局兀桯，因以長江上游總司令兼拜四川查辦使之命。以熊克武據有川東，入川未幾，尋即東下夷陵；當進退失據之時，值石星川以荊沙獨立，遂出兵敉平之，軍聲復振。駐守荊宜，前後達四年之久；乃於皖直反目之初，輕身陷敵，為鄂督王占元所扣留，幾至不免；卒由家人環跪段前，乞函王以保吳，時段已失敗下野，亦只得揮淚親函王氏。喪敗之餘，忍辱求情於舊屬；段之愛吳，至矣盡矣！吳氏身領重兵，呈身虎口，倉卒之間，全軍瓦解；對吳佩孚之撤兵，既失牽制之用；對京漢路之戰事，更絕奔赴之援。其有辜於段之倚畀之重，當以此役為最。迨後由鄂亡滬，代表段氏奔走三角同盟，民十三，直奉之役，又以奉軍第六軍作戰於熱河境內朝陽、建平、赤峯、平泉之間，值馮玉祥倒直軍之戈，吳亦回師與李景林、張宗昌出冷口、下灤州、長驅至津，收編舊部第二十師於小站。執政府成立，始以功任陸軍總長，段對之亦信任不衰；梁鴻志之任府秘書長，吳所保也。此後幾二十年間，優游滬上，中間隨侍段之左右，恭謹不渝，雖雀戰消遣，亦屏氣似不能言者。抗戰期間，曾一度赴渝，旋歿於香港。綜吳氏一生，對段不失為忠藎之臣。民十三、四之交，周旋奉張，不無微勞，或可稍償鄂州之失。惟生平嗜賭，豪情勝概，雖足取快一時；而身膺重寄，時系軍國安危；觀瞻所在，難逃物論。記民十一在滬，曾被天津一班賭棍（老千之流），南下包圍，吳氏一夜負二十三萬，左右有廉得其情，並檢得作弊之內藏水銀之骰子以告者，吳猶堅不承認其受騙，簽出支票如故也。時盧永祥方督浙，尤其所部誘致此輩賭棍至杭，聚而懲之，其風始寢；吳氏尚不知也（傳係將各賭棍囚禁後，以洋燭入穀道，歷若干時不令出，亦虐而謔之非刑也）。

## 魏宗瀚——挾持偏見

其次有關段之軍事幕僚，當為魏宗瀚氏。魏字海樓，籍析津，卒業保定陸軍速成學堂，旋升軍官學堂（按即陸軍預備大學之前身，而預大又為陸大之前身）。民元，段任陸長，以魏為軍學司長（即後來擴大之訓練總監部）創陸軍學會及陸大同學會，辦陸海軍日報，專以分學派（軍事方面）樹黨羽為主。時項城召集晚清所已造就之陸軍小學、中學畢業學生成立陸軍軍官學校，以段為督辦，段以趙理泰為校長，辦理不善，致釀成解散風潮。雲南都督蔡鍔及南方各省都督駐京代表公推蔣百里方震為校長，袁、段均接納加以任命，魏乃利用主管機構之權，多方刁難，逼得蔣百里自戕，一時震動朝野，袁乃下令派武官長蔭昌、參謀次長陳宧查辦，正值癸丑革命，遂砌詞謂蔣與學生同情「亂黨」，不了了之。此皆魏氏挾持偏見一手所製造，致段氏對於此輩畢業之軍官，不敢任用，終為粵府所吸收，分任黃埔軍校教官，及革命軍幹部。夫以前清費無算之人力物力，又歷多年之時間，始得此數千青年將校；今只需年餘便可完成學業效力國家，此實大便宜事。乃竟任令他適，坐使北洋軍隊永以行伍出身為一成不變之定型，終至敗亡而後已，何其僨德！吾以為魏氏影響合肥者，此為最大。乃如以智囊見稱之徐又錚，亦見不及此；雖能咄嗟之間，成立西北邊防軍四個旅，似對幹部問題，亦未有充分準備。「不齊其本，而齊其末。」此之謂也。

以上四者雖皆係軍人出身，而攸關合肥之成敗，實匪淺鮮，故不憚辭費雜以所見而詳述之。至其他軍人，多係北洋之舊，不復論列。

至於一般政治人物，項城所用者，亦多半為段閣所禮羅。此卻如走馬燈然，非本篇所及。餘如以中日外交備受攻擊之曹（汝霖）陸（宗輿）章（宗祥），及老虎總長章士釗，下迨二姚（姚震、姚國楨），皆世所稔知，寧待余之月旦。若許靜仁世英本是清流，已遷喬木。曾毓雋雲霈聰明絕頂，未出藩籠。龔心湛無聲無臭，早歸道山。王揖唐、梁鴻志雖富文藻，難滌惡聲，尤屬濁世功名之犧牲者。段氏之功烈，自有其千秋，固不因其左右之賢不肖而有所損益；嘵嘵者無乃多事耶？

自民九年七月，皖直之戰段系失敗後，醞釀至民十一年四月，而有第一次奉直之戰；奉張初遭敗挫，矢志雪仇，遂又於民十三年九月有第二次奉直之戰；四年之間，三次大戰，至是而北方之局面，既每況愈下；北洋之系統，亦淩亂不堪。蓋任何一種勢力之養成，其初基之草創，幼弱之滋長，壯盛之勃興，乃至全局之底定，每歷數十年之艱辛，與儻來之際遇，締造之而不足；偶一失當，則一朝破敗之而有餘，及已至是，而再言恢復，便覺難若登天。世之謀國者，可不慎歟！

## 八易元首・三次攝政

北洋政局，前後十七年間（自民元至民十七北伐完成），幾於習慣在間歇性波動之中。自總統、國會、內閣、以至大軍閥之起伏，小軍閥之升沈；如戲劇之一幕一幕，如奕棋之一局一局；或由於派系戰爭之勝負，或由於依附勢力之消長，倏興倏滅，遂演成這一期間動亂之歷史。

只就統總而言：自民五、六月項城死後，黎元洪以副總統即真，補選馮國璋為副總統；民六、七月，因溥儀復辟，馬廠誓師，黎乃去職，僅一年耳，乃以馮代總統；至民七、九月，復由段所召集之新國會選舉徐世昌為總統，中間經過皖系之戰敗，與奉直之失和，歷時三載有餘，至民十一年九月，以直系恢復法統之主張，迎黎元洪復任總統，徐乃下野，除項城外，此為最長之一任。民十二年六月，曹錕復逼黎總統去位，十月，賄選成，曹任總統；十三年十一月，因二次直奉戰之結果，曹被囚於延慶樓，段祺瑞被推為臨時執政，至民十五年三月，又為馮玉祥部所逼，通電下野，亦僅勉及一年半；此後奉系推張作霖為陸海軍大元帥，實為北方最後之元首。十七年，以革命軍之進展，張退關外，被炸死於皇姑屯。蓋前後已八易元首矣。另復有三次攝政，即十二年黎出京，高凌蔚攝政；十三年曹退位，黃郛攝政；十五年段赴津，胡維德攝政是也。試就這一篇流水帳觀之，總統已如傳舍、如易棋，內閣更不堪問；以此而欲統御此廣大之國家，延長其政權，自不可能；此後國民革命軍之如摧枯拉朽，正惟北洋之有以自亡，尋而有若天授之也。

## 功臣禍首集吳一身

今且略述皖直戰後北方之形勢，以明奉直戰事之起源：

論北洋之勢力，當然以袁項城為第一重心，段合肥為第二重心，過此，如曹（錕）、如吳（佩孚）、如張（作霖）、如馮（玉祥），有一突起，則失去平衡；自然互相猜忌，互不相下；寖假而爭端以起，終必出於戰爭之一途。故任何時代，無論其為造時勢之英雄，或為時勢所造之英雄，非有大惡如袁氏之稱帝，必須委曲以擁護之，危言以諫諍之，竭誠以愛戴之，以保有此一金錢、人命、時間、運數所造就之領袖。偶有黠者，不度德量力，以圖僥倖於一時，雖復異軍蒼頭，咄嗟得駕，適足以為亂之階。故曰「亂不可長」。以吳佩孚之智勇，在北洋自不失為庸中佼佼者流，然而倒段之後，為親者所疑忌（曹黨），為部屬所携離（馮玉祥），為敵派所欲得而甘心（張作霖），致皖直戰後兩次直奉之戰，皆緣吳氏而起，卒陷北洋於不可收拾之地步；春秋責備賢者，余於吳氏不能無微辭，蓋有以也。

自皖系戰敗，曹錕為直、魯、豫巡閱使，吳副之，尋兼兩湖巡閱使，又曾內調陸長，外除魯督，兩者皆辭未拜命；於時曹駐保定光園（即蓮池書院）就近挾持政府，而以其弟侄輩曹銳、曹瑛與嬖倖之副官長李彥青陰掣吳氏，進行賄選。吳則駐節洛陽西宮，陽示娛情詩酒，建設名城（造洛陽橋值牡丹花），實則訓練軍隊，布置疆臣，尊崇孱主（曹），遙制樞垣。所謂背師賣友之內閣總理靳雲鵬，已鳥盡弓藏，辭總理職，以顏惠慶代理；而張作霖又欲以梁士詒組閣，吳派大加反對，遂以梁閣問題之爭執，為奉直戰之導火線。吳之兼兩湖巡閱使也，實以鄂人驅王（占元）之藉口，去王而以蕭耀南督鄂。憶王氏當年曾為直系扣留吳光新，今亦與靳雲鵬同為被烹之走狗矣。陝督本為段系之陳樹藩，吳氏初以馮玉祥代之；繼以河南之趙倜（字周人，其弟傑亦在豫掌兵，段氏當年本欲以吳光新代之者）與奉張有關，因去趙而調馮督豫，以所部之閻相文督陝，河北則任王承斌，皆直系也。至魯之田中玉、蘇之齊燮元、浙之盧永祥、贛之陳光遠、皖之張文生，則均仍舊貫。惟湖南之趙恆惕，以聯省自治獨樹一幟，吳以鞭長莫及，和平相處置而不問，遂啟爾後唐生智代趙主湘，為北伐洞開門戶。此當追源於吳之衡陽撤兵一役，其對南則為不虞之功臣，對北則為引敵之禍首也。

## 曹吳奉張形成鼎峙

直系方張之勢，既如上述。而虎視東北爭霸中原之張作霖，於合肥失敗之際，自欲分饗杯羹。故亦參加倒段之役，而進兵分駐天津北京一帶。一面與曹結兒女親，冀利用曹以壓抑吳；一面保薦梁閣，冀因梁以取中央政權；而曹之左右：曹銳、曹瑛則以親而妬吳氏之專權，李彥青則以寵而恨吳氏之鄙視（李本澡堂擦背出身，得幸於曹為孌童，後貴為曹之總統府收支處長軍事廳長，馮玉祥領軍餉亦受制於李而大打折扣，故於二次直奉戰倒戈時入京，先捉李斃於天橋，時李方擁妾高臥也），故曹吳初有似合而分之勢，因之保、洛、奉亦有三方鼎峙之形。溯曹、張初在天津會議時，因吳侃侃而談，張直斥「吳不過一師長」，故張始擬聯曹以間吳，繼欲迫曹以去吳，吳固銜張深，而曹終仍與吳合；曹吳既合，乃一任吳氏主政，而梁閣之爭，遂表面化；而直奉之爭，亦具體化；繼之而總統徐世昌於十一年五月下令「著奉軍即日悉數出關。」隨又令「免張作霖本兼各職聽候查辦。」張亦於同年七月改稱「東三省保安總司令」。蓋第一次直奉之戰，已預於是年四月底爆發矣。

唐人隴西行：「可憐無定河邊骨，猶是春閨夢裡人。」無定河即桑乾河，古之圁水、㶟水皆是；一名蘆溝，今稱永定河。西自陝北榆林、延安，出山西、入河北，匯於大清河，東漸於海。其水深淺不一，流域廣袤，春夏泛濫，秋冬乾涸；凹道縱橫，儼若隘路。在陝北者，為漢唐防邊之阨塞；出太行則為燕趙古戰場。皖直之戰及第一次奉直戰，即在燕京南、太行東、黃水北、渤海西，即永定河流域之廣大平原。不圖古戰場仍為今戰場，唐人詩可為今人詠也；言之慨然！

## 記第一次奉直之戰

民十一春夏之交，奉直衝突，由去吳問題，而梁閣爭持；由往來談判，而電文互詰；由調人奔走，而兵戎相見；終致演成一場大戰，是為第一次奉直之戰。是役也，前後醞釀幾四閱月，中間疏解者，有張作霖之恩帥趙爾巽（前清東三省總督，張為其所招安）、北洋元老王士珍、張紹曾與曾任東北疆寄之張錫鑾、孟恩遠、鮑貴卿、及直系親信曹銳、王承斌等，皆無結果；於是雙方調兵遣將，為作戰之準備。

奉方據京奉路（即北寧路）之全線，及津浦路北段馬廠迤北，與平漢路長辛店以北，包括京南、京東及津沽一帶；又駐軍於密雲及長城之古北口，以控制京北；一面擬以河南之趙倜，與山東之田中玉，牽制洛陽之吳佩孚而消滅之，其視保定之曹錕，固如無物也。殊吳已先發制人，預將馮玉祥由陝督豫，取趙倜而代之，並任為司令防守隴海線（按此時馮尚隸屬直系、至二次直奉戰，為奉張收買倒戈後，始獨樹一幟）。吳則將重兵移至京漢線保定迤北及西之戰場上，以應奉軍主力；此戰前雙方布置之情形也。

是年三月中旬，奉軍設總司令部於落垈，奉張與孫烈臣任奉軍正副總司令，軍隊紛紛調駐上節所列各地。以京漢線為西路，分三梯隊，駐長辛店及北京迤南，任張景惠、鄒芬、孫殿臣為梯隊長。津浦線為東路，任張作相、李景林、張學良為梯隊長，駐廊坊、靜海、馬廠等處。又於東西兩路之間沿永定河之線為中路；集中編併之混成支隊及補充團若干據守固安一帶。直方則以吳佩孚為總司令，設總部於保定。以王承斌為中、西路司令，張福來為中路副司令，張國鎔為東路司令，吳則居中伺機親臨前敵；雙方陣容，可謂旗鼓相當。直至四月廿八日，張作霖下令總攻，東、西、中各路，遂同時開火。

## 吳佩孚的賢與不賢

開戰之始，奉方以熾盛炮火，猛轟直軍，加以騎兵衝擊，重點集於西路，頗佔優勢。翌廿九至三十日，西路激戰最烈，尤以爭奪長辛店、豐台等陣地，雙方進退多次，作殊死戰；吳佩孚與奉之張景惠俱親臨督戰，此時直軍之東路及中路，仍現劣勢。由五月一日至三日，各線漸呈相持之局；然奉軍火力，仍優於直軍。終以吳之奮不顧身，激勵將士，猛攻長辛店，進撲蘆溝橋，出奇兵繞奉軍後方，致奉軍不得不由西撤退豐台。長辛店為西路門戶，豐台為全局中堅，至此奉方乃轉勝為敗，四日以後，直軍乘勢進豐台，攻落垡；其中、東兩路，一併紛潰天津軍糧城，向山海關退卻，於是奉軍大敗，戰局乃告終結。

直系以戰勝者之姿態，由吳佩孚建議恢復法統，使民初參、眾兩院召集復會；歡迎黎元洪復總統位；曹錕及各省軍政首長均響應贊成。黎遂於民十一年六月十二日入京復職，舊國會亦於是年八月一日在北京復會。吳氏此舉，似可結束新舊國會之糾紛，與毀法選舉總統之爭議；宜可安定一時矣！然而不然！

吳氏於勝利之後，虎視洛陽，示不為權位之爭。而以中樞大政，坐令昏庸寡德之曹錕，高踞范陽，隱為控制。因而有索餉逼宮，迫走黎氏之舉；此出爾反爾，狐埋狐搰也。因而有妄躋尊位、賄選總統之舉，此沐猴而冠、自貽伊戚也。因而招致各方責難有三角同盟之結合，此眾矢之的，授人以柄也。因而有生聚教訓、捲土重來之奉張，此除惡未盡、養癰貽患也。吳氏誠賢矣，高自標致，風雨中州；翊戴孱主，終始不貳；經營江表，無視遼東。然而禍患之來，率伏於滿盈之後；虛名之累，每成為矜矯之因；潔己以害其君，猶且不可；況潔己以害天下乎？吾謂吳之賢，正其不賢處也。

大抵吳氏之成功，皆能於險中求勝。是以哀兵憤兵，一鼓作氣而得之。幸其所遇之敵，初為皖系之驕兵，此次又為奉張之惰兵。且於勝果，未能多加計慮善為運用，是以徒能耀彩於一時，而不克收成於久遠。

## 張作霖含垢出榆關

奉張軍隊，久居關外，擁兵自大，無異夜郎；故予稱之為惰兵，非若吳部多少尚有北洋典型也。此其一。奉軍以關外為家，不免存有勝則享樂，敗則東歸之想；故其軍心渙散。不若吳部對奉有畛域之見，對直有固圉之心。此其二。奉方依京奉鐵路為後方漫長之連絡線，一切補充，自較直軍為難，雖可就地取給，然奉軍蠻橫，紀律較差，素不為關內百姓所歡迎。以視直軍，只叫一聲親切的「老鄉」，便已得益不淺。此其三。直軍地理熟習，且有廣大之後方；偶或敗退，仍可增援復戰，不易消滅其主力。奉軍則反是，小有敗挫，必擁集於此唯一之狹長退路——京奉線，且時恐被截於灤東、於山海關。此其四。此一戰役，奉方三路大將，老少雜糅，號令不一；中權無勁旅，右翼無將才，吾意若使李芳辰（景林）任西路以代張景惠，以為彼善於此，究不如吳佩孚之新發於硎，背城借一。即王承斌亦臨事而懼，有勇知方。此其五。執是以觀，勝負之數，豈偶然哉！

奉張含垢東歸，收羅人才，刷新軍政；越兩年，將以第二次直奉戰，雪恥於關內。轆轤之戰，更有大觀。此是後話。

當民十一直軍之戰勝奉軍也，曹仲珊鷹揚河朔，吳子玉虎視中州。曹更於是年十二月在保定光園慶祝六十晉一壽辰，吳亦於翼年四月在洛陽歡度五十大壽；各方顯要及兩院議員多奔走恐後，麕集祝嘏；而吳以英名赫奕，尤多名流頌贊；世所傳誦康南海撰贈之「牧野鷹揚，百歲功名才半紀；洛陽虎視，八方風雨會中州。」壽聯，而又有人以文聖、武聖相標榜者，即在此時；蓋直系之極盛時代，吳氏亦正如日麗中天也。

## 曹錕賄選每票五千

曹錕於民七新國會選舉徐世昌為總統時，即與張作霖爭思染指副總統一席，以段氏當政未果；今既兩次勝利，高下在心，急欲一登總統寶座；徒以吳氏已主張迎黎，同時復陰阻曹之急進；雖不欲重違吳意，亦不肯恝然罷手；遂由直督王承斌、曹之弟姪曹銳、曹鍈、夔入李彥青等奔走部署，先以驅黎運動為入手，繼之以收買議員賄選總統；以洛吳僅處於消極反對之地位，因即不顧一切肆意進行；此當時所以有津保派與洛陽派之分也。

驅黎方法，不一而足，先之以排斥歷屆內閣，使顏惠慶、王寵惠、張紹曾皆不安於位；而又借事生風，如財長羅文榦之兩次被捕，土匪孫美瑤之劫車鉅案，或擴大事態，或牽動外交，皆故使政府為難；最後更圖窮匕現，發動所謂驅黎請願團，又嗾使軍警罷崗，包圍總統府，於是黎乃於十二年六月挾國璽出京，蓋自十一年六月復職，及今僅一載耳。遡黎氏以晚清協統（相當於旅長）自始被迫為辛亥首義之都督、而副總統、而以親王困居瀛台、而大總統、而兩次出走；可謂終生傀儡。甚矣！時勢造英雄而不能再造時勢。若黎氏者，得保首領以歿，其亦食庸人之賜乎？

黎既赴津，政府已成真空，國會通過以高凌蔚攝政，而曹錕乃得放手進行賄選。據當年報章所傳，証以議員邵次公所發表之賄選支票為每票大洋五千元。邵氏以接受賄選姿態取得支票，出京後在報章影印發表。計當選票數為四百八十票，合銀二百四十萬；其中有故示反對強而後可及兩院議長與夫特別出力之議員祕密交易之數字，尚不在內；約計之，當三百萬有奇；以當日之幣值，可謂鉅矣。

## 齊盧之戰為小插曲

賄選既成，曹乃於是年雙十節就職；由是各方指摘，紛至沓來；中山先生以大元帥名義通電討伐並通緝賄選議員；段合肥亦在天津發出討曹電，段系之浙督盧永祥（子嘉）亦與淞滬護軍使何豐林宣布曹錕罪狀；而奉系之張作霖更以鎮武軍總司令名義通電聲討曹、吳，一面支持盧永祥與蘇督齊燮元作戰，一面以二十萬大兵入關；於此已見多年結合三角同盟之形勢，充分表現；而第二次奉直大戰，亦於焉開始。

齊盧之戰，發生於民十三年九月三日，可為此次奉直戰之緒戰，本與奉方相約為南北呼應；殊奉張至九月十五日始命將出師，而又距離甚遠，無從應援，崑山一戰，盧方失利，孫傳芳又由閩至浙乘其後，遂致段氏失去浙滬地盤。齊固旋得旋失，而於爾後段氏執政時之政治地位，則大受影響；其間收漁人之利者，則孫傳芳（馨遠）耳。原來齊、盧雙方為爭上海之鴉片收入，業已冷戰多年，淞滬警察廳長徐國樑之被刺於長濱路溫泉浴室門口，正是蘇浙暗鬥之高潮。此次局部之戰，一方則以響應奉張，為統一東南之計；一方則討好直系，收獵取上海之功。結果齊燮元不旋踵間，即為南下之奉軍所消滅，而代以楊宇霆；盧雖曾由段執政以蘇院宣撫使率第一軍張宗昌南下，而徒擁虛名，喧赫多年之盧嘉帥，亦從此不振，齊盧之戰，正是奉直大戰前奏之一小插曲也。

## 奉張敗歸決心改革

奉張自上次敗退關外，深自韜晦，表現出許多不平凡的作為。其能羅致新人，刷新軍政，運用同盟，謀定後動，更見其大刀濶斧，堅毅不拔；有雪恥之決心、復興之偉抱焉。

作霖既決心改革，每慮其舊人頑梗不化，嘗檢討而申儆之，以為當年輕紗幛（北方高粱稟盛起之稱）裡打爛仗，非可語於疆埸作戰也。三山五嶽人馬，非經營海內之工具也。篷頭短後，瞋目語難，得之於關外者，非可得之於關內也。至於綠林式之故步自封，行伍式之執迷不悟，皆屬過去一階段之殘餘；自宜澈底更張，登用新人，以為捲土重來之計。

其時所引用者，以軍事人才為第一。楊宇霆（隣葛）為參謀長，總持一切。韓麟春（芳辰）姜登選（朝六）管理陸軍整理處，主持徵拔人才，籌劃編練事宜。一時各方投效者，終繹不絕。舉凡士官、陸大，速成、保定之不得志者，幾於盡入彀中。又以東北講武堂，造就初級幹部，任蕭叔宣為教育長。李景林、郭松齡、張學良、王興文、榮臻、鮑文樾、富雙英、胡毓坤、劉一飛……等統領新軍。更成立航空處，為中國地方軍擁有航空部隊之始。蓬勃氣象，一時稱盛。

楊宇霆又兼辦東北兵工廠，由留法學生吳晉等為之購置機械器材；規模之大幾為全國冠。蓋當時國內有四所兵工廠──上海龍華、漢陽、德州、鞏縣，或半途停頓，或為軍閥所把持，或製造力各有短長；實皆遠遜於東北兵工廠也。

至於舊軍人吳俊陞、萬福麟、湯玉麟等，仍為作霖看守東北地盤，自固吾圉。張作相、許蘭洲、張宗昌、褚玉璞、穆春輩，則備衝鋒陷陣之用；俾新舊各得其所。文治派更有王永江、莫德惠、鄭謙、劉哲……等，而臧式毅尤以穩健派之軍人，周旋於其間。關外布署，既粗具規模；乃進而接洽三角同盟，以為遠交近攻之計。尤其有關勝負最大策略之一，為以鉅金收買直軍大將馮玉祥，而得到事半功倍之效果。此其戰前各種布置之大概情形也。

## 奉直二次大戰陣容

迨民十三年九月中旬，奉張出兵二十萬，自任鎮威軍總司令，楊宇霆為總參謀長。分任姜登選為第一路司令，韓麟春為副司令；李景林為第二路司令，張宗昌副之；張學良為第三路司令，郭松齡副之；張作相為第四路司令，吳俊陞為第五路司令；許蘭洲為第六路司令，吳光新副之。

直軍方面：以吳佩孚為總司令，王承斌副之。下分三軍：以彭壽莘為第一軍總司令，王懷慶為第二軍總司令，馮玉祥為第三軍總司令，每軍各分二、三路不等。又以張福來為援軍總司令，下分十路。另以杜錫珪、溫樹德分任海軍正副司令。計陸軍亦有二十餘萬之譜。

就表面觀察，雙方似皆有盛大之陣容。然細加分析，則直軍之弱點較多。蓋直軍之可靠者，可說只有第一軍，因彭壽莘、王維城、董政國皆吳之嫡系也。王懷慶資格雖老，絕非戰將，且所部皆雜湊成軍。至所謂十路援軍，皆與直系無深切關係，戰鬥序列，等於空擺場面，直同兒戲。至馮玉祥因平時待遇不公，每親謁曹錕請餉，輒受制於總統府軍事廳長兼公府收支處長孌童出身之李彥青，橫加尅扣；即無奉張之收買，亦絕不為曹吳而戰；海軍更是空架子。我認為這是秀才兵法，好看而已。勝負只寄望於第一軍了。

## 馮玉祥倒戈囚曹錕

我們再看奉軍編制。奉軍主力，以精銳之第一路第三路，附有空軍正對山海關、九門口、石門塞等處為左翼。而以第二路由義州、朝陽南出冷口為中路，吳光新、穆春之騎兵軍經朝陽、建平、赤峯、平泉直趨承德為右翼。在當時情形，奉軍左翼最堅強而雄厚。中路最輕捷而勇敢。右翼最薄弱，誠不足以當馮軍之一擊。至於直軍；吳佩孚親率其主力之第一軍沿京奉路（即北寧路）直搗榆關——即山海關為右翼。馮軍取熱河為左翼。餘軍或集中，或駐防原地，分布於長城以內廣大之幅員中。嚴格的說，除第一軍外，其他皆作壁上觀。此雙方對壘形勢之大較也。

自十月五日接觸開始，至十一日，奉軍猛撲山海關，激戰至十七日，山海關、九門口戰況愈烈，雙方死亡枕籍，直軍為奉方飛機所控制，死亡達數萬之眾，旋即佔領九門口，奉軍乘勝入關。而李景林張宗昌亦先後破冷口，直趨欒州，截斷直軍退路。直軍以縱長單線之津榆一段鐵路，又為不守交通則例之軍隊，將無數軍車，充塞軌道，致軍無退路，直軍乃大敗。欒東一帶，幾於全部繳械。吳佩孚乃倉皇南下。

先是馮軍進至熱河之平泉，與吳光新軍遇，僅作戲劇性之接觸，即全師而返。轉瞬間，後方變為前方；而京綏路居庸關、古北口、喜峯口一帶所有馮軍，悉其全力，向北京急退。馮軍素以夜行軍、急行軍著稱於時，直軍猝不及防；加以胡景翼及京畿警備副司令孫岳與馮早有聯洽，一夕之間，全城易幟，如入無人之境，馮之先頭司令鹿鍾麟，瑞伯首先入城，圍總統府，囚曹錕於延慶樓。曹亦尋例下令停戰，而所謂第二次奉直之戰，亦於是告終。

馮玉祥以倒戈將軍出名。其一生行事，皆具有不平凡的動作。自辛亥隨張紹曾之第二十鎮以營長在灤洲起義；民五，在成都倒陳宧之戈；民六，武穴獨立，是為北洋軍隊以旅長（時為第七混成旅旅長）敢於獨立之始；此次奉直戰役倒曹吳之戈；及爾後反奉、反段、乃至參加革命後歷次反蔣；以及投共反共等等；小之影響一時之政局，大之乃動天下之兵；真可謂行伍出身中之怪傑。而尤以民十三揮戈入京所表演之三幕劇（圍府、逼宮、鋤閹）最為有聲有色，精彩絕倫！

## 圍公府、囚曹錕

馮於聯奉反直之先，已密授機宜於其先遣司令鹿鍾麟（後為京畿警備總司令），令其入京後，以迅雷不及掩耳之手段，先辦三件事：即圍公府、囚曹錕，入清宮、逐溥儀（宣統帝），鋤嬖倖、殺李彥青（時號小李，是也。鹿為人潛沉不露，堅毅有文，在馮系各將領中最為資深；對於其所執行之使命，亦殊淋漓有緻）。

先講圍府囚曹一幕：曹仲珊本忠厚平庸之輩，段合肥與奉張舉視為無足輕重之人，目標實只在倒吳，對曹本無過份為難之意。至於「賄選」一辭，不過藉為聲罪致討之表面文章耳。試問吾國自清末，辦理諮議局選舉以至今日，大者如選舉國會議員、選舉總統，小者如社團、如黨會、如地方自治、如鄉市議會之選舉，大概不出勢力威脅、金錢收買與黨團運用諸途。兵圍國會、暴民請願無論矣。吃一碗麵，開流水席，送程儀，送交際費，蔴袋裝鈔票，汽車裝金條，花樣百出，名目煩多，何一非賄選。甚至如最開明之某國，宣傳費之浩大，宣傳技倆之離奇，又何一非變相之賄選。盈天下皆賄選也，所謂「戲法人人會變，各有巧妙不同」耳，又何能以區區五千元一票獨責曹錕。故囚曹一舉，馮實主之。馮之難為人下，更甚於吳；其璽隸直系，羽毛未豐耳。而又待之以雜軍，阨之以軍餉，辱之以小李，馮既不能得吳而甘心，遂乃藉曹而洩憤。延慶樓位在中南海，本總統府之一部，曹居樓上，下駐守兵，在當時滿城風雨，認為莫大新聞，自今日世界各國下台首領觀之：有流亡者、有囚禁者、有徒刑者、有大辟者；曹氏僅於短期中由段執政改派衛隊團長武九清監視，武係當年曹部之軍士，吳光新之衛隊長，善於趨承，日侍曹之左右，呼總統如儀，曹亦居之自樂。且日寫一筆虎字（此為北洋高級軍官最拿手本領，以眩其能文），以賜守卒。囚一載餘，至民十五年四月始被釋出，移居西城羊市大街某宅，尋遷天津以終。段氏初亦未入總統府，改以鐵獅子衚衕老陸軍部為執政府，以性懶，即在其吉兆胡同私宅辦公。此後在津，段曹之間，亦如尹邢之避面也。

## 入清宮、逐溥儀

至逼宮一幕：清室遜位，享受優待條件，聽其盤踞宮庭十有餘年。翎頂招搖，命官予謚，依舊小朝廷模樣；此千古亡國者得未曾有之奇局。項城避篡竊之名，或者保有此帝室衣冠，以影響國人恢復牽制心理；猶有說也。復辟之役，清室已喪失其優待資格。段合肥於馬廠誓師之後，不能當機立斷，取消優待，驅逐出宮，不可說也。意者合肥猶有餘情於君臣之份乎？（合肥在清末已署理江北提督授官正都統【清制正、副、協都統，相當於上、中、少將。正、副、協參領，相當上、中、少校。軍校相當尉官】）清室於復辟後，不知警惕，自動出宮，此尤不可說也。因為幾方面不從大義上著想，乃成全馮玉祥之賊智。他靈機一動，名正言順的趕溥儀出宮（逃入東交民巷轉赴津），從容不迫的接收故宮、公開盜寶；蓋早已成竹在胸，利用此一次倒戈，先下手為強，做成這一大票買賣。掠取美名，贏得實利，此何等機智，馮氏亦可兒哉！

## 鋤孌倖、殺小李

此外還有一幕，就是槍斃閹豎型的李彥青。

李本是澡堂擦背出身，生得面如冠玉，膚如凝脂，而又體態輕盈，狀如婦人女子；曹錕有斷袖癖，時以統帶。團長駐防保定，一見生情，收為內侍，固一孌童廝養也。二十年來，寵幸不衰，甚至中冓貽羞，墻茨不掃（曹之戚屬白某，在津為我詳言曹氏家庭黑幕，有非一般人意想所及者。實亦不堪縷述，以污管氏）。迨曹任總統，竟以李彥青為公府收支處長兼軍事廳長。收支處長，本管公府收支；軍餉應由財政部解交陸軍部分發；而李竟越權兼管軍餉出納，予奪由於好惡，尅扣視為例行；權傾內外，人人側目。馮玉祥自陝督率部轉任豫督，在洛陽臥榻之側，低首下心，毫無活動餘地。吳對軍餉，一概委諸政府；及派軍需至京，並小李亦不得一見。某次馮親自入京，謁見曹氏。曹親批三十萬，命到收支處領取。據吾友曾任曹之總統府秘書長及內務總長，內政部長之某君於民十八年在天津親口告予，當時馮見小李有如下之情形及對白：

馮服軍服進門後，拍的一聲立正，脫帽鞠躬（室內敬禮，西北軍最做得精神。所以孫連仲能見信於陳誠），口稱：「報告廳長，玉祥奉總統命來見。」李兀坐椅上，但以手一揚，「請坐！」馮答：「廳長在此，那有玉祥坐的。」李再揚手請坐，馮乃側身以臀尖斜坐椅角（這是西北軍對上司的規矩）。以後談到領餉，每談一句，馮必口稱廳長，起立一次，極盡恭謹之能事。最後李乃答應發給一十萬，但須繳入三十萬印收。蓋馮以督軍身分，特意如此卑躬屈節，僅領得三分之一，他可知矣。

吾友直北人，告余時形容盡致，予幾不敢置信；始知十常侍、魏忠賢之流，雖文如宰輔，武如邊帥，未嘗不含之深而事之謹。區區小李，尚不足以比李蓮英、小德張，乃竟敢跋扈倨傲，捋馮氏之虎鬚，其終取殺身之禍也，宜哉！

馮軍入京，稍事布置，即派兵往李宅掩捕。其時小李爪牙，一聞馮軍進城，亟往密報，促其逃亡。殊李自貴顯後，官架十足。凡遇其睡眠時，任何人任何事均不得驚醒。此際天方黎明，李正擁妾高臥，諸僕役踟躕不敢通報，轉瞬間而邏者已至。遂於溫柔鄉中裹而縛之。隨即押赴天橋（舊京刑人，本在騾馬市大街之菜市口，民後改在天橋）飲彈斃命。其人其事，固不足道。然馮氏要在出一口冤氣，仍認為一幕鬧劇也。

以上為馮軍倒戈入京後所做的三件事。

## 北洋事、僅及半

今且就二次奉直戰後各方局勢，分析條目，以便有所歸納。

一、吳佩孚逃亡之經過。

二、奉軍南下之情形。

三、國民軍——馮軍在京畿及京漢線之情形。

四、孫傳芳之崛起。

五、奉馮反目與郭松齡之內變。

六、吳佩孚之東山再起。

奉直戰局既定，段祺瑞以臨時執政主持中樞，勉維北政府局面。因為奉軍全力注重東路，長驅蘇滬，佔領津浦全線，殲滅齊燮元，以楊宇霆督蘇，立腳未穩；故有孫傳芳五省聯軍之崛起。因為馮軍全力注重西路，以編併之國民二軍胡景翼督豫，國民三軍孫岳部駐京漢北段，而於湖北之蕭耀南，部未能澈底肅清；故有吳佩孚之乘機再起。因為馮軍把持北京，故奉馮反目，圍京驅馮；馮退南口，更有連絡郭松齡叛奉之舉。因為馮軍失去北京及熱河之憑藉，展轉退入陝甘；故終於投入革命軍旗下。因為吳佩孚再起漢皐，故有汀泗橋、賀勝橋之血戰；遂敲起北洋第一次喪鐘。因為孫傳芳坐視吳敗，與革命軍大戰於浙贛；遂敲起北洋第二次喪鐘。嗣是而龍潭再敗；奉張出關；北洋至此，乃壽終正寢。這其間最能屹立不動，沉機觀變，保有三晉之山河，終始民國之正朔者，獨一閻錫山耳。

庖丁解牛有言曰：「始臣解牛之時，所見無非牛者。」又曰：「批大郤，導大窾。」更曰：「每至於族，吾見其難為。」吾寫北洋事，今僅及半；蓋所見無非牛。既感批導之艱，更苦難為之族。刀折矣，技遜庖丁遠矣。箭在弦上，欲罷不能。

五十年來，南北領袖之失敗，美其名曰下野，覈其實為逃亡。其歸藏養晦之目的地：在北，則天津、大連；在南，則香港；在長江方面，則上海、日本。幾為窮蹙出亡之輕車熟路，而東山再起之不二法門。獨吳佩孚則不然！他於二次奉直戰喪敗之餘，力持不入租界之矢言。初則遵海而南，繼則遡江西上，猶復徘徊鄭洛，棲遲鷄公山，小住黃岡，託庇岳陽，以迨漢口查家墩之復出；其輾轉奔投之經過，與堅毅硬幹之精神，實非歷來下野人物所能望其項背！

## 舟中敵國、獨立蒼茫

民十三年十月底，奉軍既佔山海關、秦皇島，日方又喋直軍不得利用秦皇島總退卻，於是佩孚乃於塘沽乘軍艦南駛，第一步抵烟台，擬假道山東入豫，魯督鄭士琦拒不納，即乞其補充艦上水米亦不與。南行入吳淞，轉長江，過南京；蘇督齊燮元登艦會議，極盡擁護之忱，旋即聯絡十省軍政長官及海軍將領二十一人通電擁吳在武昌組織護憲軍政府。此時齊與浙盧戰釁將啟，正感孤立，故有此空中樓閣雪中送炭之舉。蓋前者不啻重耳出亡野人之與塊，而後者乃若齊、秦之相接納也。在寧二日，西行至漢口，鄂督蕭耀南本吳嫡系部將，但事先已輸誠段執政，乃陰嗾湖北各團體反對吳組護憲軍政府，吳遂乘車入豫，經鄭州轉洛陽，組護憲軍總司令部，蓋以豫中尚有餘部可用也。殊不知大勢一去，舟中皆敵國，河南張鈁等在鄭州組弭兵會，反對在豫作戰；陝軍憨玉崑逼吳由洛退鄭；胡景翼軍又南下逼退信陽；繼之蕭耀南更拒吳入鄂，並請下野；於是，吳乃感到四面楚歌，點段請入鷄公山養病。鷄公山當鄭豫之交，為避暑勝地；胡景翼已奉段命督豫，因進兵迫吳離去。吳不得已下山入鄂，鄂人又於廣水拆路軌阻其南下，幾經疏解，始於民十四元旦抵漢口大智門。蕭耀南即勸其入法租界，又願備資斧請其出洋，皆不聽，吳已深知蕭之不忠於己，且不欲其留漢，乃乘「決川」艦東下黃州。黃州雖可流連風景，然非駐足之區；加以第二艦隊司令許建廷奉命率艦捕吳；吳於此際，真有獨立蒼茫之感矣。適湖南省長力主聯省自治之趙炎午（恒惕）電邀吳氏赴湘，供給給養，力任保護，遂以「決川」、「濬蜀」二艦及隨從官兵乘風雨晦冥衝過武漢，逕駛岳州；

蓋恐許建廷之見逼，與蕭耀南之截留也。至此距由塘沽南下，正三閱月，幾無日不在憂患中；然而未幾，又一片潮聲下洞庭矣。此其逃亡之經過也。

## 奉軍南下、勢力大張

茲且擱下吳之暫住岳州不談，姑先敘述奉軍入關後部署之情形：

奉軍自入關後，直軍對於總退卻，幾陷於毫無辦法，一因秦皇島受日方之警告，難於利用，且缺少運輸艦；二因京榆段車路阻塞，無法疏通；三因李景林張宗昌吳光新三路由冷口遷安，逕佔灤州，將直軍歸路截斷，以致首尾隔絕，後援無望；東路約四萬餘眾，全被繳械；高級將領亦多數被俘。天津方面，馮部雖已佔領楊村，惟因吳光新之舊部第二十師在小站受編仍在奉方勢力之下。於是奉軍以全力沿津浦路南進，以李景為直隸督辦（原任王承斌降後匿津租界）；張宗昌為山東督辦（原任鄭士琦被逐）；姜登選為安徽督辦，原任張文生張勳部，號安武軍，望風而逃；只南京之齊燮元，方以戰勝盧永祥，統一淞滬，一面通電擁段，一面又對吳大送秋波，冀以左右逢源之態勢，保全位置；但段以致憾於盧之失敗，即任盧為蘇皖宣撫使，率張宗昌之第一軍南下驅齊；齊固不敵而去，盧亦以無實力，不為奉方所容，因任楊宇霆為江蘇督辦，鄭謙為省長。張宗昌遂長驅東下，佔蘇常，入上海；此一東南觸角，遂為奉軍極盛時代闌入長江之終點；不旋踵遂予孫傳芳以崛起之機矣。

## 馮駐京畿、把持過甚

以上為奉軍東路南下擴展之情形。今再敘述國民軍，勝軍在京畿及京漢線之情形。馮玉祥以「先入關者王」之態勢，掌握北京。以其嫡系部隊張之江佔領京東廊房楊村，控制天津；鹿鍾麟坐鎮京畿，監臨段執政，同時收編南、北、西苑一帶之直軍餘部，以宋哲元駐熱河，李鳴鍾跨察、綏，為其基本部隊所謂國民第一軍之本陣地。另以癡肥臃腫之國民第二軍胡景翼督豫，後繼者為岳維峻；病骨支離之國民三軍孫岳佔京漢北段直隸西偏；因奉方先已發表李景林為直督，故孫岳不特不能正位北直，在奉方且視為臥榻鼾睡之人。至於河南情形，更見複雜：有吳佩孚之餘部靳雲鶚、寇英傑、王維城、……有陸軍之憨朝璽、李紀才、有鎮嵩軍之劉鎮華；真是三山五嶽人馬，國民二軍自然統御不了，更談不上進窺武漢，澈底銷滅直系之蕭耀南。故馮氏在京，則因把持過甚，遭張作霖之忌，終成奉、馮破裂之局。而在京漢線，則因未能掌握中原，展足長江，終成吳氏重來之局。蓋奉張與馮，對於東西兩路戰勝之果實，皆有其重大之失策在也。

## 戰勝而驕、奉馮破裂

間嘗論北方形勢：以北京居中御外，負扆長城，曳尾蒙疆，駢拇遼海；南下則循津浦、京漢兩線並轡長驅，集中於南京、武漢，為東西兩鳌；大然後横貫長江，垂紳隴海，乃進而從容圖南；此雙管齊下左右逢源之道也。今奉方專騖於東，楊鄰葛以虛譽督蘇，立腳未穩；張宗昌漫無紀律，隳突東南；此夔一足也。馮玉祥既經營西路，乃以新附之國民二、三軍，當中原、直北紛擾之局，既不能肅清携貳，更無力底定江表，此一足尚無著處，自然跛不能行。而所據之察、熱、綏、皆不足以自給；迨至奉軍圍京，退出口外，苟安於平地泉，乞憐於蘇俄，流轉於西北，歸命於國府；支離滅裂，反覆多端，其不能成大業也宜哉！

奉、馮破裂，當然以馮之把持北京，為主要原因；而勾結郭松齡倒戈，尤為奉張所深恨。當張作霖第一次戰敗銳意革新之時，成立二、六旅，以張學良與郭松齡分任旅長，組聯合司令部，作霖對郭，不啻父子之親，而郭與學良亦同昆弟之誼；惟學良幼而好弄，軍權不免操自郭氏，且二、六兩旅，實亦東北之精銳，山海關之役，戰功實多，殊戰後楊宇霆、姜登選、張宗昌、李景林皆彈冠相慶，各掌封圻，郭本急功近利之徒，不免異想天開，以捧少帥，倒老帥、革新東北為號召，又未顧及日人在東北特殊情形，利用人子以殲其父，孔子所謂「名不正則事不成」也，其失敗被殺，自在意中。此役已有人記述，茲不多贅；獨惜此一小插曲中，有名流林長民及以駢四儷六電文名世之黎總統秘書長饒漢祥皆參加被殺。此乃文人不審利害依附軍人之結果；張其煌（吳佩孚秘書長）死於亂軍，皆此類也。

在全國大動亂時期，軍閥之起伏，本可視為尋常。然就每一集團成敗經過之實際情形，詳加推察：或因地利，或因人和，或因時會，或以內腐而潰，或以外力而不支；無論其為大、小方面，強、弱集團，皆有其不可移易之因素在。而一切因素之和，要當歸之於人事。自民九年段祺瑞下野以後，東南五省，蘇、浙、皖、贛、閩勢力之消長，莫不由此道也。

欲悉當時東南之形勢，必先明瞭三個集團（蘇、皖、贛齊燮元；浙、滬盧永祥；福建王永泉）之形成。能明瞭此三集團利害之衝突，即知其招致覆亡之原因。知此三者亡之忽，即知孫傳芳之興之勃。知孫乏興之勃，亦知其亡之忽矣。今欲述孫傳芳之崛起，先寫幾句開場白。

## 李純之死與齊燮元

自項城於癸丑革命失敗後，派馮國璋以宣武上將軍名義，駐節南京，坐鎮東南。馮任副總統入京後，即調任江西督軍李純（秀山）為江蘇督軍，兼蘇、皖、贛巡閱使，按即前清兩江總督之變稱，此蘇皖贛成為軍政特區之始。時陳光遠督贛，倪嗣冲督皖，軍隊則以李純之第六師（即北洋第六鎮）與陳之第十二師，李紀才之第十一師（十、十二兩師為項城模範團所擴充）為主力。不料李純以曖昧不明之故，猝被槍殺於督署。有謂其愛妾與馬弁（時尚無隨從稱副官之惡習）某私於室中，偶為李所撞破，弁知不免，遂拔槍射殺之；其事言人人殊。時齊燮元為督署參謀長，兼金陵鎮守使，秘不發喪，密於署中代製遺書，謂為憂國而自戕；政府雖明知其偽，亦遂因而褒揚之，以掩其醜。齊本陸大出身，資望雖淺，而工於權謀，自非軍中一般老粗可比。當三軍無主之時，發動省議會及地方各公團一致擁齊；並投拜南通張殿撰謇，函電交馳，以齊繼任；幕後附有張謇之子孝若為江蘇省長之條件，後為省議員所反對而罷。北府未能重違眾意，齊氏遂輕取兼圻；自是齊撫帥（齊字撫萬）之聲望日隆，隱為東南重鎮；此蘇皖贛一集團成立先後之經過也。

## 浙滬集團與王永泉

上海初未設市，本屬江蘇範圍。自淞滬護軍使鄭汝成被民黨暗殺後，即以第四師長（原北洋第四鎮楊善德繼任淞滬）尋浙督朱瑞去職，楊升任浙督，盧永祥補淞滬缺；最後盧繼楊遞升浙督，何豐林主淞滬；由此淞滬遂為浙省之附庸，而成蘇浙明爭暗鬥之杼軸。民八段祺瑞既失勢，三角同盟，甚囂塵上，盧嘉帥（盧永祥字子嘉）成為段氏告朔之餼羊。浙滬地盤，駸駸為民九至十三期間縱橫捭闔交易而道之無上瓌寶，以其財賦充足地處要津也。此為浙滬集團之沿革。

福建自李厚基去職後，王永泉（字百川）以軍務幫辦兼掌軍民，控制閩省，其弟永彝統兵駐興、泉、永財賦之區；臧致平（字和齋）以厦門總司令駐兵漳厦，南結民軍虛與逶迤（時賴世璜以民軍師長駐閩南上杭、龍岩、永定一帶，每至厦門與臧周旋），王永泉係段氏門生（北洋出身送日本士官），臧致平本皖籍宿將，皆與合肥信使往還，為三角同盟中段氏之第二注本錢。這三集團，本來各有其歷史，各有其實力，且各有其深厚之背景。假使齊盧之戰，盧氏一戰而勝，因而移節金陵，奄有長江下游，南連閩海；則奉軍無南下之必要，而段之執政，不致為徒擁虛名之孱主，北洋歷史，或可改觀。齊既勝盧，若能保此一隅，不為奉軍所消滅，亦未嘗不可為吳佩孚再起漢皋之呼應。然而盧之敗，固墮其盛名，隱毀段氏。而齊之勝盧，亦不旋踵而敗於奉；奉亦不能固守而有之。此中微妙之契機，似皆為孫傳芳之五省聯帥造機會者。武侯所謂「難平者事也」非此類耶。

# 孫傳芳的三次機會

孫傳芳，字馨遠，留日士官第六期畢業。貌清癯，性機警，魯人，與王占元（子春）為同鄉。初隸王之第二師，即北洋第二鎮，駐防湖北多年，無籍籍之名。民十，直系利用鄂人驅王占元，以蕭耀南取代鄂督；其實王氏於皖直戰初期，曾扣留皖系要員吳光新於武昌，消滅皖系在長江上游大部隊，替直系出力不少，至此實為鳥盡弓藏；所以王部之第二師成為憤兵，孫氏領其餘眾，移防贛東及閩之上游邵武、延平一帶；此為其發軔初基，亦是其艱虞歲月。延平踞閩侯上游，有高屋建瓴之勢。王永泉在福州志得意滿，以孫為同學而易與，孫亦輕車簡從，往來福州；王尚懵懵然，不知臥榻之側，早已有人鼾睡矣。會王弟永彝在閩中橫暴失人心，閩南又有楊化昭率軍投浙，王永泉在福州既失控制，臧致平對漳厦無憑依，孫氏乃不費一彈，據有閩省；此為其第一次機會。

齊盧之戰，既在上海閔行、瀏河一帶發動，浙軍紛紛北調，駐滬之第四師長陳樂山本荒於酒色，何豐林又愚鈍昏庸，盧子嘉養尊處優，視齊如無物，而不知其部下多年浸潤於山水之勝，已無奮勇作戰之人，一敗塗地，自在意中。惟盧既失敗，浙亦空虛；齊雖戰勝，喘息未定，更無暇圖浙。孫氏乃揮軍北進，佔領浙省；此為其第二次機會。

直系首領吳佩孚既敗，齊已無所附麗；加之奉軍欲爭取東南，段亦欲得而甘心；於是奉軍乘戰勝之威，以泰山壓卵之勢，入金陵、下蘇滬，齊撫萬算贏得個慘勝，依然落荒而走；此際局面，似可偽一定時矣。而不料奉軍外有馮玉祥之敵視，內有郭松齡之蕭牆；張宗昌、褚玉璞以漫無紀律之師，遠略蘇滬；楊宇霆、鄭鳴之以帷幄管記之才，掛名疆寄；遂令孫傳芳以浙、閩之根據，著討奉之先鞭。浙軍陳儀、周鳳岐；蘇軍白寶山、鄭俊彥等亦紛起響應，奉軍遂於十四年十一月退出徐州，孫傳芳任陳儀為徐州總司令，遂得佔領江蘇；此為其第三次機會。

得此三大機會，而孫之羽翼以成，乃於是年十月十五日，自任蘇、浙、閩、贛、皖五省聯軍總司令，此孫氏崛起之經過情形也。

孫傳芳以期月之間，奄有東南半壁。當齊盧鏖戰之後，張楊撤退之交；收拾餘燼，一新耳目；過江名士，群集金陵；孫聯帥之旌旗，頓為各方所屬目；宜若可以稱雄江左矣！然而北伐軍以方張之勢，掀天動地而來；大時代之洪流，終將鐘鼎山林，野馬塵埃，鉅細靡遺，席捲以去。所謂「興也勃、亡也忽。」勢也，亦數也。孟子曰：「亦運而已矣。」今之經營天下者，既得之而旋失之，誠運輸之隸也。稼軒詞：「吳楚地，東南坼；英雄事，曹劉敵。被西風吹盡，了無陳跡。樓觀才成人已去，旌旗未捲頭先白。嘆人間哀樂轉相尋，今猶昔。」後之視今，亦猶今之視昔；不其然乎！

## 五省聯軍的新局面

孫傳芳以江蘇為文物之邦，上海為通商重鎮；乃敦請名流陳陶遺為江蘇省長，地質專家丁文江（在君）為上海市政督辦，此為軍閥時代注意上海市政之始，亦即此後設市之濫觴。丁氏以科學家之精神，悉心擘劃，時間維暫，實為他日樹之蕭規。陳氏以文治派作風，刷新吏治，整理財政，為蘇省償還公債數十萬，更為歷屆軍閥卵翼下之省長所得未曾有。蘇省本無勁旅，如馬玉仁、白寶山等之在蘇北皆地方性烏合之眾；大江以南，孫之嫡系部隊，已足坐鎮，惟浙省則子大於母，故孫之於浙，處處表示倚畀浙人，原有三師，概未更動。而以夏超主政，周鳳岐、張載陽、童葆萱等掌軍。另調陳儀為徐州總司令，與奉軍張宗昌部劃疆而守，掌其北門之管。蘇浙既定，皖贛兩省，更若風行草偃。皖省自倪嗣沖去職後（倪氏於復辟前後，主持督軍團，甚覺猖狂，隨於民九去位，上文所寫微誤），張文生、馬聯甲之安武軍，純係清末之巡防營；奉軍南下，姜登選席未暇煖；自餘如陳調元、王普諸將，皆望風歸命之流，故能傳檄而定。江西自李秀山督蘇、陳光遠挾第十一、十二兩師精銳（此係項城模範團所孕育之隊伍）督贛多年，腰纏既滿，早無遠志；其第十一師開京滬線作戰，師長李奎元在南翔鎮墜樓而亡；且自二次革命李烈鈞失敗後，久在北軍掌握之下，至是亦入孫氏五省範圍之內，而五省聯軍之局面以成。

## 陳光遠一部飯碗經

因寫到陳光遠，不禁想到其在贛時另一作風，頗饒興趣。

「陳光遠的飯碗經：陳在江西，另有一套作風，注意解決其部屬的飯碗問題。他將全省縣長、稅局，及各項差缺、局所，分別加以調查，何者正規收入若干，陋規及積弊所入若干，詳細列表，密置於其簽押房中；再將其嫡系職官，權衡其勞積大小、年資多寡、地位高下、關係親疏、家累輕重，退職後約需資金若干，可以維持生活；規定某也幾千，某也幾萬，亦詳細列表，完成初步計畫之標準。第二步則分別差委，某當縣長、某當局長、某優缺、某次缺，或經年而調，或數月而遷，則默計其所得而取盈焉。如此更番調濟，各有所得，而各如其份。陳氏本人，則有軍事費、機密費、臨時費、稅收小比（按從前稅收，多為包稅制。照比較定額，若投標然。有大比，公開繳納者；有小比，報効主官者。）以及各種巧立名目之報銷，自然保有一大飯碗。餘則自督署、省署幕僚以至軍隊首長，亦皆分潤大中小飯碗有差。既無偏枯之弊，亦無向隅之憾，實做到有飯大家吃，而皆大歡喜。

陳氏下台後，息影津門，其所部正不少小康之家。於是亦紛紛在津置產，大小公館，環拱如列星，暇則追陪左右，以衛生麻雀，為例行之娛樂。林下風光，優遊自在。此於北洋諸將，可算別創一格。此頗似變相之分臟，與物業之配給。在貪夫中尚能顧及部屬，軍閥中下駟而上達者德。因憶大陸淪陷後，本港頗有幾位過氣大老，洋房汽車，鐵門嚴扃，保鑣隨護，惡狗守門；而借貸者紛來，索餉者麕集。乃至乞靈外警，驅逐同胞；甚有接恐嚇之函，杯蛇弓影；來不速之客，匕現圖窮；此當為老粗督軍陳光遠所竊笑矣。」

## 金陵王氣．別有所鍾

閒話表過，言歸正傳，孫傳芳既雄據五省，在北方則曹吳新敗，張馮交訌，段執政亦強弩之末；大有江東孫郎，目無餘子；以為整軍經武，自固吾圉，莫予毒也已。於是雍容裘帶，雅歌投壺（孫曾於南京集合名流仿古禮舉行投壺，時論譏之。予以為揖讓之爭，投壺、射箭，皆無不可。不一定高爾夫球方算文明，惟非其時耳），習禮周旋，虛名陶醉。孰知黃浦高潮，南風方競；金陵王氣，別有所鍾。霹靂一聲，國民革命軍已奮起北伐之師，西取湘鄂，東襲浙贛矣。

當北伐之初，吳佩孚已再起漢皋（此節下文再述），以其殘破之餘，與方興之革命軍，血戰於湘鄂之郊；孫氏坐觀成敗，莫能救也。迨武漢已下，蔣先生移節高安，經略贛東，孫乃感覺局勢嚴重，不能再作壁上觀，遂乘江新艦泊駐九江，總部並設艦上。此時雙方勝負，兩無把握，便有醞釀談判議和者，而以孫部之徐州總司令陳儀（字公洽）為最努力。陳即後來入仕國府，歷任軍政部次長、兼兵工、航空署長，勝利後任台灣軍政長官接收台灣，以二二六事件內調為福建、浙江省府主席，於解放前夕獻替和平致觸逆鱗被扣，終於國府遷台後，舊事重提殺陳以謝台民者。陳氏賦性中和，整飭有方，既隸孫部，又愛護民黨，誠恐兩敗俱傷，故派其參謀長葛敬恩（湛侯）赴漢進行和談。彼時南方固無把握滅孫，孫亦無意圖南，但求自保而已。微聞條件中之最扞格者，為孫方堅持要用五色國旗，遂成僵局。孫猶自大，以為南軍不足平。而浙省之舊軍人，除陳公洽外，若蔣尊簋、呂公望、張載揚、周鳳岐（周後任第廿六軍軍長主浙，蔣氏第一次下野過杭赴日，索二十萬，亦靳而不與，終於抗戰之初，將附維新政府任綏靖部被殺於滬。雖順逆之勢應爾，亦恩怨之報昭然）、夏超（夏任省長，與革命軍戰，被俘而死。）等，多不慊於蔣。故孫於東路（即浙西）作戰，一委之浙軍，而注其全力於贛省。迨贛西失利，革命軍長驅南昌。（凡關此類北伐戰役，記載已多，本文皆從略），東路亦節節敗退；奉軍又捲土重來，蘇滬陷於混亂；陳調元等更通電擁蔣，皖省亦不戰而定；福建更早入南軍之手。尋而南軍底定金陵，肅清浙滬，至是而孫之五省地盤，完全瓦解；所謂「亡也忽焉」者此也。

## 龍潭弄險・津門遇刺

孫氏於喪敗之餘，隻身北上，抵津後微服與其夫人乘一騾車，逕駛河北張作霖寓所（德記軍衣莊，張在津一向寓此），卑詞請援，張亦不記前嫌（孫曾討奉），加以慰藉。隨即轉赴濟南，暫住王占元宅，與魯督張宗昌相周旋，以為待機之計。民十六，國府奠都南京，其夏即發生寧漢分裂，繼之唐生智率部東下，何鍵據安慶，劉興抵蕪湖，金陵震動。蔣又以內部問題下野東渡，中央無主，建業空虛。孫傳芳認定為大好時機，乃鳩合江北餘眾，星夜偷渡龍潭。龍潭地居寧鎮之間，密邇京畿，危險萬狀；幸賴白崇禧、何應欽等當機立斷，率隊堵擊；江中兵艦，又從而要截之；孫軍既冒偷渡之險，又屬背水之陣，水陸受敵，後援不繼，遂致全軍覆沒。是役也，孫氏妄欲行險僥倖，以成希世之功，雖曰奇計，亦險著也。假令南都群公，稍有猶疑，則危急存亡，係於俄頃矣。孫亦人傑矣哉！

後數年至民十九，閻馮反蔣之役，孫又久蟄思動，受閻委為某總司令。余因事赴晉，於石家莊正太飯店遇之。孫拍余肩曰：「老弟！上海存有五百罎好黃酒，當請你痛飲！」蓋彼以為閻勝，則可仍回東南；又以余素豪於飲，故作此言；其始終不能忘情東南也如此。

閻氏既敗，大局已定，孫還寓津門，憚心禪悅，日赴某居士林禮佛以為常。有女子施劍翹者，亦在同處參拜。某日施坐孫後，突出手槍擊之，一發而中，蓋相距咫尺又出不意也。事後施謂為其父施從濱報仇，從濱在皖充師長，為孫所殺云云。究竟內容如何，言人人殊，世莫能詳。孫氏既勢敗，其家族亦莫之或詰也。

嘗論北方領袖人物，沉潛莫如閻，機智莫如孫，北人之二難也。孫氏事業，若早建立數年，其成就或不止此。惜乎創業未久，根基未固。又不能援吳聯奉，自陷孤立；驟當大敵，復輕忽以處之；不敢何待。此後雖猶待機於濟垣，涉險於龍潭，乞憐於奉張，曳尾於晉閻，終不免死於婦人之手；所謂「春蠶到死絲方盡」者，其孫氏之謂乎！

吳佩孚自民十四年三月初，由黃州西上，衝出武漢；得湖南省長趙炎午之庇護，息影岳州，歷時六閱月。中間於其本人及張氏夫人誕辰，依然置酒高會，各方代表，雲集聚議；始則醞釀湘、鄂、川、黔四省聯防，繼則接受十四省區之擁戴，而有再起漢皋，就討賊聯軍總司令之一幕。此一階段之形成，自然完全得力於趙炎午之收容。因此一關係，演變到唐生智與趙炎午湘政之爭；吳以道義上之報施，不能不左袒趙而與唐為敵。由是而唐遂加入粵方，而湘南之門戶大開，國民革命軍遂得長驅北上。而北洋之命運，不及兩年，遂亦壽終正寢。政治上之恩怨，其關鍵顧不重哉！

吳因舊直系軍人，群集岳陽，日謀再起，同時鄂督蕭耀南亦改變態度，電岳擁吳；孫傳芳正在討奉，亦願與吳為犄角之勢；吳遂於是年八月廿一日離岳赴漢，就討賊聯軍總司令職，設總部於漢口之查家墩；並委出鄂豫川黔各路總司令。其計畫：一、東聯孫驅奉，以張聲勢。二、以寇英傑、靳雲鶚進攻豫省之國民二軍岳維峻，冀得規復中原。三、以袁祖銘（鼎卿）為川黔聯軍總司令，安撫西南。吳氏曾親筆函袁，有「西南半壁弟與吾兄共之」語，其屬望於袁甚殷。

而袁在西南，自劉顯世、王文華而後，確有其不可侮之勢力；終於在常德覆滅，餘波至王天培被殺而止；其中恩怨循環，淵源至廣，尚多未經人道者。四、撐持趙恆惕，抵制唐生智。這其中一、與三、本屬具文。對河南雖小有進展，亦旋得旋失。而最為吳氏致命之打擊者，則湖南問題也。

民十五春夏之交，吳以趙炎午在湘被迫下野，堅決反對唐生智之湖南省長。旋又任葉開鑫為湘軍總司令兼湖南省長，助葉入岳陽取長沙，迫唐南退衡陽。且復派宋大霈、王都慶、唐福山、董政國等為四路司令援湘。雖經其參謀長蔣百里、秘書處長唐天如往返斡旋，吳仍堅執，必欲倒唐而後已。此在吳圖報趙氏維護之德，就個人道義言，固未可厚非；而就當時形勢利害言，必欲輕啟戰爭，以扭轉湘局；尋而引致非常之後果，造成另一時代之歷史。雖運數之來，終不可免；而遲速之間，寧非吳氏執拗之性，有以致之耶！

唐生智既參加國民革命軍，被任為第八軍軍長兼北伐前敵總指揮，與第四軍、第七軍下長岳、攻武漢，吳氏雖於武勝橋賀勝橋浴血抗戰，終告不支；其部將劉玉春死守武昌，至羅掘雀鼠，城亦卒下。蓋至是而北伐之怒潮澎湃橫溢，不可遏止。吳氏遂於民十六年五月，率高級幕僚及衛隊一部，倉皇西行。經豫西鄂西各小道，攀藤附葛，履險陟艱，沿途駐軍，迎拒無常，夷險萬狀，卒得川軍將領楊森之迎護，始由巫山轉入川境。流徙蜀中，又復數年；雖談禪論道，偶慰羈旅之懷；而成敗攖心，自有滄桑之感矣。

吳氏賦性執拗，御下綦嚴。大者如馮玉祥之賣己，靳雲鶚（副總司令）之叛己，餘如閻相交之自殺，蕭耀南之毒斃（蕭以迎拒不定，被迫而死，其子曾訴之於武漢政府），劉玉春之疽發背（劉率死守武昌部將謁吳，未得慰藉，氣憤疽發，歿前曾親為余言），皆其著者。其對上也，打倒北洋之中心人物段合肥，而翊戴庸鄙無能之曹仲珊。擁護法統之總統黎元洪，而任令僉壬輩驅逐之而去。其用兵也，對於戰鬥序列，徒事誇張，不務實際。對於戰法，徒恃一己之勇，而未計及全局之非（皖直之勝，實出僥倖）。其政治主張，並無一貫主義。表面言和平，實祭重武力。其始，利用南方，以操同室之戈；其繼，親率北軍，以抗革命之士。其矛盾之處，實有難於自解者。惟義薄雲天交稱患難者，得二人焉。趙炎午、楊子惠是，然皆非北洋之舊侶也。綜吳氏事業之發展，實源於衡陽之撤兵；而其事業之告終，亦由於衡陽之北伐。起伏之機，因果之數，可謂較然矣。

自吳氏大敗，不期年間，北伐完成。張作霖以最後之大元帥出關殞命。閻錫山唾手而得平津。迨張學良歸命易幟，而統一以成。

綜觀北洋全局，袁世凱固是開創之祖；段祺瑞實為不祧之宗。吳佩孚啟北洋分裂之端；曹仲珊成北洋式微之漸。張作霖結北洋殘破之局；閻錫山收北伐勝利之果。國民革命軍享打倒軍閥完成統一之名。如是而已。此十七年中，表裡萬端，變化百出，掛漏之處，不知凡幾，豈禿筆所能盡。以是知吾人讀通鑑綱目，寥寥數十字，其所包舉每一時代國家社會之勤態，正無窮也。其在記載以外者，自可想像得之。

Do歷史22　PC0424

# 北洋軍閥
## ——潰敗滅亡

**作　　者**／畢澤宇等
**主　　編**／蔡登山
**責任編輯**／陳佳怡
**圖文排版**／莊皓云
**封面設計**／王嵩賀

**出版策劃**／獨立作家
**發 行 人**／宋政坤
**法律顧問**／毛國樑　律師
**製作發行**／秀威資訊科技股份有限公司
地址：114 台北市內湖區瑞光路76巷65號1樓
電話：+886-2-2796-3638　傳真：+886-2-2796-1377
服務信箱：service@showwe.com.tw
**展售門市**／國家書店【松江門市】
地址：104 台北市中山區松江路209號1樓
電話：+886-2-2518-0207　傳真：+886-2-2518-0778
**網路訂購**／秀威網路書店：https://store.showwe.tw
國家網路書店：https://www.govbooks.com.tw

**出版日期**／2014年10月　BOD一版　**定價**／480元

獨立作家
Independent Author
**寫自己的故事，唱自己的歌**

北洋軍閥 : 潰敗滅亡 / 畢澤宇等著. -- 一版. -- 臺北市 :
獨立作家, 2014.10
面 ;　公分. -- (DO歷史 ; PC0424)
BOD版
ISBN 978-986-5729-34-9 (平裝)

1. 北洋軍閥

628.2　　103016725

國家圖書館出版品預行編目

# 讀者回函卡

感謝您購買本書，為提升服務品質，請填妥以下資料，將讀者回函卡直接寄回或傳真本公司，收到您的寶貴意見後，我們會收藏記錄及檢討，謝謝！
如您需要了解本公司最新出版書目、購書優惠或企劃活動，歡迎您上網查詢或下載相關資料：http:// www.showwe.com.tw

您購買的書名：________________________________

出生日期：________年________月________日

學歷：□高中（含）以下　□大專　□研究所（含）以上

職業：□製造業　□金融業　□資訊業　□軍警　□傳播業　□自由業
□服務業　□公務員　□教職　□學生　□家管　□其它______

購書地點：□網路書店　□實體書店　□書展　□郵購　□贈閱　□其他

您從何得知本書的消息？

□網路書店　□實體書店　□網路搜尋　□電子報　□書訊　□雜誌
□傳播媒體　□親友推薦　□網站推薦　□部落格　□其他________

您對本書的評價：（請填代號　1.非常滿意　2.滿意　3.尚可　4.再改進）

封面設計____　版面編排____　內容____　文／譯筆____　價格____

讀完書後您覺得：

□很有收穫　□有收穫　□收穫不多　□沒收穫

對我們的建議：________________________________

________________________________________

________________________________________

________________________________________

請貼
郵票

11466
台北市內湖區瑞光路 76 巷 65 號 1 樓

**秀威資訊科技股份有限公司** 收

BOD 數位出版事業部

(請沿線對折寄回，謝謝！)

姓　　名：＿＿＿＿＿＿＿＿＿＿＿　年齡：＿＿＿＿　性別：□女　□男

郵遞區號：□□□□□

地　　址：＿＿＿＿＿＿＿＿＿＿＿＿＿＿＿＿＿＿＿＿＿＿＿＿＿＿

聯絡電話：(日)＿＿＿＿＿＿＿＿＿＿＿＿(夜)＿＿＿＿＿＿＿＿＿＿＿＿

E-mail：＿＿＿＿＿＿＿＿＿＿＿＿＿＿＿＿＿＿＿＿＿＿＿＿＿＿＿＿